Knorr®

GENIAL VITAL

Das Kochbuch

Frischer, schneller, leichter: 400 neue Rezepte zum Wohlfühlen und Genießen

Weltbild

Inhalt

GENIAL
VITAL

Eine vitale Wohlfühlküche lebt von der Vielfalt. Bunte Suppen, Salate, Fisch, zartes Geflügel, Snacks und vegetarische Spezialitäten bringen Genuss und Abwechslung in den Alltag.

Genial vital essen

EINKAUFEN

Mit Liebe ausgewählt: Fülle und Frische, die allen schmeckt und gute Laune macht. Wer seinen Speisezettel ganz nach Angebot und Saison spontan beschließt, bekommt in diesem Buch eine Vielzahl kreativer Anregungen. Aber auch viel beschäftigte Genießer, die am liebsten Großeinkäufe erledigen, kommen auf ihre Kosten. Sie finden jede Menge vitaler Rezeptideen, für die man nur in den Vorrat greifen muss. Kinder helfen gern beim Einkauf im Supermarkt, und Eltern können die Gelegenheit nutzen, ihren Sprösslingen Lust auf gesunde Zutaten zu machen.

Die große Frische

Unbeschwert genießen und sich rundum wohlfühlen – mit den richtigen Rezepten gelingt dies im Handumdrehen zu jeder Jahreszeit. Kreative Knorr-Produkte und frische, nährstoffreiche Zutaten garantieren den Erfolg. Und der Clou: Je mehr Abwechslung auf den Tisch kommt, desto vielfältiger ist das Angebot an wichtigen Nährstoffen. Auch wenn es in der Küche häufig schnell gehen soll, braucht niemand auf genial vitale Gerichte zu verzichten. Es ist ein Vergnügen, auf diesen neuen leichten Kochstil einzusteigen.

Für gute Stimmung und Leistungskraft: Trinken nicht vergessen! Zwei Liter pro Tag sollen es schon sein.

Weniger Fett, mehr Geschmack

Monatelang brutzelte und dampfte es, als ein Team von Knorr-Expertinnen ausprobierte, was herauskommt, wenn man mit vielen frischen Zutaten und einigen Knorr-Produkten an den Herd geht. Ein Riesen-Koch-Event! Natürlich mussten die Nährwerte stimmen. Und der Geschmack sowieso! Und schnell gehen sollte es. Und richtig gut aussehen… Schließlich war eine lecker-leichte Küche entstanden, so einfach und unbeschwert wie keine andere. Das obere Limit für Kalorien, die vom Fett stammen, legten die Knorr-Fachleute auf etwa ein Drittel fest. Fett sparen allein reicht jedoch nicht. Es kommt auch auf das ausgewogene Verhältnis der Fettsäuren an, denn die wichtigen Nährstoffe nehmen im Körper unterschiedliche biologische Funktionen wahr.

Ausgewogen

Beim Entwickeln der Rezepte folgte Knorr den Empfehlungen anerkannter Organisationen wie der Deutschen Gesellschaft für Ernährung (DGE). Genießer können sich darauf verlassen: Die Balance stimmt, und kein Gericht liefert mehr als 500 Kalorien pro Portion; die meisten liegen bei nur 400 Kalorien oder noch weit darunter.

WIE VIEL FETT?
Da Käse während der Reifezeit Wasser und Gewicht verliert, wird sein Fettgehalt meist auf die Trockenmasse bezogen (»Fett i. Tr.«). Der absolute Fettgehalt liegt niedriger. Auf der Packung steht dann z.B.: »nur 5 g Fett«.

Kräuter

Unwiderstehlich grün

»Genial vital« macht es einfach, beim Essen die Balance zu halten, weil jedes einzelne Rezept mit frischem Gemüse, Obst oder Kräutern lockt. Wer eiweißreiche Gerichte wie Fisch und Fleisch in den Mittelpunkt rückt, ergänzt vielleicht zusätzlich mit leichten Salaten und kohlenhydratreichen Beilagen wie Nudeln, Reis oder Kartoffeln. Am besten lässt man sich täglich von einem anderen Kapitel des Buchs inspirieren. Kräuter beispielsweise verführen mit ihrem dekorativen Grün, ihrem besonderen Duft und immer neuen Geschmacksnoten. Sie verzaubern ein Gericht nicht nur geschmacklich, sondern machen es auch bekömmlicher. Darüber hinaus enthalten sie eine Fülle bioaktiver Substanzen, die helfen, langfristig fit zu bleiben.

In Töpfen gedeihen Küchenkräuter auch auf dem Balkon und sogar am Fenster prächtig.

LEICHT FLÜCHTIG

Schon beim Hacken verlockt der würzige Duft. Damit nichts vom Aroma frischer Kräuter verfliegt, die zerkleinerten Blätter möglichst bald ins Essen geben.

Schnell zur Hand

Zum Glück stehen Blätter und zarte Triebe der grünen Gewürze heute – frisch, tiefgekühlt oder getrocknet – das ganze Jahr zur Verfügung. Ein paar Kräuter für den Salat, die Suppe und als Garnitur sind also immer zur Hand. In der kalten Jahreszeit geben getrocknete oder tiefgekühlte Kräuter einem Gericht intensives Mittelmeeraroma.

Ein unwiderstehlicher Genuss: selbst gemachtes Essen, das, nach Kräutern duftend, frisch aus der eigenen Küche kommt.

Gemüse

Lecker, bunt und wertvoll

Gemüse besticht durch vielfältige Formen und Farben zum Verlieben! Mit seiner knackigen Frische holen sich Feinschmecker bildschöne Zutaten auf den Teller, die nicht nur feinen Geschmack mitbringen, sondern auch wertvolle Nährstoffe. Außerdem: Blätter, Knollen, Sprossen und Wurzeln sättigen auf leichte Art und machen nicht dick. Und Experten finden darin immer mehr Stoffe, die das Wohlbefinden fördern. Sie heißen »bioaktive Substanzen«, »sekundäre Pflanzenstoffe« oder ganz einfach »Vitalstoffe«. Einige aktivieren das Immunsystem, andere bekämpfen Bakterien, wieder andere schützen Zellen vor Schäden.

SCHONEND GAREN

Dabei kommt es auf jede Minute an! Am besten schon vor Ende der Garzeit prüfen, ob das Gemüse noch nicht zu weich ist. Je kürzer gedünstet, desto vitaminreicher. Damit nichts Gutes verloren geht, die Garflüssigkeit für Saucen oder Suppen mitverwenden. Und: Gemüse, das nicht sofort verzehrt wird, nicht warm halten, sondern schnell abkühlen und zum Essen wieder erhitzen.

Fisch

Köstliches aus klaren Fluten

Fisch erfreut sich steigender Beliebtheit. Was aus Meeren, Flüssen, Seen und Aquakulturen in unsere Läden kommt, eignet sich wunderbar für kalorienarme, leicht verdauliche Gerichte mit üppigem Proteingehalt. Wer gern Fisch isst, der bekommt leichter wichtige Nährstoffe wie etwa Vitamin D, Jod und Omega-3-Fettsäuren. Darüber hinaus gelten Fisch und Meeresfrüchte als eine gute Quelle für Mineralstoffe. Es ist also wichtig, Kinder mindestens zweimal die Woche dafür zu begeistern. Das dürfte bei den vielen verlockenden Rezepten gar

keine Mühe machen. Für die schnelle Küche ist Fisch einfach ideal. Frisch wird er in vielen Supermärkten küchenfertig, also filetiert angeboten und ist im Handumdrehen gar. Auch geräuchert und in Folie vakuumverpackt oder als Konserve in der Dose verlieren Fische nichts von ihrem Nährwert.

PORTIONSGRÖSSEN

Erwachsene können meist mehr essen als Kinder, Sportfans mehr als Bewegungsmuffel. Die richtige Menge auf dem Teller ist also variabel; sie hängt vom Energiebedarf des Einzelnen ab. Deshalb beruhen unsere Portionsangaben auf Durchschnittswerten.

Gut für den Vorrat: Tiefgekühlte Fischfilets halten sich im Gefriergerät bei minus 18 °C etwa zwei bis fünf Monate.

Ausdauer durch Kohlenhydrate

Fruchtzucker aus dem Obst zählt genau so zu den Kohlenhydraten wie Honig und Haushaltszucker, Milchzucker oder Stärke aus Getreide, Hülsenfrüchten und Kartoffeln. Der Körper verwandelt alle Arten in Glukose, denn die benötigt er als Energiequelle. Gelingt die Umwandlung nur allmählich, aber dafür kontinuierlich, sprechen Experten von »langsamen Kohlenhydraten«, die nachhaltig sättigen. Geht die Glukose sofort ins Blut, sind es »schnelle Kohlenhydrate«. Klar, Zucker und Honig geben einen schnellen, aber kurzen Energieschub, Hülsenfrüchte dagegen halten lange vor. Nudeln liefern einen angenehmen Mix aus »schnellen« und »langsamen« Kohlenhydraten. (Infos dazu ab S. 71.)

Ist die Pasta »al dente«? Gut, denn der kleine bissfeste Kern im Inneren der Nudeln wird langsamer verdaut. Er liefert dem Körper längere Zeit Energie.

Energie

Mehr essen und satt werden

Je schneller unser Körper mit einer Mahlzeit fertig wird, desto früher knurrt der Magen wieder. Also gilt es, auf Zeit zu spielen und mit einem Salat oder einer Suppe zu beginnen. Fühler (Dehnungsrezeptoren) im Verdauungstrakt prüfen, ob genug auf dem Teller war, um den ersten Hunger zu stillen. Hier zählt vor allem die Masse, und die ist üppig, wenn viel Flüssigkeit im Essen steckt. Überhaupt macht es Sinn, mit Genuss und in Ruhe zu essen, damit der Körper Zeit hat, rechtzeitig das »Stoppsignal« zu senden.

HÄLT LANGE VOR
Hülsenfrüchte und Nüsse haben eins gemeinsam: Sie sättigen nachhaltig und liefern wertvolle Nährstoffe.

Lust am Gaumenkitzel

Ein Gericht nach dem eigenen Geschmack zu würzen, ihm also den persönlichen Stempel aufzudrücken, das gehört zu den schönsten Augenblicken beim Kochen. Schon eine Prise, also die Menge Gewürz, die zwischen drei Fingerspitzen Platz hat, macht oft den Unterschied zwischen »ganz okay« und »super«. Etwas Geduld beim Experimentieren gehört dazu. Am besten mit kleinen Dosierungen starten und immer wieder probieren. Viele Gewürze entfalten erst nach ein paar Minuten ihre volle Würzkraft. Ideal ist es, wenn sich alle Geschmacksrichtungen, d.h. süß, salzig, sauer und bitter, auf der Zunge begegnen. Eine Prise Zucker und ein paar Tropfen Zitronensaft geben deshalb oft den letzten Kick.

WÜRZEN MIT ÖL

Kaltgepresste Speiseöle wie etwa Walnuss-, Sesam- oder Olivenöl zeichnen sich nicht nur durch wertvolle Inhaltsstoffe aus. Sie verleihen einem Gericht mit ihrem eigenständigen Geschmack zusätzliche Raffinesse.

Dreimal abgeschmeckt und immer noch nicht auf dem Punkt? Den Probebissen einfach etwas länger im Mund hin und her bewegen, so kommen mehr Aromastoffe zur Geltung.

Gewürze

Zwischendurch genießen

Wenn man im hektischen Alltag gut gelaunt und leistungsfähig bleiben möchte, ist es wichtig, dem Körper rechtzeitig Nachschub zu liefern. Wie wäre es also mit einem Lunchpaket? So eins, bei dem man neidische Blicke erntet, wenn man es auspackt. »Maßgeschneiderte« Zwischenverpflegung ist leicht verdaulich und hält die Leistungskurve stabil. Üppige, fettreiche Mahlzeiten machen eher müde und träge, weil der Körper das für die Verdauungsarbeit erforderliche Blut aus den oberen Körperpartien abzieht und für den Kopf wenig übrig bleibt. Um auch tagsüber aktiv und fit zu bleiben, greifen clevere Genießer zum mitgebrachten ausgewogenen Snack. (Geniale Rezepte dazu ab S. 284).

Süßes Obst

Meldet sich zwischendurch der Hunger, wird oft auch die Sehnsucht nach etwas Süßem wach. Das ist genau der richtige Augenblick, in eine saftige Birne zu beißen oder eine Orange zu schälen. Denn frisches Obst liefert neben dem geliebten kleinen Quantum Zucker erfrischende Fruchtsäuren, wichtige Vitamine und Mineralstoffe. Ein kurzfristiger Muntermacher sind übrigens knackige Äpfel, weil man sie kräftig kauen muss. Das verstärkt die Durchblutung im Kopf und belebt auf diese Weise.

Ideal als kleine Stärkung zwischendurch: saftig frische Früchte der Saison.

Unterwegs

GUTE REISE

Lange Touren – egal ob mit dem Auto, der Bahn oder dem Rad – machen doppelten Spaß, wenn genug erholsame Pausen eingeplant sind und mitgebrachter Proviant zum Zulangen lockt. Knorr hilft mit einer Fülle neuer Rezeptideen und kreativer Tipps, Leichtes und Leckeres ohne großen Aufwand auf den Weg zu bringen. So gerüstet steht einem lustvollen Reisetag nichts mehr im Weg.

Bunt wie das Leben

Gemüsegerichte

Sie bringen Sonne auf den Teller,
sind leichte Kost für Fitnessfans und
prächtige Hingucker für Genießer.
Aber vor allem: Sie sind riesig lecker!

PRO PORTION

1180 kJ/283 kcal, 12 g Eiweiß, 10 g Fett, 31 g Kohlenhydrate

ca. 30 Minuten

GEDÜNSTETER SPINAT MIT KNOBLAUCHBAGUETTE

ZUTATEN

FÜR 2 PORTIONEN

750 g Spinat
2 Zwiebeln
2 Knoblauchzehen
1 EL Keimöl
1 TL KNORR Gemüse-Bouillon
100 g Baguette
75 g saure Sahne (10 % Fett)
1–2 EL Saft und etwas Schale von 1 unbehandelten Zitrone
Pfeffer

TIEFGEKÜHLT

Spinat wird – ohne lange Transportwege – gleich nach der Ernte verarbeitet. Bei Temperaturen von −40 °C wird ihm die Wärme entzogen. Das schont Nährstoffe und Vitamine.

1. Den Spinat putzen und waschen. Zwiebeln und Knoblauchzehen schälen. Die Zwiebeln würfeln und 1 Knoblauchzehe in Scheibchen schneiden.
2. Keimöl in einem großen Topf erhitzen und die Zwiebelwürfel und Knoblauchscheiben darin andünsten.
3. Spinat zu den Zwiebeln geben. 100 ml Wasser zugießen und die Gemüse-Bouillon unterrühren. Den Spinat zugedeckt ca. 5 Minuten dünsten.
4. Inzwischen das Baguette in Scheiben schneiden und im Toaster rösten. Saure Sahne mit Zitronensaft verrühren, restliche Knoblauchzehe dazupressen, mit etwas Pfeffer würzen und auf den gerösteten Baguettescheiben verstreichen.
5. Die Brotscheiben zum Schluss mit etwas Zitronenschale bestreuen und zum Spinat servieren.

TIPP: Spinat besser nicht lange warm halten, denn die zarten Blätter verlieren schon nach kurzer Zeit an Farbe, Nährwert und Geschmack.

SPINATSEMMELKNÖDEL MIT CHAMPIGNONSAUCE

1. Die Brötchen klein würfeln und mit warmer Milch übergießen. Champignons putzen und in dünne Scheiben schneiden. Den Spinat putzen und waschen. Die Zwiebel schälen und würfeln.

2. 1 EL Rapsöl in einem Topf erhitzen und die Zwiebelwürfel darin in ca. 4 Minuten bei mittlerer Hitze glasig dünsten. Spinatblätter tropfnass zugeben und zugedeckt 4–5 Minuten garen, bis die Blätter zusammengefallen sind.

3. Spinat in einem Sieb abgießen, abtropfen lassen, fest ausdrücken und grob hacken. Spinat, Ei, Semmelbrösel und Mehl zu den eingeweichten Brötchenwürfeln geben und alles gut durchkneten. Mit Salz und Pfeffer abschmecken.

4. Mit feuchten Händen 12–15 Knödel formen und in kochendes Salzwasser geben. Bei mittlerer Hitze ca. 10 Minuten ziehen lassen.

5. Restliches Öl erhitzen, Champignonscheiben und Schinkenwürfel darin anbraten. 1/4 l (250 ml) Wasser dazugießen und aufkochen. Rahmsoße einrühren und bei schwacher Hitze 1 Minute kochen lassen.

6. Die Semmelknödel mit einer Schaumkelle aus dem Wasser heben und mit der Sauce anrichten.

PRO PORTION

1671 kJ/400 kcal, 18 g Eiweiß, 14 g Fett, 46 g Kohlenhydrate

ca. 50 Minuten

ZUTATEN

FÜR 3 PORTIONEN

3 Brötchen vom Vortag
150 ml Milch (1,5 % Fett)
250 g Champignons
700 g Spinat
1 Zwiebel
2 EL Rapsöl, 1 Ei
2 EL Semmelbrösel (Paniermehl)
2 EL Mehl
Salz, Pfeffer
50 g magere Schinkenwürfel
1 Päckchen KNORR Rahmsoße (aus dem 3er-Pack)

SPINAT

Lange Zeit wurde Spinat wegen seines angeblich so hohen Eisengehalts viel gerühmt, dabei war dieser wegen eines Kommafehlers nur falsch berechnet. Heute empfehlen Experten, oft Spinat zu essen. Er enthält viel Beta-Carotin (Provitamin A) und schützt die Zellen vor freien Radikalen.

PRO PORTION

510 kJ/122 kcal, 10 g Eiweiß,
6 g Fett, 5 g Kohlenhydrate

ca. 25 Minuten

KOHLRABI-CARPACCIO MIT TOMATENDRESSING

ZUTATEN

FÜR 4 PORTIONEN
500 g Kohlrabi
1 Fleischtomate
1/8 l (125 ml) Tomatensaft
1 EL Olivenöl
1 Beutel KNORR Salatkrönung »Paprika-Kräuter«
20 g Pinienkerne
100 g Rindersaftschinken oder Roastbeef in Scheiben
1 Bund Basilikum

KOHLRABI

Beim Putzen das Grün nicht gleich wegwerfen. Meist sind die kleineren Blätter so zart und würzig, dass man sie gut mitverwenden kann. Das sieht hübsch aus und ist gesund. Denn die Blätter enthalten mehr vom oft knappen B-Vitamin Folsäure als das Fruchtfleisch der Knolle. Einfach in feine Streifen schneiden und 3–4 Minuten mitgaren.

1. Den Kohlrabi schälen und in hauchdünne Scheiben schneiden oder hobeln. Die Scheiben gleichmäßig auf 4 Teller verteilen.

2. Tomate waschen und vierteln, die Kerne entfernen und das Fruchtfleisch fein würfeln. Tomatensaft mit Tomatenwürfeln, Olivenöl und Salatkrönung »Paprika-Kräuter« verrühren.

3. Die Pinienkerne in einer beschichteten Pfanne ohne Zugabe von Fett goldgelb rösten. Schinken oder Roastbeef in feine Streifen schneiden.

4. Basilikum waschen, trockenschütteln und die Blätter klein schneiden.

5. Kohlrabischeiben mit dem Tomatendressing beträufeln. Mit Schinkenstreifen, Basilikumblättern und Pinienkernen bestreut servieren.

TIPP: Das Carpaccio ist ein guter Auftakt für ein sommerliches Menü, schmeckt aber auch als Abendessen zu einem belegten Brot. Anstelle von Schinken oder Roastbeef passt ebenso Räucherlachs.

GEFÜLLTER KOHLRABI MIT RUCOLA-REIS

PRO PORTION

1898 kJ/453 kcal, 23 g Eiweiß, 17 g Fett, 50 g Kohlenhydrate

ca. 80 Minuten

ZUTATEN

FÜR 3 PORTIONEN

3 Kohlrabi à ca. 300 g
Salz
150 g Naturreis
150 g Schweineschnitzel
80 g Pfifferlinge
1 Zwiebel
2 EL Keimöl
Pfeffer
1 Päckchen KNORR Jäger Soße (aus dem 3er-Pack)
2 EL RAMA Cremefine zum Verfeinern
1/2 Kugel (62 g) Mozzarella light
60 g Rucola (Rauke)

1. Kohlrabi schälen, die Knollen aushöhlen und in kochendem Salzwasser 30–40 Minuten garen. Den Reis nach Packungsanweisung garen.
2. Das Fleisch schnetzeln. Pfifferlinge putzen, halbieren oder vierteln. Das Innere vom Kohlrabi klein schneiden. Zwiebel schälen und würfeln.
3. 1 EL Keimöl in einer Pfanne erhitzen und das Fleisch rundherum ca. 3 Minuten braten. Mit wenig Salz und Pfeffer würzen. Herausnehmen.
4. Zwiebeln, Pilze und Kohlrabiinneres im restlichen Öl dünsten, bis die gesamte Flüssigkeit verdampft ist. 1/4 l (250 ml) Wasser zugießen, aufkochen und Jäger Soße einrühren. Bei schwacher Hitze 1–2 Minuten kochen lassen. Fleisch und Cremefine zugeben und untermischen.
5. Kohlrabiknollen in eine Auflaufform setzen und mit dem Geschnetzelten füllen. Mozzarella in Scheiben schneiden und darübergeben. Im vorgeheizten Ofen bei 225 °C (Umluft: 200 °C) ca. 15 Minuten überbacken.
6. Rucola waschen und klein schneiden. Reis abgießen, Rucola untermischen.

SO LEICHT

Mit frischem Gemüse macht es uns die Natur wirklich einfach, würzig, nährstoffreich und kalorienarm zugleich zu kochen. Gemüsesticks mit einem leichten Dip dazu beruhigen knurrende Mägen ohne viele Kalorien. Und bei fettarm gedünstetem Gemüse ist immer eine zweite Portion drin – ohne schlechtes Gewissen und überladenen Magen.

PRO PORTION

1782 kJ/425 kcal, 25 g Eiweiß, 14 g Fett, 47 g Kohlenhydrate

ca. 35 Minuten

SPARGEL MIT ENTENBRUST UND WOK-NUDELN

ZUTATEN

FÜR 4 PORTIONEN

750 g grüner Spargel
350 g Entenbrustfilet
2 EL Rapsöl
Salz
Pfeffer
1 Packung (250 g) Wok-Nudeln
2 TL KNORR Hühner-Kraftbouillon
5 EL Sojasauce
1 TL Speisestärke
1 EL dunkles Sesamöl
100 g Sprossen, z.B. Alfalfa

1. Von dem Spargel nur das untere Drittel schälen. Die Stangen schräg in etwa 5 cm lange Stücke schneiden.
2. Von der Entenbrust die Haut abschneiden und das Fleisch in Streifen schneiden.
3. 1 EL Rapsöl in einem Wok oder einer großen Pfanne erhitzen und die Fleischstreifen darin ca. 4 Minuten unter ständigem Rühren braten. Mit Salz und Pfeffer würzen und herausnehmen.
4. Das restliche Rapsöl zugeben und die Spargelstücke kurz anbraten. Die Nudeln, 275 ml Wasser und 1 TL Hühner-Kraftbouillon zugeben, verrühren und bei starker Hitze so lange garen, bis die Nudeln die gesamte Flüssigkeit aufgesogen haben.
5. Sojasauce mit der Speisestärke verrühren und zusammen mit 200 ml Wasser, restlicher Bouillon, Sesamöl und dem Fleisch in die Pfanne oder den Wok geben. Unter Rühren 1–2 Minuten garen. Sprossen waschen und mit dem Gemüse und der Entenbrust anrichten.

TIPP: Statt Sojasauce passt auch die leicht süßliche Austernsauce.

GRÜNER SPARGEL

Bis zum Ende des 19. Jahrhunderts gab es nur eine Spargelsorte und die war grün. Denn weiß bleiben die zarten Stangen nur, wenn sie vor der Sonne geschützt in Erdwällen wachsen. Steht Spargel auf flachen Feldern, färbt das Licht die Sprossen grün. Sie schmecken etwas herzhafter als der sogenannte Bleichspargel und liefern mehr Vitamin C und Magnesium.

SPARGELCRÊPES MIT HOLLANDAISE

PRO PORTION

2051 kJ/488 kcal, 34 g Eiweiß, 20 g Fett, 40 g Kohlenhydrate

ca. 55 Minuten

ZUTATEN

FÜR 2 PORTIONEN

750 g weißer Spargel
Salz
1 TL Zucker
60 g Mehl
2 Eier
150 ml Milch (1,5 % Fett)
4 TL Rapsöl
1 Beutel KNORR Feinschmecker Sauce Hollandaise »fettarm«
30 g Käseraspel (30 % Fett i.Tr.)
125 g Lachsschinken

SPARGEL KOCHEN

Optimal: Die Stangen gebündelt stehend kochen. Weil sie unten dicker sind, benötigen sie dort intensive Hitze. Die Köpfe garen sanft im Dampf.

1. Spargel schälen, die holzigen Enden abschneiden. Spargel in kochendem Wasser mit wenig Salz und Zucker in 15–20 Minuten bissfest garen. Den Spargel abgießen und abtropfen lassen, dabei das Kochwasser auffangen.
2. Mehl, Eier und Milch zu einem glatten Teig verrühren, mit wenig Salz würzen und 10 Minuten quellen lassen.
3. Nacheinander in je 1 TL Rapsöl 4 kleine Crêpes ausbacken. Spargelstangen auf die Crêpes verteilen, aufrollen und in eine flache Auflaufform legen.
4. 1/4 l (250 ml) Spargelkochwasser abmessen, Sauce Hollandaise einrühren, unter Rühren aufkochen und bei schwacher Hitze 2 Minuten kochen.
5. Die Sauce über die Spargelcrêpes gießen und mit dem Käse bestreuen. Im vorgeheizten Backofen bei 200 °C (Umluft: 175 °C) etwa 15 Minuten überbacken. Mit dem Schinken servieren.

HÜBSCHE VARIANTE: 1 Bund grob gehackte Petersilie in die Sauce geben und mit dem Stabmixer fein pürieren.

PRO PORTION

2094 kJ/500 kcal, 32 g Eiweiß, 18 g Fett, 51 g Kohlenhydrate

ca. 70 Minuten

MÖHREN UND HÄHNCHEN AUS DEM BRATSCHLAUCH

ZUTATEN

FÜR 4 PORTIONEN

4 EL Sojasauce
2 EL KNORR Tomaten-Ketchup
2 EL Aprikosenkonfitüre
8 Hähnchenunterkeulen à 100 g (Drumsticks)
600 g Möhren
2 Zwiebeln
150 g Mungobohnensprossen
1 Beutel KNORR Fix für Sauerbraten
150 g Basmatireis, Salz

Am gesündesten sind die Möhren in etwas Fett leicht gedünstet. Junge Möhren vorher nur waschen und sauber bürsten.

1. Sojasauce, Ketchup und Konfitüre verrühren, die Hähnchenkeulen damit einstreichen und marinieren, bis Gemüse und Sauce vorbereitet sind.
2. Möhren und Zwiebeln schälen und in Streifen schneiden. Die Sprossen waschen und abtropfen lassen. Das Gemüse in einen Bratschlauch füllen.
3. 1/2 l (500 ml) Wasser aufkochen und Fix für Sauerbraten einrühren. Hähnchenkeulen abtropfen lassen und auf das Gemüse legen. Restliche Marinade in die Sauce rühren und etwa 1/3 der Sauce in den Bratschlauch füllen. Bratschlauch nach Packungsanweisung gut verschließen und 2–3 Löcher in die Folie stechen.
4. Hähnchenkeulen und Gemüse im vorgeheizten Backofen bei 225 °C (Umluft: 200 °C) 40–50 Minuten garen; der Bratschlauch darf dabei die Backofenwände nicht berühren.
5. Inzwischen den Reis in Salzwasser nach Packungsanweisung garen und abgießen. Die restliche Sauce zum Ende der Garzeit noch einmal erhitzen.
6. Hähnchenkeulen und Gemüse aus dem Bratschlauch nehmen und mit dem Reis und der Sauce servieren.

MÖHRENSUPPE MIT INGWER UND ORANGENSAFT

1. Möhren und Kartoffeln schälen und in Würfel schneiden. Den Ingwer schälen und fein hacken.
2. Öl in einem großen Topf erhitzen und den Ingwer darin andünsten. Mit Orangensaft ablöschen und etwas einkochen lassen.
3. 1 l (1000 ml) Wasser, Gemüse-Bouillon, Möhren und Kartoffelwürfel zugeben und 15–20 Minuten garen.
4. Sesamsaat in einer Pfanne ohne Zugabe von Fett bräunen. Die Minze waschen, trockenschütteln und die Blättchen in feine Streifen schneiden.
5. Die Suppe mit einem Stabmixer pürieren. Nach Belieben mit Salz und Pfeffer abschmecken. Mit Sesam und Minze bestreuen und mit jeweils 1 Klecks saurer Sahne servieren.

TIPP: Wer Fleisch vermisst, erhitzt vor dem Servieren 100–150 g gewürfelten Kasseler Aufschnitt oder geräucherte Putenbrust in der Suppe. Ebenfalls lecker: Ca. 200 g mageres Rinderhackfleisch in einer beschichteten Pfanne krümelig braun anbraten und ganz am Schluss in die Suppe geben.

PRO PORTION

892 kJ/214 kcal, 6 g Eiweiß, 7 g Fett, 28 g Kohlenhydrate

ca. 35 Minuten

ZUTATEN

FÜR 4 PORTIONEN

600 g Möhren
400 g Kartoffeln
1 Stück Ingwerwurzel (30 g)
1 EL Knoblauch- oder Rapsöl
1/2 l (500 ml) Orangensaft
4 TL KNORR Bio Gemüse-Bouillon
2 EL Sesamsaat
1/2 Bund Minze
evtl. Salz
Pfeffer
75 g saure Sahne (10 % Fett)

KÖSTLICH

In allen Gemüsen stecken natürliche Duft- und Aromastoffe wie etwa Terpene, Senföle und Polyphenole, die unseren Appetit anregen und das Essen zum Genuss werden lassen. Experten fanden heraus, dass gerade diese Geschmacksstoffe als »biologisch aktive Substanzen« oder »Phytochemicals« hohen gesundheitlichen Wert besitzen und vor schädlichen Umwelteinflüssen schützen können. Was gut schmeckt, ist also auch gesund!

PRO PORTION

1582 kJ/378 kcal, 38 g Eiweiß, 14 g Fett, 22 g Kohlenhydrate

ca. 20 Minuten

MAISSALAT MIT HÄHNCHENBRUST UND KÄSE

ZUTATEN

FÜR 2 PORTIONEN

1 Dose Mais (Abtropfgewicht 285 g)
1–2 rote Zwiebeln
150 g Hähnchenbrustaufschnitt
1 dicke Scheibe (75 g) Butterkäse (30 % Fett i. Tr.)
1 Beutel KNORR Salatkrönung »Zwiebel-Kräuter«
1 EL Rapsöl
1 EL mittelscharfer Senf
50 g kleine Sprossen, z.B. Alfalfa oder Rettich

GEMÜSEMAIS

Je frischer, desto besser und süßer. Zuckermais büßt schon nach einem Tag im Kühlschrank an Geschmack ein, weil sein Zuckergehalt rasch abnimmt. Mediziner empfehlen das kernige Gemüse wegen seines Gehalts an Zeaxanthin. Der Stoff verleiht dem Mais die gelbe Farbe und gilt als »Schutzengel« unserer Sehschärfe.

1. Den Mais in einem Sieb abgießen und abtropfen lassen. Die Zwiebeln schälen und in dünne Scheiben schneiden.
2. Die Hähnchenbrustscheiben und den Käse in Stifte schneiden.
3. Salatkrönung »Zwiebel-Kräuter« mit Rapsöl, Senf und 100 ml Wasser verrühren. Mais, Zwiebeln, Hähnchenbrust und Käse unterheben und alles ca. 10 Minuten durchziehen lassen.
4. Die Sprossen waschen und trockentupfen. Den Maissalat vor dem Servieren mit den Sprossen bestreuen.

Als Hauptgericht reicht der Salat für 2, als Beilage für 3–4 Portionen.

TIPP: In der Saison – von Mitte Juli bis Ende Oktober – frischen Mais nehmen. Dafür einfach die Körner senkrecht vom Kolben abschneiden. Wer kein Fleisch mag, lässt den Aufschnitt weg und isst stattdessen gekochte Eier zum Salat. Eier kann man gut auf Vorrat kochen und im Kühlschrank aufheben. Damit kein Wasser unter die Schale dringt, nach dem Garen nicht abschrecken. Einfach das Kochwasser abgießen und die Eier abkühlen lassen.

ZARTE MAIRÜBCHEN IN FRÜHLINGSKRÄUTERSAUCE

PRO PORTION

1774 kJ/424 kcal, 32 g Eiweiß, 14 g Fett, 39 g Kohlenhydrate

ca. 30 Minuten

ZUTATEN

FÜR 3 PORTIONEN

750 g Mairübchen, Salz
750 g kleine Pellkartoffeln
1–2 EL Rapsöl, Pfeffer
2–3 Bund Kräuter, z.B. Petersilie, Kerbel, Schnittlauch
30 g Kürbiskerne
1/8 l Milch (1,5 % Fett)
1 Päckchen KNORR Helle Soße (aus dem 3er-Pack)
evtl. Muskat
9 Scheiben Roastbeefaufschnitt à ca. 25 g

1. Die Mairübchen schälen und je nach Größe in Salzwasser 10–15 Minuten garen. Abgießen und abtropfen lassen.
2. In der Zwischenzeit die Kartoffeln pellen. Rapsöl in einer beschichteten Pfanne erhitzen und die Kartoffeln darin rundherum goldgelb braten. Mit Salz und Pfeffer würzen.
3. Kräuter waschen, trockenschütteln, die Blättchen abzupfen und hacken. Kürbiskerne ebenfalls hacken.
4. 1/8 l (125 ml) Wasser und Milch aufkochen, Helle Soße einrühren und bei schwacher Hitze 1 Minute kochen lassen. Gehackte Kräuter und Kürbiskerne in die Sauce geben. Nach Belieben mit Salz, Pfeffer und etwas Muskat abschmecken.
5. Die Mairüben mit der Sauce servieren. Kartoffeln und Roastbeefscheiben extra dazu reichen.

TIPP: Wenn die Saison für die zarten Mairüben vorbei ist, das Gericht mit anderen weißen Rüben wie zum Beispiel Teltower Rübchen oder mit Möhren zubereiten.

MAIRÜBCHEN

Franzosen nennen sie Navets. Sie sind die kleinsten und zartesten der großen Rübenfamilie. Gemüsebauern säen sie zeitig im Frühjahr aus, damit sie ab Ende Mai ernten können. Knackige Blattbüschel zeigen Frische an. Das vitaminreiche Grün schmeckt gekocht in Suppen oder roh und fein geschnitten im Salat.

MANGOLD IN KÄSESAUCE MIT RINDERFILET

PRO PORTION

1716 kJ/410 kcal, 29 g Eiweiß, 17 g Fett, 32 g Kohlenhydrate

ca. 50 Minuten

ZUTATEN

FÜR 4 PORTIONEN

1 kg mittelgroße Kartoffeln
3 EL Olivenöl
1 Bund Thymian
Salz
2 Mangoldstauden (ca. 1 kg)
4 Rinderfiletmedaillons à 100 g
Pfeffer
1 Beutel KNORR Spaghetteria Sauce Quattro Formaggi
Muskat

1. Die Kartoffeln schälen und längs halbieren. Ein Backblech mit 1 EL Olivenöl bestreichen und die Kartoffeln mit den Schnittflächen nach unten auf das Blech legen; dabei jeweils 1 kleinen Thymianstiel darunter legen. Die Kartoffeln salzen und im vorgeheizten Backofen bei 200 °C (Umluft: 175 °C) ca. 40 Minuten backen.
2. Die Wurzelansätze der Mangoldstauden abschneiden. Den Mangold gut waschen; die Stiele in feine Streifen schneiden, die Blätter grob hacken.
3. 400 ml Wasser mit wenig Salz aufkochen. Zuerst die Mangoldstiele hineingeben und kochen, nach 5 Minuten die Blätter zugeben und zusammen weitere 3–4 Minuten kochen.
4. Das Gemüse in einem Sieb abgießen, dabei das Kochwasser auffangen. 300 ml davon abmessen und in den Topf zurückgießen.
5. Eine Grillpfanne mit dem restlichen Öl einstreichen und die Rinderfiletmedaillons darin von jeder Seite 3–5 Minuten braten. Das Fleisch mit etwas Salz und Pfeffer würzen, in Alufolie wickeln und ruhen lassen.
6. Spaghetteria Sauce Quattro Formaggi in das Kochwasser einrühren und 1 Minute kochen lassen. Mangold zugeben, in der Sauce erwärmen und mit etwas Muskat abschmecken. Mangold in Käsesauce mit Rinderfilets und Backofenkartoffeln servieren.

MANGOLD

Das würzige Gemüse gehört zur Familie der Rüben, doch isst man nicht die Knollen, sondern die Blätter und dickfleischigen Stängel. Klein geschnitten und kurz gedünstet, schmecken die rund 30 cm langen knackigen Blattstiele besonders gut. Ähnlich wie Spinat, Grünkohl und Feldsalat enthalten Mangoldblätter so große Mengen an Pflanzenfarbstoffen, dass es gerade im Sommer lohnt, sie öfter zu essen.

PRO PORTION

2037 kJ/486 kcal, 25 g Eiweiß, 17 g Fett, 56 g Kohlenhydrate

ca. 50 Minuten

GEFÜLLTE GURKEN MIT THUNFISCH-KAPERN-REIS

ZUTATEN

FÜR 2 PORTIONEN

100 g parboiled Reis, Salz
2 Gurken (ca. 750 g)
1 Dose Thunfisch ohne Öl (Abtropfgewicht 150 g)
30 g getrocknete Tomaten
1–2 EL Kapern
1 Beutel KNORR Fix für Lachs-Sahne-Gratin
1 EL Rapsöl
50 ml RAMA Cremefine zum Kochen

KLEINE GURKEN

Die nur etwa fingerlangen Minis schmecken etwas intensiver als die größeren Schlangengurken, sind aber mit nur 10 Kilokalorien pro 100 Gramm genauso kalorienarm wie diese.

1. Den Reis in kochendes Salzwasser geben und ca. 20 Minuten garen. Reis abgießen und abtropfen lassen.
2. Gurken waschen, evtl. schälen, halbieren und die Kerne herausschaben. Die Gurken in eine Auflaufform setzen.
3. Den Thunfisch abtropfen lassen. Die getrockneten Tomaten in kleine Würfel schneiden. Reis, Thunfisch, Tomatenwürfel und Kapern mischen und in die Gurkenhälften füllen.
4. Fix für Lachs-Sahne-Gratin mit 150 ml kaltem Wasser, Öl und Cremefine verrühren und über die Gurken gießen. Im vorgeheizten Backofen bei 200 °C (Umluft: 175 °C) ca. 30 Minuten backen.

TIPP: Wer's edel mag, serviert zu den Gurken ein Schälchen Forellen- oder Lachskaviar. Der Rogen der Lachsforelle ist gelb und etwas fester als der tief orangefarbene Kaviar der Lachse. Geschmacklich ähneln sich beide Sorten. Ungeöffnet halten sich die dekorativen Kaviarsorten im Kühlschrank etwa 4 Wochen .

GURKENSALAT MIT ROTEN ZWIEBELN

1. 1 l (1000 ml) Wasser aufkochen und die beiden Suppenwürfel einrühren. Das Schweinefilet hineingeben und bei ganz schwacher Hitze 15–20 Minuten ziehen lassen.
2. In der Zwischenzeit die Gurke waschen, eventuell schälen, halbieren, die Kerne entfernen. Das Fruchtfleisch in Stifte oder Scheiben schneiden. Die Zwiebel schälen und in hauchdünne Ringe schneiden oder hobeln.
3. Joghurt mit Olivenöl, Limettenschale, Chilischotenflocken und Salatkrönung verrühren. Gurken und Zwiebeln mit der Salatsauce mischen.
4. Das Fleisch aus der Brühe nehmen, abtropfen lassen und in dünne Scheiben schneiden. Mit dem Gurkensalat anrichten.

TIPP: Rohe Zwiebeln im Salat, das schmeckt nicht jedem. Die Alternative: Zwiebeln vorher kurz andünsten, das macht das gesunde Würzgemüse milder und leichter verträglich. Beim Andünsten der Zwiebeln eine beschichtete Pfanne verwenden und etwa 1/2 TL Öl. Die Temperatur so einstellen, dass die Scheiben oder Würfel »schwitzen«, also etwas Flüssigkeit abgeben, aber nicht bräunen.

PRO PORTION

1019 kJ/244 kcal, 31 g Eiweiß, 8 g Fett, 8 g Kohlenhydrate

ca. 30 Minuten

ZUTATEN

FÜR 2 PORTIONEN

2 Würfel KNORR Fleisch-Suppe
250 g Schweinefilet
350 g Salatgurke
1–2 rote Zwiebeln
150 g Joghurt (1,5 % Fett)
1 EL Olivenöl
abgeriebene Schale von 1/2 Limette
1/4 TL Chilischotenflocken
1 Beutel KNORR Salatkrönung »Gartenkräuter mit Knoblauch«

GURKEN-LASSI

1/2 Salatgurke klein schneiden. Mit 1/4 l (250 ml) Buttermilch, 150 g Joghurt (1,5 % Fett) und 1 Beutel KNORR Salatkrönung »Dill-Kräuter« pürieren. Mit Pfeffer und Zitronensaft abschmecken. Den Drink auf Eiswürfeln servieren.

PRO PORTION

834 kJ/200 kcal, 20 g Eiweiß, 7 g Fett, 10 g Kohlenhydrate

ca. 20 Minuten

ZUTATEN

FÜR 2 PORTIONEN

400 g Pastinaken
1 große Zwiebel
1 EL Rapsöl
1–2 TL brauner Zucker
2 TL KNORR Rinds-Bouillon
150 g Cornedbeefaufschnitt
evtl. Zitronensaft
1/2 Bund Petersilie

PASTINAKEN

Das traditionsreiche Wurzelgemüse findet man ab Oktober preiswert auf Wochenmärkten. Seinen vollen, süßlich-würzigen, an Karotten und Sellerie erinnernden Geschmack entfaltet es erst nach dem ersten Frost. Probieren lohnt, denn die ätherischen Öle der Pastinake sollen die Verdauung und die Nierentätigkeit fördern.

KLARE PASTINAKENSUPPE MIT CORNEDBEEF

1. Pastinaken schälen und mit einem Gurkenhobel in feine Scheibchen schneiden. Die Zwiebel schälen, halbieren und in Streifen schneiden.
2. Das Rapsöl in einem Topf erhitzen, die Zwiebelstreifen darin andünsten. Zucker darüberstreuen, schmelzen und braun werden lassen.
3. 1/2 l (500 ml) Wasser zugießen, aufkochen und Rinds-Bouillon darin auflösen. Pastinakenscheiben zufügen und in 1–3 Minuten knapp gar kochen.
4. Das Cornedbeef in Streifen schneiden, zur Suppe geben und heiß werden lassen. Suppe nach Belieben mit Zitronensaft abschmecken.
5. Petersilie waschen, trockenschütteln und hacken. Die Pastinakensuppe mit Petersilie bestreut servieren.

TIPP: Pastinaken sind wegen ihrer leicht süßlichen Note auch bei Kindern beliebt. Für die raffiniert einfache Suppe zur Abwechslung eine Mischung aus Möhren, Pastinaken und Petersilienwurzeln oder weißen Rüben verwenden. Sehr lecker: Beim Anrichten ein paar Tropfen Walnuss- oder Haselnussöl auf die Suppe geben.

RINDFLEISCHSUPPE MIT RETTICH

PRO PORTION

513 kJ/122 kcal, 6 g Eiweiß, 4 g Fett, 14 g Kohlenhydrate

ca. 15 Minuten

ZUTATEN

FÜR 4 PORTIONEN

200 g weißer Rettich mit Grün
1 EL Keimöl
abgeriebene Schale
1/2 unbehandelten Zitrone
1 Beutel KNORR Suppenliebe Rindfleisch Suppe
50 g Rindersaftschinken
evtl. Salz, Pfeffer
1–2 TL geriebener Meerrettich (Glas oder Tube)

1. Das Grün vom Rettich abschneiden, waschen, trockentupfen und fein hacken oder in Streifen schneiden. 1 EL davon zum Garnieren beiseite legen.
2. Den Rettich waschen, schälen und grob raspeln oder mit einem Sparschäler in dünne Streifen schneiden.
3. Rettichgrün in einem Topf in heißem Keimöl andünsten. Zitronenschale zugeben, 1 l (1000 ml) Wasser zugießen und aufkochen. Suppenliebe Rindfleisch Suppe einrühren und bei schwacher Hitze 3 Minuten kochen lassen.
4. Den Rettich zugeben und in der Suppe ca. 2 Minuten mitkochen. Rindersaftschinken in kleine Würfel schneiden, zugeben und heiß werden lassen.
5. Die Suppe nach Belieben mit Salz, Pfeffer und geriebenem Meerrettich abschmecken. Mit restlichem Rettichgrün bestreut servieren.

TIPP: Kurz vor dem Servieren Croûtons aus Laugen- oder Vollkornbrötchen in die Suppe geben.

RETTICH

Je schärfer, desto besser. Es sind leicht flüchtige Senföle, die allen Rettichsorten mehr oder weniger Schärfe verleihen. Experten raten, die saftigen Wurzeln vor allem im Sommer zu essen, weil sie dann besonders viele Aktivstoffe enthalten, die helfen, den Stoffwechsel fit zu halten.

PRO PORTION

175 kJ/41 kcal, 2 g Eiweiß, 1 g Fett, 5 g Kohlenhydrate

ca. 30 Minuten

ZUCCHINI-CAPPUCCINO MIT KRESSE

ZUTATEN

FÜR 4 PORTIONEN

1 Zucchini (ca. 250 g)
1 Zwiebel
1 kleine Kartoffel (ca. 65 g)
1–2 TL KNORR Hühner-Kraftbouillon
evtl. Salz, Pfeffer
150 ml Milch (1,5 % Fett)
1 Kästchen Kresse
Muskat

ZUCCHINIBLÜTEN

Die großen leuchtenden Zucchiniblüten, die im Sommer manchmal auch auf Märkten und im Supermarkt angeboten werden, eignen sich gut zum Füllen mit Kalbsbrät oder Frischkäse. Sie sitzen auf den Spitzen der noch jungen Früchte. Kleine Blüten dienen als netter Blickfang.

1. Die Zucchini putzen und waschen. Zwiebel und Kartoffel schälen und alles würfeln. Zusammen mit 400 ml Wasser und Hühner-Kraftbouillon in einem Topf aufkochen und bei mittlerer Hitze zugedeckt 20 Minuten garen.
2. Das Gemüse mit einem Stabmixer fein pürieren und nach Belieben mit Salz und Pfeffer abschmecken.
3. Milch erhitzen, aber nicht aufkochen und sehr gründlich aufschäumen.
4. Kresse vom Beet schneiden und abspülen. Die Suppe in Kaffeetassen füllen und mit Milchschaum bedecken. Kresse und etwas Muskat auf den Schaum streuen und sofort servieren.

TIPP: Eine echte Attraktion für Familie und Freunde: die leichte Gemüsecremesuppe mit einer Haube aus köstlichem Milchschaum. Für stabilen Schaum nicht Frischmilch, sondern fettarme H-Milch verwenden. Entweder mit der Dampfdüse der Espressomaschine oder mit einem Stabmixer kräftig aufschlagen. Weil Milchschaum vergänglich ist, erst servieren, wenn alle am Tisch sitzen.

ZUCCHINI-CHEESEBURGER

PRO PORTION

1461 kJ/348 kcal, 17 g Eiweiß, 13 g Fett, 38 g Kohlenhydrate

ca. 20 Minuten

ZUTATEN

FÜR 2 PORTIONEN

150 g Zucchini
100 g Kartoffeln
2 EL Haferflocken
1 Ei
Salz
Pfeffer
1 EL Rapsöl
1 Fleischtomate
einige Salatblätter
2 Toasties (Mehrkorn-Toastbrötchen)
2 EL KNORR Tomaten-Ketchup
2 Scheiben Chester-Käse (30 % Fett i. Tr.) à 20 g

1. Zucchini putzen, Kartoffeln schälen. Beides auf einer Reibe grob raspeln. Die Haferflocken und das Ei untermischen und die Masse mit Salz und Pfeffer kräftig würzen.
2. Aus der Masse 4 flache Bratlinge formen und in einer beschichteten Pfanne im heißen Rapsöl von jeder Seite ca. 4 Minuten braten.
3. Tomate waschen und in dünne Scheiben schneiden. Salatblätter waschen und trockentupfen. Die Toasties im Toaster aufbacken und mit Ketchup bestreichen.
4. Zucchinibratlinge, Salat, Tomaten- und Käsescheiben nacheinander auf die unteren Hälften legen. Die oberen Toastiehälften darauf setzen.

TIPP: Wer mag, nimmt statt der Haferflocken 50 g eingeweichtes Sojagranulat. Mancher kennt diese Zutat noch unter der Bezeichnung »Sojahack«. Das eiweißreiche und fettarme Trockenprodukt ist rein pflanzlich. Vegetarier mögen es gern als Beilage in Gemüseaufläufen. Kräftig angebraten schmeckt Sojagranulat fast wie Hackfleisch.

DOCH GESUND!

Inhaltsstoffe wie Vitamine, Mineralstoffe, Ballaststoffe und bioaktive Pflanzenstoffe machen Gemüse zum absoluten Topstar der vitalen Küche. Häufig wird jedoch behauptet, durch ausgelaugte Böden sei unser Gemüse heutzutage nicht mehr so wertvoll wie früher. Zum Glück geben Fachleute Entwarnung. Sie untersuchten verschiedene Gemüse auf den Nährstoffgehalt und stellten keine Veränderung fest.

ERBSEN-NUDEL-AUFLAUF MIT BRÖSELKRUSTE

PRO PORTION

2093 kJ/500 kcal, 28 g Eiweiß, 17 g Fett, 58 g Kohlenhydrate

ca. 50 Minuten

ZUTATEN

FÜR 3 PORTIONEN

150 g Kasseler Braten
1 kg frische Erbsenschoten
oder 300 g tiefgekühlte Erbsen
125 g kleine Nudeln
1 EL Halbfettmargarine
für die Form
1/4 l (250 ml) Milch (1,5 % Fett)
1 Beutel KNORR Fix für
Nudel-Schinken-Gratin
4–5 Stiele oder
1 TL getrockneter Thymian
30 g Käseraspel (30 % Fett i. Tr.)
30 g Semmelbrösel
(Paniermehl)
2 EL Olivenöl

1. Das Kasseler Fleisch in kleine Würfel schneiden. Die Erbsen palen. Nudeln, Fleischwürfel und Erbsen gleichmäßig in eine gefettete Auflaufform verteilen.
2. Milch und 1/4 l (250 ml) Wasser in einen Topf geben. Fix für Nudel-Schinken-Gratin einrühren, unter Rühren aufkochen und bei schwacher Hitze 1 Minute kochen lassen. Die Sauce über Nudeln, Fleisch und Erbsen gießen.
3. Thymian waschen, trockenschütteln und die Blättchen abzupfen. Käseraspel, Semmelbrösel, Olivenöl und Thymianblättchen mischen und auf den vorbereiteten Auflauf geben.
4. Erbsen-Nudel-Auflauf im vorgeheizten Backofen bei 200 °C (Umluft: 175 °C) ca. 30 Minuten backen.

TIPP: Ein gelungener Auflauf lebt vom Kontrast der duftenden knusprigbraunen Kruste mit einem saftigen Innenleben. In der Hitze des Backofens oder des Grills verschmelzen die Bestandteile der Kruste zu einer unverwechselbaren und mundwässernden Melange. Dafür muss sie nicht unbedingt aus einer dicken Käseschicht bestehen. Eine Mischung aus Bröseln, Kräutern und fettarmem Käse ist kalorienleichter, aber nicht weniger lecker. Wer Gäste erwartet, kann das Rezept verdoppeln oder verdreifachen. Die Garzeit verlängert sich nur, wenn man eine tiefe Auflaufform wählt. Ist keine passende vorhanden, das tiefe Blech aus dem Backofen verwenden.

ERBSENSCHOTEN

Egal ob frisch gepalt oder schnell aufgetaut: Erbsen sind äußerst nährstoffreich. In den kleinen grünen Perlen steckt vieles, was der Körper braucht, nämlich ein Mix aus biologisch hochwertigem Eiweiß, langsamen Kohlenhydraten, sättigenden Ballaststoffen, eine gute Portion Eisen sowie wichtige B-Vitamine.

PRO PORTION

402 kJ/96 kcal, 9 g Eiweiß, 3 g Fett, 6 g Kohlenhydrate

25 Minuten + Kühlzeit

BROCCOLI-QUARK-MOUSSE AUF BLATTSALAT

ZUTATEN

FÜR 4 PORTIONEN

4 Blatt weiße Gelatine
300 g Broccoliröschen
1 TL KNORR Gemüse-Bouillon
100 g Mager- oder Buttermilchquark
150 g Joghurt (1,5 % Fett)
Muskat
150–200 g bunt gemischte Blattsalate der Saison
1 Beutel KNORR Salatkrönung »Küchenkräuter«
1–2 EL Walnussöl
evtl. 1/4 TL Zucker oder Honig
einige Kerbelblättchen zum Garnieren

ZART DÜNSTEN

Gemüse liebt sanftes Garen. Nur wenig Flüssigkeit oder Fett in einem Topf mit gut schließendem Deckel erhitzen und das klein geschnittene Gemüse dazugeben. Den Topf schließen und die Temperatur so einstellen, dass beim Garen nur ganz wenig Dampf aufsteigt.

1. Gelatineblätter in kaltem Wasser einweichen. Broccoliröschen mit 200 ml Wasser zum Kochen bringen. Gemüse-Bouillon einrühren und die Röschen in ca. 6 Minuten weich kochen. 4 Röschen beiseite legen, den Rest pürieren.
2. Gelatine ausdrücken und in die Broccolimasse rühren, sie löst sich dabei auf. Quark und Joghurt ebenfalls unterrühren und mit Muskat abschmecken.
3. 4 kleine Förmchen mit kaltem Wasser ausspülen und die Masse hineinfüllen. Je 1 Broccoliröschen in die Masse drücken und die Mousse abgedeckt für mindestens 4 Stunden, am besten aber über Nacht, in den Kühlschrank stellen.
4. Salat putzen, waschen, die Blätter in mundgerechte Stücke zupfen und trockenschleudern. Salatkrönung mit 5 EL Wasser, Walnussöl und nach Belieben Zucker oder Honig verrühren. Den Salat mit dem Dressing mischen und auf Teller verteilen.
5. Die Mousse mit einem spitzen Messer vom Rand der Förmchen lösen und auf den Salat stürzen. Mit Kerbelblättchen garnieren.

BUCHSTABENSUPPE MIT BROCCOLI UND KLÖSSCHEN

1. Margarine schaumig rühren. Ei unterrühren. Geriebenen Käse und Mehl zugeben und ebenfalls unterrühren. Die Schinkenwürfel fein hacken oder im Blitzhacker zerkleinern, unter den Teig heben und mit bemehlten Händen kleine Klößchen formen.
2. Broccoli putzen, waschen und in kleine Röschen teilen. 1 l (1000 ml) Wasser aufkochen und Suppenliebe Buchstaben Suppe einrühren. Broccoliröschen und die vorbereiteten Klößchen in die Suppe geben.
3. Die Klößchen bei schwacher Hitze in ca. 10 Minuten gar ziehen lassen. Nach Belieben die Suppe mit Petersilie oder Broccoliblättern garnieren.

TIPP: Eine Buchstabensuppe wie diese wird spielend leicht zum erklärten Lieblingsgericht der Kinder. Wer eine schnelle Alternative zu den Schinken-Käse-Klößchen sucht, steigt vielleicht auf Kalbfleischklößchen um. Für diese Edelvariante einfach feine ungebrühte Kalbsbratwurst kaufen. Brät in kleinen Klößchen aus dem Darm in die Suppe drücken. Die Garzeit bleibt gleich.

PRO PORTION

1315 kJ/ 314 kcal, 14 g Eiweiß, 12 g Fett, 36 g Kohlenhydrate

ca. 20 Minuten

ZUTATEN

FÜR 4 PORTIONEN

60 g Halbfettmargarine, 1 Ei
50 g geriebener Edamer (30 % Fett i. Tr.)
100 g Mehl
50 g magere Schinkenwürfel, z.B. Katenschinkenwürfelchen extra mager
300 g Broccoli
1 Beutel KNORR Suppenliebe Buchstaben Suppe
evtl. gehackte Petersilie oder zarte Broccoliblätter zum Garnieren

BROCCOLI

Nicht jeder mag ihn, aber seine inneren Werte sind beachtlich. Wegen seines Gehalts an Schutzstoffen wie etwa Sulforaphan gilt er sozusagen als Geheimwaffe gegen schädliche Umwelteinflüsse. Natürlich nur, wenn man das grüne Gemüse möglichst knapp gart und regelmäßig auf den Tisch bringt.

PRO PORTION

692 kJ/165 kcal, 10 g Eiweiß, 9 g Fett, 8 g Kohlenhydrate

ca. 20 Minuten

PAPRIKASALAT MIT FETA UND KÜRBISKERNEN

ZUTATEN

FÜR 3 PORTIONEN

3 Paprikaschoten, z.B. rot, gelb, orange
Salz
20 g Kürbiskerne
1 Beutel KNORR Salatkrönung »Italienische Art«
1 EL Kürbiskernöl
1/2 TL Honig oder Zucker
100 g Feta leicht (fettarmer Schafskäse)

BUNTE SCHOTEN

Gemüsepaprika ist der Liebling der vitalen modernen Küche. Ernährungswissenschaftler raten, sie öfter mal roh zu knabbern, denn viel gesünder geht es kaum: Ganz ohne Fett, aber mit dreimal so viel Vitamin C wie eine Zitrone, reichlich Kalium, Magnesium, Eisen und Kalzium sind Paprika ein leichter Genuss.

1. Die Paprikaschoten halbieren, entkernen, waschen und in dünne Streifen schneiden. Die Paprikastreifen in kochendem Salzwasser 1–2 Minuten garen, in einem Sieb abgießen, mit kaltem Wasser abschrecken und abtropfen lassen.
2. Die Kürbiskerne in einer Pfanne ohne Zugabe von Fett anrösten, bis sie zu duften beginnen. Kürbiskerne abkühlen lassen und hacken.
3. Salatkrönung mit Kürbiskernöl, 1/8 l (125 ml) Wasser, Honig oder Zucker und den Kürbiskernen verrühren. Die Paprikastreifen unterheben.
4. Den Salat mit zerbröckeltem Schafskäse bestreut servieren.

Sehr lecker dazu: Vollkorn-Grissini, getoastetes Weizenmischbrot oder Toast.

TIPP: Zur säuerlich-fruchtigen Note der Paprikaschoten passt das nussige Aroma der Kürbiskerne wunderbar. Sie enthalten wertvolle Fettsäuren, die Vitamine E, B1, B2 und B6 sowie alle wichtigen Mineralstoffe.

GEFÜLLTE SPITZPAPRIKA MIT JOGHURTDIP

PRO PORTION

1740 kJ/415 kcal, 33 g Eiweiß, 14 g Fett, 34 g Kohlenhydrate

ca. 50 Minuten

ZUTATEN

FÜR 2 PORTIONEN

1 Zwiebel
1 Knoblauchzehe
200 g Beefsteakhack (Tatar)
1 EL Semmelbrösel (Paniermehl)
50 g Magerquark
Salz
Cayennepfeffer
20 g Rosinen
20 g Cashewkerne
1 Beutel KNORR Spaghetteria Sauce Arrabbiata
2 Spitzpaprika
2 Tomaten
150 g Joghurt (1,5 % Fett)
1 EL Olivenöl

1. Zwiebel und Knoblauchzehe schälen, würfeln und mit dem Hackfleisch in eine Schüssel geben. Semmelbrösel und Quark zugeben und alles zu einem glatten Teig verarbeiten. Mit Salz und Cayennepfeffer herzhaft abschmecken. Rosinen und Cashewkerne unterkneten.
2. Spaghetteria Sauce Arrabbiata in 300 ml kaltes Wasser einrühren, einmal aufkochen lassen und in eine flache Auflaufform füllen.
3. Die Paprikaschoten mit dem Stiel der Länge nach halbieren, die Kerne herauslösen und die Paprika waschen. Die Hackfleischmasse in die Schoten füllen und auf die Sauce setzen. Die Schoten im vorgeheizten Backofen bei 200 °C (Umluft: 175 °C) ca. 35 Minuten garen.
4. Inzwischen die Tomaten waschen und würfeln. Joghurt mit etwas Salz und der Hälfte der Tomatenwürfel verrühren. 1/4 TL Cayennepfeffer mit dem Öl verrühren.
5. Zum Servieren etwas Joghurt auf die Paprikaschoten geben und mit dem Cayenneöl beträufeln. Restliche Tomatenwürfel darüberstreuen. Joghurt getrennt dazu servieren.

SPITZPAPRIKA

Sie kommen vom Balkan, aus Ungarn, der Türkei oder Griechenland zu uns, sind dünnfleischig und sehr unterschiedlich in Farbe und Geschmack. Mal schmecken sie milder, mal intensiver als runde Paprikaschoten. Einige Sorten eignen sich gut zum Rohessen, weil ihre Schale zart und leichter verdaulich ist.

PRO PORTION

2094 kJ/500 kcal, 34 g Eiweiß, 17 g Fett, 49 g Kohlenhydrate

ca. 30 Minuten

SCHARFE BOHNENPFANNE MIT RINDFLEISCH

ZUTATEN

FÜR 2 PORTIONEN

400 g grüne Bohnen
1 rote Chilischote
200 g Rouladenfleisch
125 g Nudeln, z. B. kurze Bandnudeln, Salz
2 EL Rapsöl
1 TL KNORR Rinds-Bouillon
2–3 EL Sojasauce
1 TL Speisestärke
1/2 Bund Schnittlauch

1. Die Bohnen waschen, putzen und schräg in ca. 2 cm breite Streifen schneiden. Chilischote längs halbieren und die Kerne entfernen. Chilischote waschen und in dünne Ringe schneiden. Das Fleisch in Streifen schneiden.
2. Die Nudeln in reichlich kochendem Salzwasser bissfest garen, in einem Sieb abgießen und abtropfen lassen.
3. Rapsöl in einer Pfanne erhitzen. Zuerst die Fleischstreifen darin ca. 3 Minuten braten, mit etwas Salz würzen und herausnehmen.
4. In derselben Pfanne die Bohnen anbraten. Chilischotenringe, 1/4 l (250 ml) heißes Wasser und Rinds-Bouillon zugeben und 10 Minuten garen.
5. Fleisch und Nudeln zugeben und erhitzen. Sojasauce mit der Stärke verquirlen, in die Sauce rühren und einmal aufkochen. Eventuell abschmecken.
6. Schnittlauch waschen, trockenschütteln und in Röllchen schneiden. Die Bohnenpfanne vor dem Servieren mit Schnittlauchröllchen bestreuen.

GRÜNE BOHNEN

Selbst wer frisches Gemüse am liebsten sehr knackig mag, sollte alle Bohnensorten wie etwa Haricots verts und Keniabohnen mindestens 7 Minuten kochen. Die Hitze zerstört das in rohen Bohnen enthaltene Phasin, eine unbekömmliche Stickstoffverbindung. Gut gegart liefern grüne Bohnen viel Geschmack, reichlich Mineralstoffe und viele Vitamine.

ZWEIERLEI BOHNEN MIT MINZJOGHURT

PRO PORTION

419 kJ/99 kcal, 6 g Eiweiß, 3 g Fett, 10 g Kohlenhydrate

ca. 25 Minuten

ZUTATEN

FÜR 3 PORTIONEN

je 300 g grüne Buschbohnen und Wachsbohnen
oder 600 g grüne Bohnen
Salz
2 Knoblauchzehen
2 TL Rapsöl
1 Bund Minze
150 g Joghurt (1,5 % Fett)
1 Beutel KNORR Salatkrönung »Frühlingskräuter«

1. Die Bohnen waschen, putzen und in wenig Salzwasser in etwa 15 Minuten bissfest garen. Bohnen in einem Sieb abgießen, abtropfen und abkühlen lassen.
2. Knoblauchzehen schälen und in feine Scheiben schneiden. Rapsöl in einer kleinen beschichteten Pfanne erhitzen und die Knoblauchscheiben bei mittlerer Hitze goldgelb rösten.
3. Die Minze waschen, trockenschütteln und die Blättchen in sehr feine Streifen schneiden. Minzstreifen mit Joghurt und Salatkrönung verrühren.
4. Minzjoghurt über die Bohnen gießen und mit den gerösteten Knoblauchscheiben bestreuen.

TIPP: Werden die zarten gelben Wachsbohnen frisch angeboten, lohnt sich der Kauf, denn es gibt sie meist nur kurze Zeit im Sommer. Oft sind gelbe Bohnen dünner und zarter als die grünen Verwandten. Damit beide Sorten gleich knackig auf den Punkt garen, die gelben 2–3 Minuten später ins Wasser geben.

MINUTENSACHE

Die Garzeiten einzelner Gemüsesorten variieren nach der Jahreszeit. Frühlingsgemüse, die im Mai und Juni geerntet werden, sind zarter und somit schneller gar als die prächtigen ausgereiften Freilandgemüse im Spätsommer und Herbst. Doch lohnt es sich immer, schon ein, zwei Minuten vor Ende der angegebenen Garzeit mit einer Gabel zu prüfen, wie weich das Gemüse bereits ist. Nur bei Bohnen die Garzeit genau beachten. Sonst gilt: Je kürzer gekocht, desto leckerer und wertvoller.

PRO PORTION

1426 kJ/341 kcal, 26 g Eiweiß, 12 g Fett, 30 g Kohlenhydrate

ca. 75 Minuten

GEFÜLLTE GEMÜSEZWIEBELN

ZUTATEN

FÜR 3 PORTIONEN

3 Gemüsezwiebeln à 250 g
Salz
1 orangene Paprikaschote
1 kleine Zwiebel
2 Stiele Thymian
250 g Beefsteakhack (Tatar)
50 g Semmelbrösel (Paniermehl)
1 Ei, Pfeffer, 1 EL Rapsöl
1 Päckchen KNORR Kräuter Soße (aus dem 3er-Pack)
1 EL Paprikamark (Tube)
1 Bund Petersilie

1. Die Gemüsezwiebeln schälen und in kochendem Salzwasser ca. 20 Minuten garen. Zwiebeln kalt abschrecken, abtropfen lassen und längs halbieren; das Innere herauslösen und fein hacken.

2. Paprika halbieren, entkernen, waschen und in kleine Würfel schneiden. Zwiebel schälen und in feine Ringe schneiden. Thymian waschen, trockenschütteln und die Blättchen abzupfen.

3. Die Hälfte der gehackten Zwiebeln mit Hackfleisch, Semmelbrösel, Ei und Paprikawürfeln verkneten. Mit Salz und Pfeffer herzhaft würzen. Hackfleischmasse in die Zwiebeln füllen, mit Zwiebelringen und Thymian belegen und in eine ofenfeste Form setzen.

4. 1/4 l (250 ml) Wasser in die Form gießen und die Zwiebeln bei 200 °C (Umluft: 175 °C) ca. 30 Minuten garen. Die Zwiebeln auf eine Platte setzen. 1/4 l (250 ml) Garflüssigkeit abmessen.

5. Restliche Zwiebelwürfel im heißen Rapsöl anbraten. Zwiebelflüssigkeit zugeben und aufkochen. Die Kräuter Soße einrühren und 1 Minute kochen lassen. Paprikamark unterrühren.

6. Petersilie waschen, trockenschütteln und hacken. Zur Sauce geben und zu den Zwiebeln servieren.

GEMÜSEZWIEBELN

Sie schmecken milder und enthalten daher etwas weniger scharfe Stoffe als ihre Schwestern, die einfachen braunen Haushaltszwiebeln. Doch diesen Nachteil machen sie wett, weil man sie eben nicht einzeln als Gewürz benutzt, sondern sie meist pfundweise schmort, dünstet oder brät.

BALSAMICO-SCHALOTTEN

PRO PORTION

530kJ/127 kcal, 2g Eiweiß, 6g Fett, 14g Kohlenhydrate

ca. 35 Minuten

1. Die Schalotten mit Schale 1 Minute in kochendem Salzwasser garen. In einem Sieb abgießen, mit kaltem Wasser übergießen und kurz stehen lassen. Dann lassen sich die Zwiebelchen leicht aus der Schale drücken.
2. Den Zucker in einem Topf goldbraun schmelzen lassen (es entsteht Karamell). Olivenöl, 5 EL Wasser und die Schalotten zufügen. Vorsichtig in dem Karamell wenden.
3. Kräuter waschen und trockenschütteln. 200 ml Wasser zu den Schalotten geben und aufkochen. Klaren Bratensaft und Kräuter zugeben und unter gelegentlichem Rühren bei schwacher Hitze 15–20 Minuten ziehen lassen.
4. Zum Schluss Aceto balsamico unterrühren und die Schalotten lauwarm oder kalt servieren.

Dazu schmeckt frisches Weißbrot.

TIPP: Diese würzigen Zwiebelchen sind auch für Gäste ein kleiner Leckerbissen: Entweder als Beilage zu gegrilltem Fleisch oder Fisch anbieten oder als Antipasti mit frischem Baguette servieren.

ZUTATEN

FÜR 4 PORTIONEN

600 g Schalotten, Salz
1 gehäufter EL Zucker
2 EL Olivenöl
3 Lorbeerblätter oder 3 kleine Zweige Rosmarin oder Salbei
2 EL KNORR Klarer Bratensaft
3–4 EL Aceto balsamico (Balsamessig)

SCHALOTTENSUPPE

Echt lecker, so ein Schalottensüppchen! Einfach eine Handvoll Schalotten würfeln und in wenig Öl dünsten. 1/2 l (500 ml) Wasser zugießen, aufkochen und Feinschmecker Tomatensuppe Toscana einrühren. 1 Minute kochen lassen.

PRO PORTION

904 kJ/215 kcal, 14 g Eiweiß, 6 g Fett, 24 g Kohlenhydrate

ca. 25 Minuten

GEBRATENE TOMATEN MIT PAPRIKA-KRÄUTER-QUARK

ZUTATEN

FÜR 4 PORTIONEN

250 g Mager- oder Buttermilchquark
100 ml Mineralwasser
1 kleine rote Paprikaschote
1 großes Bund Petersilie
Salz, Pfeffer
1/2–1 TL Paprikapulver edelsüß
4 Fleischtomaten à ca. 200 g
1 Beutel KNORR Fix für knuspriges Wiener Schnitzel
2 EL Olivenöl

FLEISCHTOMATEN

Wer die hübschen figurfreundlichen Magenfüller häutet und entkernt, wie es in der Gourmetküche für Saucen und Suppen üblich ist, wirft das Beste weg. Denn viele Ballaststoffe stecken in Kernen und Schale, und das meiste Vitamin C liegt zwischen den Kernen. Wegwerfen sollte man aber Tomaten, die kleine Faul- und Schimmelstellen haben.

1. Den Quark mit Mineralwasser glatt rühren. Paprikaschote halbieren, entkernen, waschen und in kleine Würfel schneiden. Petersilie waschen, trockenschütteln und hacken. Paprika und Petersilie unter den Quark heben und mit Salz, Pfeffer und edelsüßem Paprikapulver abschmecken.
2. Die Tomaten waschen und die Stielansätze herausschneiden. Das Fruchtfleisch in 2 cm dicke Scheiben schneiden. Fix für knuspriges Wiener Schnitzel auf einen flachen Teller geben und die Tomaten darin wenden.
3. Je 1 EL Olivenöl in einer beschichteten Pfanne erhitzen und die Tomatenscheiben darin bei mittlerer Hitze in 2 Portionen von jeder Seite ca. 2 Minuten braten.
4. Die Tomatenscheiben auf Küchenpapier abtropfen lassen und lauwarm mit dem Quark servieren.

TIPP: Zusätzlich der Länge nach halbierte Frühlingszwiebeln in der Pfanne mitbraten. Leicht gebräunt bekommen sie einen zarten Karamellgeschmack.

MARINIERTE KIRSCH-TOMATEN MIT MELISSE

PRO PORTION

513 kJ/122 kcal, 1 g Eiweiß, 5 g Fett, 16 g Kohlenhydrate

10 Minuten + Marinierzeit

ZUTATEN

FÜR 2 PORTIONEN
1 EL Zucker
1 EL Olivenöl
250 g Kirschtomaten
(rot und gelb gemischt)
1 Beutel KNORR Salatkrönung
»Balsamico-Kräuter«
1/2 Bund Zitronenmelisse

1. Den Zucker in einen Topf mit dickem Boden geben. Bei mittlerer Hitze, ohne zu rühren, hellbraun schmelzen lassen. Von der Kochstelle ziehen. Unter Rühren 6 EL Wasser und Olivenöl zugeben.
2. Die Kirschtomaten waschen, trockentupfen, zugeben und 1–2 Minuten erhitzen. Dabei mit dem Karamell überziehen.
3. In einer Schale Salatkrönung »Balsamico-Kräuter« mit 6 EL Wasser verrühren und die kleinen Tomaten mit der Flüssigkeit zugeben.
4. Zitronenmelisse waschen, trockenschütteln, Blättchen abzupfen und zugeben. Ca. 30 Minuten ziehen lassen.

TIPP: Der karamellisierte Zucker verleiht der Marinade Raffinesse. Wer es eilig hat, kann stattdessen einen halben Esslöffel Zuckerrübensirup verwenden. Die eingelegten Tomaten schmecken gut als Beilage zu gegrilltem Fleisch oder zu Pellkartoffeln mit Quark. Man kann sie auch leicht vorbereiten. Gut abgedeckt halten sie sich im Kühlschrank 2–3 Tage.

KIRSCHTOMATEN

Kleine Tomaten sind sehr beliebt. Sie schmecken und schmücken beinahe jedes Gericht. Wegen ihres saftigen, süßen Aromas mögen auch Kinder sie gern. Neben roten Kirschtomaten sind inzwischen auch gelbe und orangefarbene Sorten im Angebot. Rispentomaten erst kurz vor Gebrauch vom Zweig ablösen.

PRO PORTION

838 kJ/200 kcal, 8 g Eiweiß, 7 g Fett, 23 g Kohlenhydrate

ca. 30 Minuten

BLUMENKOHL AUF TOMATENCREMESAUCE

ZUTATEN

FÜR 3 PORTIONEN

1 Blumenkohl (750 g)
Salz
2 Scheiben Vollkorntoastbrot
1 1/2 EL Keimöl
1 Bund Petersilie
1 Beutel KNORR Fix für Spaghetti Napoli
1/4 l (250 ml) Milch (1,5 % Fett)

ZWIEBELIG

Knoblauch, Zwiebeln, Lauch, Bärlauch und Schnittlauch gehören zur selben Familie. Je schärfer das Gemüse, desto heilsamer ist es. Das liegt am Alliin. Der zu Tränen reizende Stoff besitzt eine Fülle nützlicher Eigenschaften: Er soll gegen Entzündungen helfen, das Blut leichter fließen lassen und die Arterien »putzen«. Ein Hausmittel gegen Erkältungen ist Zwiebeltee: Dafür 250 g klein geschnittene Zwiebeln in 1 l (1000 ml) heißem Wasser 10 Minuten ziehen lassen. Süßen und täglich 3 Tassen trinken.

1. Blumenkohl putzen, den Strunk so herausschneiden, dass die Röschen noch gut zusammenhalten. Danach den Blumenkohl waschen.
2. In einem großen Topf 1/4 l (250 ml) Wasser mit etwas Salz erhitzen und den Blumenkohl mit dem Strunk nach unten in 15–18 Minuten bissfest garen.
3. Inzwischen die Toastbrotscheiben einmal im Toaster rösten, anschließend mit dem Blitzhacker fein zerbröseln.
4. Keimöl in einer beschichteten Pfanne erhitzen und die Brösel darin noch einmal anrösten. Petersilie waschen, trockenschütteln, fein hacken und mit den Bröseln mischen.
5. Fix für Spaghetti Napoli in die kalte Milch einrühren. Unter Rühren einmal aufkochen lassen.
6. Den Blumenkohl abtropfen lassen, eventuell in große Röschen zerlegen und auf einer Platte mit der Tomatencremesauce anrichten. Blumenkohl mit den Kräuterbröseln bestreuen.

BLUMENKOHLSUPPE MIT PUTENBRUST

1. Den Blumenkohl putzen, waschen und in kleine Röschen teilen. 1/4 l (250 ml) Wasser und Sojamilch aufkochen und Feinschmecker Blumenkohl-Broccolicreme-Suppe mit einem Schneebesen einrühren. Bei schwacher Hitze 5 Minuten kochen, dabei ab und zu umrühren.
2. Inzwischen die Blumenkohlröschen in wenig Salzwasser in 2–3 Minuten bissfest garen. In einem Sieb abgießen und abtropfen lassen.
3. Putenbrust in feine Streifen schneiden, mit dem Blumenkohl zur Suppe geben und erhitzen.
4. Etwa 3 EL von der Suppe abnehmen und zusammen mit dem Frischkäse mit einem Stabmixer aufschäumen.
5. Frischkäseschaum beim Servieren auf die Suppe geben und mit grob gemahlenem Pfeffer bestreut servieren.

TIPP: In Frischhaltefolie verpackt, hält sich Blumenkohl im Kühlschrank 2–3 Tage. Die beste Lagertemperatur liegt bei 1–4 °C. Etwas Zitronensaft im Kochwasser erhält die Farbe.

PRO PORTION

1224 kJ/292 kcal, 27 g Eiweiß, 16 g Fett, 8 g Kohlenhydrate

ca. 15 Minuten

ZUTATEN

FÜR 3 PORTIONEN

1 Miniblumenkohl (ca. 250 g)
1/4 l (250 ml) Sojamilch
1 Beutel KNORR Feinschmecker Blumenkohl-Broccolicreme-Suppe
Salz
100 g geräucherte Putenbrust in Scheiben
50 g Buttermilch-Frischkäse (8 % Fett)
grob gemahlener Pfeffer

BLUMENKOHL

Unter den Kohlköpfen ist er der feinste und zählt zu den besonders leicht verdaulichen Gemüsen. Neben milchweißen, cremefarbenen und gelblich grünen Sorten kommen manchmal auch violette Köpfe auf den Markt. Sie schmecken ähnlich wie weiße und werden durchs Garen grün. Frischer Blumenkohl riecht beim Kochen kaum; starker Kohlgeruch ist ein klarer Hinweis auf zu lange Lagerung.

ROMANESCO MIT PARMESAN-HOLLANDAISE

1. Die Kartoffeln schälen und in Salzwasser ca. 20 Minuten garen. Anschließend abgießen.
2. Romanesco putzen, in Röschen teilen und in kochendem Salzwasser in 8–10 Minuten bissfest garen, abgießen.
3. 1 EL Rapsöl in einer beschichteten Pfanne erhitzen und das Lammfleisch darin von jeder Seite 3–4 Minuten braten. Mit Salz und Pfeffer würzen. Das Fleisch in Alufolie wickeln und ca. 5 Minuten ruhen lassen.
4. Feinschmecker Sauce Hollandaise »fettarm« in 300 ml kaltes Wasser einrühren, unter Rühren aufkochen und bei schwacher Hitze 2–3 Minuten kochen lassen. 20 g Parmesan fein reiben, zugeben und gut verrühren.
5. Die Milch, das restliche Öl und die gewürfelten Tomaten zu den Kartoffeln geben und alles mit einem Kartoffelstampfer grob zerdrücken. Eventuell mit etwas Salz nachwürzen.
6. Die Lammlachse schräg in Scheiben schneiden und mit den gestampften Kartoffeln, dem Romanesco und der Hollandaise auf Tellern anrichten. Den restlichen Parmesan hobeln und darüberstreuen.

TIPP: Die schöne Farbe des Romanescos bleibt erhalten, wenn man beim Kochen des zarten Kohls keinen Deckel auflegt. Ist das Gemüse taufrisch und besonders zart, verkürzt sich die Garzeit noch. Also ruhig schon nach 5 Minuten probieren, ob die Köhlchen vom Herd können. Sie dürfen ruhig noch »Biss« haben, weil sie nach dem Abgießen in der eigenen Hitze etwas nachgaren.

PRO PORTION

1864 kJ/444 kcal, 34 g Eiweiß, 16 g Fett, 37 g Kohlenhydrate

ca. 40 Minuten

ZUTATEN

FÜR 3 PORTIONEN
750 g Kartoffeln
Salz
2 Köpfe Romanesco à ca. 400 g
2 EL Rapsöl
300 g Lammlachse (filetierter Lammrücken)
Pfeffer
1 Beutel KNORR Feinschmecker Sauce Hollandaise »fettarm«
40 g Parmesan im Stück
150 ml Milch (1,5 % Fett)
40 g getrocknete Tomaten (ohne Öl)

ROMANESCO

Sein Kennzeichen sind türmchenförmige spitze Röschen. Mit seinem hohen Gehalt an Vitamin C übertrifft er den Blumenkohl. Zwar soll man ihn möglichst frisch zubereiten, aber zur Not hält sich Romanesco etwa 3 Tage im Kühlschrank. Am besten wie bei Möhren und Kohlrabi vorher die Blätter entfernen, weil sie dem Gemüse Feuchtigkeit entziehen.

PRO PORTION

522 kJ/125 kcal, 7 g Eiweiß, 6 g Fett, 8 g Kohlenhydrate

ca. 30 Minuten

ZUTATEN

FÜR 3 PORTIONEN

600 g Lauch (Porree)
Salz
100 ml Sojamilch
1 Päckchen KNORR Kräuter Soße (aus dem 3er-Pack)
1–2 EL Kapern
1–2 EL Zitronensaft
1 Prise Zucker

LAUCH

Späte Sorten besitzen festere Blätter und schmecken intensiver als frühe. Ihr dunkelgrünes Laub ist besonders vitaminreich. Zum Waschen die Stangen der Länge nach so halbieren, dass sie am Wurzelansatz noch zusammenhalten. Weil sich zwischen den Blättern oft Sand ansammelt, das Grün auseinanderbiegen und unter fließendem Wasser ausspülen.

LAUCHRAGOUT NACH KÖNIGSBERGER ART

1. Die Lauchstangen putzen, gründlich waschen und in ca. 2 cm dicke Scheiben schneiden.
2. 1/2 l (500 ml) Wasser aufkochen, leicht salzen und den Lauch darin in 10–15 Minuten bissfest garen. Lauch abgießen, dabei 150 ml vom Kochwasser auffangen.
3. Das Kochwasser und die Sojamilch in den Topf zurückgeben, aufkochen und Kräuter Soße einrühren. Bei schwacher Hitze unter ständigem Rühren 1 Minute kochen lassen.
4. Den Topf von der Kochstelle nehmen, Kapern zugeben und mit Zitronensaft und Zucker abschmecken. Sauce über den Lauch gießen und servieren.

TIPP: Zum Lauchragout passen Salzkartoffeln am besten. Wer es eilig hat, schneidet die geschälten Kartoffeln der Länge nach in Viertel. Die Spalten garen schneller und sind schon nach 10 Minuten Kochzeit fertig. Vegetarier mögen gern gekochte Eier dazu, Fleischfans kommen mit einem kleinen Steak auf ihre Kosten.

MARINIERTE LAUCHSTÜCKE

PRO PORTION

390 kJ/95 kcal, 2 g Eiweiß, 3 g Fett, 12 g Kohlenhydrate

20 Minuten + Marinierzeit

ZUTATEN

FÜR 4 PORTIONEN

1 kg Lauch (Porree)
Salz
1 kleiner roter Apfel
50 g frischer Meerrettich
2 Beutel KNORR Salatkrönung »Küchenkräuter«
100 ml klarer Apfelsaft
4 TL Olivenöl

KNOBLAUCH

Köstliche Würze und Hausmittel zugleich: Wer Knoblauch mag, sollte ruhig kräftig zulangen und ihn möglichst oft roh ins Essen tun, weil sich ein Teil der nützlichen Substanzen beim Garen verliert.

1. Den Lauch putzen, gründlich waschen und in ca. 7 cm lange Stücke schneiden. Die Lauchstücke in wenig kochendem Salzwasser je nach Dicke der Stangen in 10–15 Minuten bissfest dünsten. Lauch in einem Sieb abgießen und abtropfen lassen.
2. Inzwischen den Apfel waschen, halbieren und vierteln; das Kerngehäuse entfernen. Fruchtfleisch in kleine Streifen schneiden.
3. Meerrettich schälen und fein raspeln. Salatkrönung »Küchenkräuter« mit Apfelsaft verrühren, Apfelstreifen und Meerrettichraspel unterheben.
4. Apfel-Meerrettich-Sauce über die heißen Lauchstücke geben und etwa 20 Minuten marinieren. Über jede Portion 1 TL Olivenöl träufeln.

TIPP: Es lohnt, öfter mal frischen Meerrettich zu verwenden. Die appetitanregende Wurzel liefert reichlich Vitamin C und unterstützt mit ihren scharf schmeckenden Senfölen die Verdauung.

PRO PORTION

1874 kJ/447 kcal, 12 g Eiweiß, 19 g Fett, 53 g Kohlenhydrate

ca. 30 Minuten

KÜRBISNUDELN MIT JOGHURT-HOLLANDAISE

ZUTATEN

FÜR 4 PORTIONEN

750 g Kürbis
1 Zwiebel
250 g Nudeln, z.B. Penne
Salz, 1 EL Keimöl
150 g Joghurt (1,5 % Fett)
1 Packung (250 ml) KNORR Sauce Hollandaise light
20 g Kürbis- oder Sonnenblumenkerne
4 TL Kürbiskernöl

KÜRBIS

Botanisch gesehen sind Kürbisse Beeren, riesige allerdings, die bis zu 50 Kilo wiegen können. Das zarte, tiefgelbe Fleisch ist kalorienarm, aber reich an Aktivstoffen, Vitaminen, Ballast- und Mineralstoffen. Der kleine runde, orange-rote Hokkaido-Kürbis hält sich lange frisch. Gekocht kann man die Schale sogar mitessen.

1. Den Kürbis schälen, halbieren und die Kerne und das weiche Innere entfernen. Das Fruchtfleisch auf einer Haushaltsreibe grob raspeln. Die Zwiebel schälen und würfeln.
2. Die Nudeln in reichlich kochendem Salzwasser bissfest kochen, in einem Sieb abgießen und abtropfen lassen.
3. Inzwischen Keimöl in einem weiten Topf erhitzen, Kürbis und Zwiebeln zugeben und fast weich dünsten.
4. Joghurt und Sauce Hollandaise light gut verrühren und unter die Kürbisraspel heben. Die Sauce erhitzen, aber nicht mehr kochen lassen.
5. Nudeln mit der Sauce in einer vorgewärmten Schüssel mischen. Kürbis- oder Sonnenblumenkerne darüberstreuen, mit Kürbiskernöl beträufeln und sofort servieren.

TIPP: Sonnenblumen- und Kürbiskerne schmecken noch würziger, wenn man sie ohne Fett in einer Pfanne anröstet. Das gelingt auch in der Mikrowelle bei mittlerer Wattzahl. Dabei die Kerne mehrfach wenden.

GEBACKENE KÜRBISSPALTEN MIT TOMATENDIP

PRO PORTION

592 kJ/142 kcal, 3 g Eiweiß, 6 g Fett, 19 g Kohlenhydrate

ca. 35 Minuten

ZUTATEN

FÜR 3 PORTIONEN

750 g Kürbis, z.B. Hokkaido
2 EL Olivenöl
1–2 TL Oregano, frisch oder getrocknet
Salz
geschroteter Pfeffer
1 Bund Frühlingszwiebeln
1 Packung (370 g) KNORR Tomato al Gusto »Kräuter«
2 EL Balsamico bianco (weißer Balsamessig)
1/2 TL Zucker

1. Den Kürbis halbieren und das weiche Innere sowie die Kerne entfernen. Den Kürbis in Spalten schneiden und gegebenenfalls schälen.
2. Olivenöl mit Oregano, etwas Salz und Pfeffer verrühren. Kürbisspalten mit Öl einstreichen und auf ein mit Backpapier ausgelegtes Backblech legen.
3. Kürbisspalten im vorgeheizten Backofen bei 200 °C (Umluft: 175 °C) ca. 20 Minuten garen.
4. Inzwischen für den Dip die Frühlingszwiebeln waschen, putzen und in feine Ringe schneiden. Tomato al Gusto mit Balsamessig würzen und die Frühlingszwiebeln unterrühren. Mit Zucker abschmecken. Den Dip zu den heißen Kürbisspalten servieren.

TIPP: Schnell gemacht und ausgesprochen lecker zum Kürbis: gebratene Geflügelleber. Die Leber einfach kalt abspülen, trockentupfen und in einer beschichteten Pfanne mit wenig Öl von allen Seiten anbraten. Von der Kochstelle nehmen und in der Pfanne kurz nachziehen lassen.

MAGENFREUNDLICH

Viele Salat- und Gemüsepflanzen wie etwa Löwenzahn, Rucola, Broccoli, Artischocken, Radicchio, Chicorée und Endivien enthalten natürliche Bitterstoffe, die sich als Appetitanreger und als Verdauungshelfer nützlich machen. »Was bitter im Mund, ist dem Magen gesund«, heißt es im Volksmund zu Recht.

PRO PORTION

469 kJ/112 kcal, 7 g Eiweiß, 5 g Fett, 7 g Kohlenhydrate

ca. 25 Minuten

STECKRÜBENSALAT

ZUTATEN

FÜR 3 PORTIONEN

400 g Steckrübe
Salz
1 rote Paprikaschote
100 g Kasseler Aufschnitt
1 Beutel KNORR Salatkrönung »Paprika-Kräuter«
1 EL Walnussöl

STECKRÜBE

In den letzten Jahren wurden neue, kleinere Sorten gezüchtet, deren Struktur feiner ist und deren gelbes Fruchtfleisch weniger herb schmeckt als das klassischer Steckrüben.

1. Die Steckrübe schälen, zuerst in dünne Scheiben, dann in feine lange Streifen schneiden.
2. Die Steckrübenstreifen in kochendem Salzwasser 1–2 Minuten kochen, in einem Sieb abgießen, abtropfen und abkühlen lassen.
3. Die Paprikaschote halbieren, entkernen, waschen und in dünne Streifen schneiden oder hobeln. Den Kasseler Aufschnitt ebenfalls in dünne Streifen schneiden.
4. Salatkrönung mit 5 EL Wasser und Walnussöl verrühren und alle Salatzutaten untermischen. Nach Belieben portionsweise in Schälchen servieren.

Zum Salat frisch gekochte Pellkartoffeln mit 1 Klecks Tzatziki oder mit Kräuterquark servieren.

TIPP: Wer gern Nüsse isst, hackt Walnusskerne grob, röstet sie in einer Pfanne ohne Zugabe von Fett an und streut sie noch warm ganz am Schluss über den Salat.

ROTE-BETE MIT FRÜHLINGS-VINAIGRETTE

1. Rote Bete mit Schale in kochendem Salzwasser 30–40 Minuten garen. Die Knollen abgießen und in kaltem Wasser abkühlen lassen. Direkt im Wasser mit den Händen die Schale abziehen.

2. Rote Bete auf einem Gurkenhobel in dünne Scheiben hobeln. Die Scheiben locker als Türmchen auf Teller oder in Schälchen verteilen.

3. Salatkrönung mit 6 EL Wasser, Olivenöl und nach Belieben Zucker verrühren. Die Frühlingszwiebeln waschen, putzen, fein schneiden und die Hälfte der Zwiebeln unter das Dressing mischen.

4. Die aufgetürmten Rote-Bete-Scheiben mit reichlich Vinaigrette beträufeln.

5. Parmesan hobeln. Die Rote-Bete-Türmchen mit restlichen Frühlingszwiebeln und dem Parmesan bestreuen.

TIPP: Im Sommer werden oft kleine Rote-Bete-Knollen angeboten, die sehr zart und mild-süß schmecken. Sie lassen sich zwar nicht zu Türmchen aufstapeln, sehen aber auch hübsch aus, wenn man sie viertelt oder achtelt. Einfach als leichte Vorspeise auf flachen Tellern anrichten und etwas Brot dazu servieren.

PRO PORTION

562 kJ/135 kcal, 4 g Eiweiß, 6 g Fett, 16 g Kohlenhydrate

60 Minuten + Abkühlzeit

ZUTATEN

FÜR 3 PORTIONEN

3 Knollen Rote Bete
à ca. 200 g
Salz
1 Beutel KNORR Salatkrönung
»Frühlingskräuter«
1 EL Olivenöl
evtl. 1/2 TL Zucker
4 Frühlingszwiebeln
20 g Parmesan im Stück

ROTE BETE

Gepflanzt werden die rundlichen Wurzelknollen im frühen Sommer. Ernten können die Bauern dann ab Oktober bis zum ersten Frost. Die tiefroten Rüben enthalten besonders viel vom B-Vitamin Folsäure. Wohlschmeckend sind auch die Blätter, die man wie Mangold oder Spinat zubereiten kann.

PRO PORTION

1871 kJ/446 kcal, 27 g Eiweiß, 15 g Fett, 47 g Kohlenhydrate

ca. 80 Minuten

ZUTATEN

FÜR 3 PORTIONEN

700 g Grünkohl
1 Zwiebel
1 TL Rapsöl
5 EL KNORR Helle Soße (Dose)
2 Eier
1 EL Haferflocken, Muskat
200 g Kasseler Braten (ohne Knochen)
1 Packung (400 g) Eierspätzle (Kühlregal)

GRÜNKOHL

Seine dunkelgrünen, krausen Blätter sind erst nach dem ersten Frost erntereif. Dann sorgt die Kälte für den typischen, leicht süßlichen Geschmack des Gemüses, für das Norddeutsche im Winter jedes andere Gericht stehen lassen. Damit die wertvollen Inhaltsstoffe nicht verloren gehen, Grünkohl nicht zu lange garen.

GRÜNKOHL-SPÄTZLE-AUFLAUF MIT KASSELER

1. Grünkohl von den Rippen streifen, die Blätter grob hacken und waschen. Die Zwiebel schälen und würfeln.
2. Rapsöl in einem großen Topf erhitzen und die Zwiebeln darin glasig dünsten. Den Grünkohl tropfnass dazugeben und zugedeckt ca. 30 Minuten garen; ab und zu umrühren.
3. Inzwischen 3/8 l (375 ml) Wasser in einem Topf aufkochen. Helle Soße einrühren und 1 Minute kochen. Den Topf beiseite stellen und nach einigen Minuten Eier und Haferflocken einrühren. Mit Muskat herzhaft abschmecken.
4. Wenn nötig, den Grünkohl in einem Sieb abtropfen lassen. Kasseler in Würfel schneiden und zusammen mit dem Grünkohl und den Spätzle in eine Auflaufform füllen. Die Sauce darauf verteilen und den Auflauf im vorgeheizten Backofen bei 200 °C (Umluft: 175 °C) etwa 25 Minuten backen.

TIPP: Das Rezept gelingt auch mit 450 g tiefgekühltem Grünkohl.

GESCHMORTER WIRSING AUF ITALIENISCHE ART

PRO PORTION

775 kJ/185 kcal, 13 g Eiweiß, 9 g Fett, 11 g Kohlenhydrate

ca. 30 Minuten

ZUTATEN

FÜR 4 PORTIONEN

1 kg Wirsingkohl
2 EL Olivenöl
Salz, Pfeffer
1 TL KNORR Bio Gemüse-Bouillon
2–3 Knoblauchzehen
75 g getrocknete Tomaten (ohne Öl)
100 g magere Schinkenwürfel

1. Die äußeren Blätter des Wirsingkohls entfernen und den Kohlkopf achteln. Olivenöl in einer großen Pfanne oder einem Bräter mit Deckel erhitzen und den Kohl darin auf beiden Schnittseiten je 1 Minute anbraten. Mit wenig Salz und Pfeffer würzen.
2. 1/8 l (125 ml) Wasser zugießen und Gemüse-Bouillon einrühren. Das Gemüse zugedeckt 15–20 Minuten schmoren.
3. Knoblauch schälen und in Scheiben, die getrockneten Tomaten in Streifen schneiden. Die Schinkenwürfel in eine kalte, beschichtete Pfanne legen und langsam erhitzen, so dass etwas Fett austritt. Knoblauchscheiben zugeben und 3 Minuten dünsten. Die getrockneten Tomaten und 3 EL Wasser zufügen und erhitzen.
4. Die Wirsingachtel mit einer Schaumkelle aus der Gemüse-Bouillon heben und mit der Tomaten-Schinken-Mischung bestreut servieren.

Dazu: Salzkartoffeln – mit einem Kartoffelstampfer grob zerkleinert.

WIRSING

Ab Juni finden Gemüsefans den Sommerwirsing auf den Märkten. Seine Blätter sind hellgrün und nicht so stark gekraust wie die vom dunkelgrünen Herbstwirsing. Die frühe Sorte bildet einen lockeren Kopf mit einem hellen »Herz«. Späte Sorten schmecken intensiver, ein Zeichen dafür, dass besonders viele Pflanzenwirkstoffe enthalten sind.

PRO PORTION

1066 kJ/254 kcal, 20 g Eiweiß, 9 g Fett, 19 g Kohlenhydrate

ca. 70 Minuten

WEISSKOHL-STEW MIT ENTENBRUST

ZUTATEN

FÜR 4 PORTIONEN

1 Entenbrustfilet (ca. 400 g)
750 g Weißkohl
1 Gemüsezwiebel (ca. 250 g)
3 TL KNORR Hühner-Kraftbouillon
2 TL gehackter Thymian, frisch oder getrocknet
500 g Kartoffeln

WEISS ODER ROT?

Der rote Kohl unterscheidet sich vom weißen nicht nur in seiner Färbung. Er wächst auch etwas langsamer, und seine Köpfe bleiben kleiner als die des Weißkohls. Im Herbst ist Haupterntezeit für die violetten Köpfe. Viele der enthaltenen Biostoffe sind hitzeempfindlich. Deshalb Rotkohl lieber knapp garen und möglichst oft als Rohkost auf den Tisch bringen.

1. Die Haut von der Entenbrust entfernen und beiseite legen, das Fleisch würfeln. Weißkohl putzen, die äußeren Blätter entfernen und den Kohl vierteln. Den Strunk herausschneiden und den Weißkohl in Streifen schneiden. Die Zwiebel schälen und in Spalten schneiden.
2. Die Entenhaut in einem Topf erhitzen, bis etwa 2 EL Fett ausgebraten sind, dann die Haut herausnehmen und wegwerfen.
3. Das Fleisch im Fett rundherum anbraten. Zwiebelspalten und Weißkohl zugeben. 3/4 l (750 ml) Wasser zugießen, aufkochen, Hühner-Kraftbouillon und Thymian einrühren. Zugedeckt bei schwacher Hitze ca. 20 Minuten garen.
4. Inzwischen die Kartoffeln schälen und 2 davon beiseite legen. Restliche Kartoffeln würfeln, zum Eintopf geben und weitere 20 Minuten garen.
5. 10 Minuten vor Ende der Garzeit die beiden beiseite gestellten Kartoffeln auf der groben Reibe als Bindung direkt in den Eintopf raspeln.

TIPP: Als Garnitur Thymianstiele in etwas Öl in der Pfanne anbraten.

ROTKOHLWICKEL MIT STEINPILZ-HACK-FÜLLUNG

PRO PORTION

1430 kJ/342 kcal, 34 g Eiweiß, 12 g Fett, 23 g Kohlenhydrate

ca. 70 Minuten

ZUTATEN

FÜR 4 PORTIONEN

1 kg Rotkohl
Salz
2 Zwiebeln
2 EL Rapsöl
10 g getrocknete Steinpilze
1 Beutel KNORR Fix für Hackbraten
500 g Beefsteakhack (Tatar)
2 EL KNORR Klarer Bratensaft (Dose)
100 g Joghurt (1,5 % Fett)
1 TL Mehl
1 Bund Schnittlauch

1. Rotkohl putzen und in kochendem Salzwasser 2–3 Minuten garen. Herausnehmen, in kaltem Wasser abschrecken und abtropfen lassen.
2. 8 schöne Blätter ablösen, die Mittelrippen flach schneiden. Restlichen Kohl in dünne Streifen schneiden. Zwiebeln schälen und würfeln.
3. 1 EL Rapsöl erhitzen, Zwiebelwürfel und Rotkohlstreifen darin zugedeckt 10 Minuten dünsten.
4. Steinpilze und Fix für Hackbraten in 1/8 l (125 ml) lauwarmes Wasser einrühren. Gedünsteten Kohl und Hackfleisch zugeben und gut mischen. Füllung auf den Rotkohlblättern verteilen. Zusammenrollen und mit Küchengarn umwickeln.
5. Restliches Öl erhitzen und die Rouladen darin ca. 5 Minuten anbraten, dabei öfter drehen. 1/4 l (250 ml) Wasser zugießen und Bratensaft einrühren. Zugedeckt ca. 35 Minuten schmoren.
6. Joghurt mit Mehl gut verrühren und in die Sauce rühren, noch einmal ca. 5 Minuten garen. Rotkohlwickel mit Schnittlauchröllchen bestreut servieren.

UNTERMOGELN

Es gibt immer wieder Kinder, die kein Gemüse mögen. Besser als alle Überzeugungskraft wirkt dieser Trick: Gedünstetes, püriertes Gemüse unter eine leckere Sauce mischen. Zu dunklen Saucen passen angeröstetes Suppengrün, Zwiebeln oder Tomaten, in hellen Saucen verschwinden Rüben, Möhren oder Kohlrabi spurlos.

PRO PORTION

2072 kJ/494 kcal, 23 g Eiweiß, 16 g Fett, 61 g Kohlenhydrate

ca. 60 Minuten + Ruhezeit

ROSENKOHLTARTE MIT MARONEN UND SCHINKEN

ZUTATEN

FÜR 4 PORTIONEN

50 g Halbfettmargarine
200 g Mehl, Salz
1 TL Rapsöl
750 g Rosenkohl
1 dicke Scheibe (150 g) gekochter Schinken
200 g Maronen (Esskastanien; vakuumverpackt oder Dose)
1 Beutel KNORR Feinschmecker Crème-fraîche-Sauce
2 Eier

ROSENKOHL

Die Miniatur-Kohlköpfe sind reich an Vitamin C, A und Folsäure, Kalium und Eisen. Schnell und schonend gelingt Rosenkohl, wenn man die hübschen Köhlchen halbiert. Dann ist das Gemüse schon nach 5–7 Minuten gar.

1. Die Halbfettmargarine schmelzen und mit Mehl, 1 guten Prise Salz und 7–8 EL lauwarmem Wasser zu einem glatten Teig verkneten. Im Kühlschrank 1 Stunde ruhen lassen. Den Teig ausrollen und in eine gefettete Quicheform (ca. 28 cm ∅) legen, dabei einen kleinen Rand formen.
2. Rosenkohl putzen, waschen, große Röschen eventuell halbieren. Rosenkohl in wenig Salzwasser 8–10 Minuten vorgaren und abtropfen lassen.
3. Den Schinken würfeln und mit den Rosenkohlröschen und den Maronen gleichmäßig auf dem Teig verteilen.
4. Feinschmecker Crème-fraîche-Sauce mit 100 ml Wasser verrühren, Eier unterrühren und über Rosenkohl, Schinken und Maronen gießen.
5. Die Tarte im vorgeheizten Backofen bei 225 °C (Umluft: 200 °C) auf der zweiten Einschubleiste von unten 25–30 Minuten backen.

TIPP: Wer lieber frische Maronen verwendet, muss sich etwas Zeit nehmen. Die Schale der Früchte kreuzweise einschneiden und die Maronen 20 Minuten in Wasser kochen. Abtropfen lassen, Schalen und dunklen Flaum entfernen.

SZEGEDINER SAUERKRAUT-EINTOPF

1. Das Rindfleisch in Streifen schneiden. Kartoffeln schälen und würfeln. Paprikaschoten halbieren, entkernen, waschen und in Streifen schneiden. Das Sauerkraut in ein Sieb abgießen und abtropfen lassen.
2. Keimöl in einem Topf erhitzen und das Fleisch darin rundherum in 3–5 Minuten scharf braten. Fleisch aus dem Topf nehmen und beiseite stellen.
3. Kartoffeln, Kümmel und 300 ml Wasser zugeben und zugedeckt 10 Minuten vorkochen. Dann das abgetropfte Sauerkraut zugeben und Fix für Schnitzeltopf »Räuber Art« einrühren. Weitere 10 Minuten zugedeckt garen.
4. In der Zwischenzeit die Petersilie waschen, trockenschütteln, hacken und mit dem Joghurt verrühren.
5. Das Fleisch in den Eintopf geben und erhitzen. Den Eintopf mit einem Klecks Petersilienjoghurt servieren.

TIPP: Am besten leicht marmoriertes Fleisch auswählen. Gut geeignet sind die preiswerten, zarten Kluftsteaks (Beefsteaks). Der Metzger schneidet sie aus der Oberkeule junger Rinder.

PRO PORTION

1696 kJ/406 kcal, 31 g Eiweiß, 16 g Fett, 29 g Kohlenhydrate

ca. 45 Minuten

ZUTATEN

FÜR 2 PORTIONEN

200 g Rindersteak
250 g Kartoffeln
je 1 rote und gelbe Paprikaschote
1 Dose Sauerkraut (Abtropfgewicht 385 g)
2 EL Keimöl, 1 TL Kümmel
1 Beutel KNORR Fix für Schnitzeltopf »Räuber Art«
1 Bund Petersilie
75 g Joghurt (1,5 % Fett)

SAUERKRAUT

Das säuerlich vergorene Kohlgemüse liefert eine Vielzahl wichtiger Nährstoffe. Doch noch berühmter ist das Kraut für seine Ballaststoffe und die Milchsäurebakterien, die unsere Abwehrkräfte im Verdauungstrakt unterstützen. Vegetarier können ihren Eisenspiegel verbessern, wenn sie zum Beispiel regelmäßig eine Handvoll rohes Sauerkraut essen.

PRO PORTION

1194 kJ/285 kcal, 8 g Eiweiß, 13 g Fett, 34 g Kohlenhydrate

ca. 30 Minuten

TORTILLA-PIZZA MIT CHICORÉE UND GORGONZOLA

ZUTATEN

FÜR 4 PORTIONEN

2 Chicorée (ca. 250 g)
4 Tortillafladen (Fertigprodukt)
1 Packung (370 g) KNORR Tomato al Gusto »Pizza«
50 g Gorgonzola
50 g saure Sahne (10 % Fett)
4 TL Olivenöl
4 TL flüssiger Honig
evtl. 1 EL rosa Pfefferbeeren

1. Chicorée waschen, die Strünke entfernen und die Blätter ablösen.
2. Je 2 Tortillafladen auf ein mit Backpapier belegtes Backblech legen. Tomato al Gusto in einem Sieb abtropfen lassen und auf die Fladen streichen. Die Chicoréeblätter darauf verteilen.
3. Gorgonzola mit saurer Sahne glatt rühren und mithilfe von 2 Teelöffeln in die Chicoréeblätter verteilen. Die 4 Tortillas nacheinander im vorgeheizten Backofen bei 200 °C (Umluft: 175 °C) 8–10 Minuten backen.
4. Jede Tortilla-Pizza mit 1 TL Olivenöl und Honig beträufeln. Nach Belieben mit grob gehackten rosa Pfefferbeeren bestreut servieren.

TIPP: Die originelle Pizza zur Abwechslung mit Radicchio oder mit rotem Chicorée zubereiten. Sie eignet sich gut als leichter Imbiss zwischendurch oder als Auftakt für ein Menü. Oder man serviert sie Gästen in Miniaturportionen geschnitten als »kleinen Gruß aus der Küche« zum Aperitif.

CHICORÉE

Das erfrischende Wintergemüse mit der zarten, appetitanregenden Bitternote ist schnell geputzt und passt in fast jede Salatmischung. Weil die empfindlichen Kolben Licht und Wärme scheuen, Vorräte in Folie verpackt im Kühlschrank aufheben. Roten Chicorée, eine Züchtung aus Radicchio und Chicorée, als Salat roh essen; durchs Erhitzen verliert er seine hübsche Färbung.

GRATINIERTE SCHWARZWURZELN

PRO PORTION

340 kJ/80 kcal, 4 g Eiweiß, 3 g Fett, 9 g Kohlenhydrate

ca. 50 Minuten

ZUTATEN

FÜR 3 PORTIONEN

1 kg Schwarzwurzeln
3 EL Essig
Salz
1 Beutel KNORR Feinschmecker Sauce Hollandaise »fettarm«
1 EL körniger Senf
1 EL Sonnenblumenkerne

SCHWARZWURZELN

Außen schwarz und innen schneeweiß: Die saftigen Stangen locken mit einem ausgezeichneten, an frische Nüsse erinnernden Geschmack. Besonders erwähnenswert ist ihr Gehalt am löslichen Ballaststoff Inulin, der als Lieblingsfutter der nützlichen Bifidusbakterien die Darmflora unterstützt.

1. Die Schwarzwurzeln unter fließendem Wasser schälen und in Essigwasser legen, damit sie sich nicht verfärben.
2. Salzwasser erhitzen und die Schwarzwurzeln darin etwa 15 Minuten garen. Schwarzwurzeln abtropfen lassen und in eine flache Gratinform legen.
3. Feinschmecker Sauce Hollandaise in 250 ml kaltes Wasser einrühren und unter Rühren aufkochen. Senf zugeben, bei schwacher Hitze 2–3 Minuten kochen. Über das Gemüse gießen.
4. Die Schwarzwurzeln im vorgeheizten Backofen bei 200 °C (Umluft: 175 °C) auf der 2. Einschubleiste von oben ca. 20 Minuten überbacken.
5. Die Sonnenblumenkerne in einer Pfanne ohne Zugabe von Fett anrösten und über die Schwarzwurzeln streuen.

TIPP: Die fettarme Sauce Hollandaise eignet sich auch gut zum Überbacken von Spargel oder Möhren.

Wertvoll & sättigend

Energieküche

Mit frischem Kick und neuen Ideen füllen Nudeln, Reis und Hülsenfrüchte den Magen, ohne zu belasten. Sie steigern die Laune und halten lange vor.

TORTELLINI IN CARBONARA-KRÄUTER-SAUCE

PRO PORTION

1916 kJ/457 kcal, 18 g Eiweiß, 17 g Fett, 55 g Kohlenhydrate

ca. 20 Minuten

ZUTATEN

FÜR 3 PORTIONEN

250 g getrocknete Tortellini
Salz
1 Bund glatte Petersilie
1 Dose Flageolets (kleine grüne Bohnenkerne, Abtropfgewicht 265 g)
1 Beutel KNORR Spaghetteria Sauce Carbonara
1 kleine Möhre

1. Tortellini in reichlich kochendes Salzwasser geben und nach Packungsanweisung bissfest garen. In einem Sieb abgießen und abtropfen lassen.

2. Petersilie waschen, trockenschütteln, Blätter abzupfen und grob hacken. Flageolets in einem Sieb abgießen und abtropfen lassen.

3. Spaghetteria Sauce Carbonara in 1/4 l (250 ml) kaltes Wasser einrühren, unter Rühren aufkochen und bei schwacher Hitze 1 Minute kochen. Petersilie zufügen und mit einem Stabmixer fein pürieren. Bohnenkerne zugeben und in der Sauce heiß werden lassen.

4. Die Möhre schälen und grob raspeln. Tortellini mit der Sauce auf vorgewärmte Teller verteilen und mit den Möhrenraspeln bestreut servieren.

TIPP: Die kleinen, besonders zarten Flageoletbohnen (auch Krüllbohnen) werden in Supermärkten meist in Dosen angeboten. Tortellini schmecken auch mit anderen Hülsenfrüchten, also mit dicken, roten oder weißen Bohnen oder mit Linsen.

LÄNGER FIT

Vorhin erst gegessen und schon wieder hungrig? Das muss nicht sein. Kombiniert man die Zutaten geschickt, bleibt der Energiepegel lange oben. Ideal sind zum Beispiel Nudeln und Bohnenkerne. Sie enthalten einen Mix aus schnellen und langsamen Kohlenhydraten. Die schnellen sättigen sofort, die langsamen tröpfeln mit Verzögerung ins Blut und halten den Blutzucker bis zur nächsten Mahlzeit stabil.

PENNE MIT RINDERFILET UND KNOBLAUCHSUGO

PRO PORTION

2108 kJ/503 kcal, 29 g Eiweiß, 11 g Fett, 70 g Kohlenhydrate

ca. 30 Minuten

ZUTATEN

FÜR 2 PORTIONEN

150 g Rinderfilet
200 g Möhren
3–4 Knoblauchzehen
1 kleine Zwiebel
150 g Penne
Salz
1 EL Keimöl
1 Beutel KNORR Fix für Tomaten Bolognese
Petersilie zum Garnieren

Ob ich Diät halte? Nein, wirklich nicht! Unbeschwert genießen und sich ausgewogen ernähren, das passt wunderbar zusammen. Die Nährwertinfos beim Rezept zeigen mir, dass alles im grünen Bereich ist.

1. Rinderfilet in Streifen schneiden. Die Möhren schälen und in kleine Würfelchen schneiden. Knoblauch und Zwiebel schälen, Knoblauchzehen fein hacken und Zwiebel fein würfeln.
2. Die Nudeln in reichlich kochendem Salzwasser bissfest kochen, in einem Sieb abgießen und abtropfen lassen.
3. Keimöl in einer Pfanne erhitzen und das Fleisch darin 3–4 Minuten braten. Herausnehmen, auf Küchenpapier abtropfen lassen und warm stellen.
4. Möhrenwürfelchen, Knoblauch und Zwiebel im verbliebenen Bratfett andünsten. 300 ml kaltes Wasser zugießen, Fix für Tomaten Bolognese einrühren und unter Rühren aufkochen lassen. Zugedeckt bei schwacher Hitze ca. 5 Minuten garen.
5. Petersilie waschen, trockenschütteln und zur Hälfte in feine Streifen schneiden. Abgetropfte Nudeln mit der Sauce und den Filetstreifen anrichten. Mit Petersilie garnieren.

SPAGHETTI À LA CRÈME MIT ZUCCHINISTREIFEN

PRO PORTION

2078 kJ/496 kcal, 16 g Eiweiß, 18 g Fett, 65 g Kohlenhydrate

ca. 25 Minuten

ZUTATEN

FÜR 3 PORTIONEN

250 g Nudeln, z.B. Vollkornspaghetti, Salz
350 g dünne Zucchini
2 EL Rapsöl
Pfeffer
1 Beutel KNORR Feinschmecker Crème-fraîche-Sauce
50 g Joghurt (1,5 % Fett)
30 g geriebener Parmesan
Basilikum zum Garnieren

»AL DENTE«

Vor Ablauf der Kochzeit eine Nudel herausfischen und prüfen, ob innen noch der winzige feste Kern vorhanden ist, der sie »al dente«, also bissfest, macht.

1. Die Nudeln in reichlich kochendem Salzwasser bissfest kochen, in einem Sieb abgießen und abtropfen lassen.

2. Inzwischen die Zucchini putzen, waschen und mit einem Sparschäler längs in dünne Streifen schneiden. Rapsöl in einer großen Pfanne erhitzen und die Zucchinistreifen darin 2–3 Minuten braten. Herausnehmen, auf Küchenpapier abtropfen lassen und mit wenig Salz und Pfeffer würzen.

3. Feinschmecker Crème-fraîche-Sauce mit einem Schneebesen in 1/4 l (250 ml) kaltes Wasser einrühren und unter Rühren aufkochen. Bei schwacher Hitze 1 Minute kochen, dann den Joghurt einrühren und die Sauce nicht mehr kochen lassen.

4. Nudeln, Zucchini und Sauce in einer vorgewärmten Schüssel mischen. Mit geriebenem Parmesan und Basilikumblättchen bestreut servieren.

TIPP: Zur Abwechslung 1 zerdrückte Knoblauchzehe mit anbraten. Anstelle von Joghurt 2 EL körnigen Frischkäse in die Sauce rühren.

SPÄTZLE-GEMÜSE-SUPPE MIT WÜRSTCHEN

PRO PORTION

1624 kJ/389 kcal, 14 g Eiweiß, 16 g Fett, 44 g Kohlenhydrate

ca. 20 Minuten

ZUTATEN

FÜR 2 PORTIONEN

200 g tiefgekühltes Suppengemüse
1–2 Msp. Paprikapulver
1 EL Keimöl
80 g Spätzle
1 Beutel KNORR Feinschmecker Tomatensuppe Toscana
1–2 fettarme Wiener- bzw. Geflügel-Würstchen (80 g)
Salz, Pfeffer
1–2 EL gemischte gehackte Kräuter, z. B. Petersilie, Oregano

1. Das Suppengemüse mit Paprikapulver in einem Topf in heißem Keimöl unter öfterem Wenden andünsten. 600 ml Wasser dazugießen und aufkochen. Die Spätzle zum Gemüse geben und die Suppe zugedeckt bei schwacher Hitze ca. 10 Minuten garen.
2. Feinschmecker Tomatensuppe Toscana einrühren und 1 Minute kochen lassen. Bei Bedarf etwas Wasser nachgießen. Die Würstchen in Scheiben schneiden und in der Suppe heiß werden lassen.
3. Die Suppe mit Salz und Pfeffer abschmecken. Mit gehackten Kräutern bestreuen und servieren.

TIPP: Gerade Kinder haben recht unterschiedliche Vorlieben. Manche mögen besonders viel und manche möglichst wenig Einlagen. Dann die Spätzle, eine andere Nudelsorte oder eine Reismischung separat kochen und beim Servieren der Suppe zum Selbstbedienen auf den Tisch stellen. Wer richtig hungrig ist, greift zusätzlich in den Brotkorb. Man lebt zwar nicht von Brot allein, doch für einen leichten Lunch ist die Kombination von einer kräftigen Gemüsesuppe mit einem Stück würzigem Vollkornbrot unübertroffen.

GUT GELAUNT

Schlechte Laune kennt jeder – aber wer denkt schon, dass es am Essverhalten liegen könnte? Eine Studie ergab: Sowohl bei hohem Blutzucker (wenig Bewegung, viele schnelle Kohlenhydrate) als auch bei niedrigem (wenig gegessen, Mahlzeit ausgefallen) fühlten sich die Teilnehmer angespannt und verärgert. Bester Stimmung waren die mit normalem Blutzucker – sie hatten ausgewogen gegessen.

CANNELLONI MIT MÖHREN-QUARK-FÜLLUNG

1. 1/2 l (500 ml) kaltes Wasser in einen Topf geben, Fix für Spaghetti Napoli einrühren und unter Rühren aufkochen. Die Hälfte der Sauce in eine flache Auflaufform füllen.

2. Möhren schälen und auf der Haushaltsreibe oder in der Küchenmaschine grob reiben. Zwiebel und Knoblauchzehe schälen und würfeln.

3. Rapsöl erhitzen. Möhren, Zwiebel- und Knoblauchwürfel kurz im Öl andünsten. 2 EL Wasser zugeben und zugedeckt 8–10 Minuten garen.

4. Schinken in Würfel schneiden. Die Möhrenmischung in eine Schüssel geben und mit Quark, Schinkenwürfeln und gehackten Pistazienkernen mischen. Möhren-Quark-Füllung mit Pfeffer würzen und gleichmäßig auf die Cannelloniröhrchen verteilen. Gefüllte Cannelloni nebeneinander in die Tomatensauce legen. Restliche Tomatensauce über den Nudeln verteilen. Saure Sahne und Käseraspel verrühren und zuletzt darübergeben.

5. Die Cannelloni im vorgeheizten Backofen bei 200 °C (Umluft: 175 °C) 25–30 Minuten backen.

TIPP: Einige Aktivstoffe schwinden beim Garen. Andere – wie etwa das Lycopin – nicht. Im Gegenteil, der hitzebeständige rote Tomatenfarbstoff wird beim Garen so aufgeschlossen, dass der Körper ihn besser aufnimmt als aus rohen Tomaten. Verarbeitete Tomatenprodukte wie KNORR Sauce Napoli sind deshalb eine gute Quelle für Lycopin.

PRO PORTION

2039 kJ/487 kcal, 29 g Eiweiß, 14 g Fett, 57 g Kohlenhydrate

ca. 60 Minuten

ZUTATEN

FÜR 3 PORTIONEN

2 Beutel KNORR Fix für Spaghetti Napoli
400 g Möhren
1 Zwiebel
1 Knoblauchzehe
1–2 EL Rapsöl
1 Scheibe (ca. 100 g) gekochter Schinken
150 g Magerquark
20 g gehackte Pistazienkerne
Pfeffer
9 Cannelloni
50 g saure Sahne (10 % Fett)
50 g Käseraspel (30 % Fett i. Tr.)

CANNELLONI

Bevor die großen Röhrennudeln in den Backofen kommen, werden sie mit Möhrenquark gefüllt. Dafür die Rollen senkrecht stellen und die Zutaten mit einem Teelöffel hineingeben. Etwas schneller und eleganter: Die Mischung in einen Spritzbeutel mit glatter Tülle füllen und in die Nudeln spritzen.

PRO PORTION

1414 kJ/338 kcal, 13 g Eiweiß, 14 g Fett, 37 g Kohlenhydrate

40 Minuten + Abkühlzeit

REISSALAT MIT EIERN UND CHAMPIGNONS

ZUTATEN

FÜR 3 PORTIONEN

125 g Naturreis
Salz
3 Eier
150 g braune Champignons
1 Bund Frühlingszwiebeln
1 Beutel KNORR Salatkrönung »Frühlingskräuter«
1 EL Olivenöl
20 g Kürbiskerne

1. Den Reis in etwa 1/4 l (250 ml) Salzwasser aufkochen und bei schwacher Hitze zugedeckt ca. 25 Minuten garen.
2. Die Eier in kochendes Wasser geben und in 6–7 Minuten wachsweich kochen. Eier abschrecken.
3. Champignons putzen und in dünne Scheiben schneiden. Die Frühlingszwiebeln waschen, putzen und in feine Ringe schneiden. Salatkrönung mit 6 EL Wasser und Olivenöl verrühren.
4. Den Reis in einem Sieb abgießen und in einer Schüssel mit Champignons, Frühlingszwiebeln und Salatdressing mischen. Abkühlen lassen.
5. Inzwischen Kürbiskerne in einer beschichteten Pfanne ohne Zugabe von Fett rösten, bis sie duften.
6. Die Eier pellen und halbieren oder vierteln und mit den Kürbiskernen auf dem Reissalat anrichten.

TIPP: Wer es eilig hat, verwendet 10-Minuten-Naturreis, spült den gegarten Reis im Sieb kurz ab und serviert den Salat lauwarm.

ESSBREMSE

Her mit den Ballaststoffen! Sie finden sich von Natur aus in allen Pflanzen und tragen zu einer guten Verdauung bei. Studien zeigen, dass sie nicht nur gut sättigen, sondern sogar langfristig die Lust auf Fett und Zucker bremsen. Wer häufiger leckere Gerichte mit Hülsenfrüchten und Getreide einplant, ist auf dem richtigen Weg.

REISAUFLAUF MIT FETA UND AUBERGINEN

PRO PORTION

1556 kJ/372 kcal, 12 g Eiweiß, 13 g Fett, 49 g Kohlenhydrate

ca. 50 Minuten

ZUTATEN

FÜR 3 PORTIONEN

400 g Auberginen
Salz
3 EL Olivenöl
1 Beutel KNORR Fix für Hack-Reis-Topf
150 g parboiled Langkornreis
1 Knoblauchzehe
100 g Feta leicht (fettarmer Schafskäse)

REISSORTEN

Die Auswahl bei Reis wird immer größer. In gut sortierten Supermärkten findet man mittlerweile viele Sorten, zum Beispiel Langkorn- und Risottoreis, parboiled, Natur- oder Duftreis, also für jeden Geschmack das Richtige.

1. Auberginen waschen, trockentupfen und in Scheiben schneiden. Auberginenscheiben nebeneinander legen, mit etwas Salz bestreuen und einige Minuten stehen lassen. Die entstandene Flüssigkeit mit Küchenpapier abtupfen.
2. Auberginenscheiben nacheinander in einer beschichteten Pfanne im heißen Olivenöl von beiden Seiten einige Minuten anbraten.
3. 700 ml kaltes Wasser in einen Topf geben und Fix für Hack-Reis-Topf einrühren. Den Reis zufügen.
4. Knoblauchzehe schälen, zerdrücken und zum Reis geben. Unter Rühren einmal aufkochen lassen. Die Reismischung abwechselnd mit den Auberginenscheiben in eine flache Auflaufform schichten.
5. Feta zerbröckeln und darüberstreuen. Den Auflauf im vorgeheizten Backofen bei 175 °C (Umluft: 150 °C) 25–30Minuten backen.

TIPP: Es lohnt, fettarmen Feta zu nehmen. Er enthält nur 8 g Fett absolut.

PRO PORTION

1415 kJ/338 kcal, 15 g Eiweiß, 9 g Fett, 46 g Kohlenhydrate

ca. 20 Minuten

STRAUCHTOMATENSUPPE MIT REIS UND BALSAMICO

ZUTATEN

FÜR 2 PORTIONEN

200 g Zucchini
1 EL Olivenöl
80 g Schnellkoch-Reis
1 Beutel KNORR Gemüse satt »Strauchtomaten Suppe«
4 Stiele Basilikum
1–2 TL Aceto balsamico (Balsamessig)
80 g Feta leicht (fettarmer Schafskäse)

Beim Gehen, Laufen oder Radeln arbeiten die Muskeln, das Blut fließt schneller, der Stresspegel sinkt und die Stimmung steigt. Ganz nebenbei geht der Energieverbrauch nach oben.

1. Zucchini putzen, waschen, in kleine Würfel schneiden und in heißem Olivenöl anbraten. Den Reis zugeben und kurz mitdünsten.
2. 600 ml Wasser zugießen, Gemüse satt »Strauchtomaten Suppe« einrühren und aufkochen. Bei schwacher Hitze je nach Reissorte 5–10 Minuten garen. Eventuell etwas Wasser nachgießen.
3. Basilikum waschen, trockenschütteln und die Blätter in Streifen schneiden. Die Suppe mit Balsamico abschmecken. Feta darüberstreuen und die Suppe mit Basilikumstreifen garnieren.

TIPP: Suppen profitieren von der knackigen Frische ausgekeimter Samenkörner. Früher musste man Sprossen selbst ziehen – das war eine etwas langwierige Angelegenheit. Heute bietet sie jeder gut sortierte Supermarkt gekühlt in Schachteln oder Beuteln an. Einfach kurz abspülen, auf einem Sieb abtropfen lassen und beim Servieren eine kleine Handvoll davon auf die Suppe geben. Das verleiht der Suppe zusätzlich »Biss«. Außerdem helfen die ballaststoffreichen Keime, den Magen auf leichte Art zu füllen.

REISFRIKADELLEN MIT LAUCH

PRO PORTION

1503 kJ/359 kcal, 11 g Eiweiß, 12 g Fett, 49 g Kohlenhydrate

ca. 45 Minuten

ZUTATEN

FÜR 3 PORTIONEN
150 g Reis-Wildreis-Mischung
Salz
200 g Lauch (Porree)
1 Beutel KNORR Fix für Bauern-Topf
2 Eier
2 EL Haferflocken
2 EL Rapsöl

1. Die Reis-Mischung nach Packungsanweisung in Salzwasser garen.
2. Inzwischen den Lauch putzen, waschen und in feine Ringe schneiden. Lauchringe in den letzten 3 Minuten zum Reis geben und mitgaren. Reis und Lauch in einem Sieb abgießen und gut abtropfen lassen.
3. Fix für Bauern-Topf in eine Schüssel geben und mit den Eiern und den Haferflocken verrühren. Die abgetropfte Reis-Lauch-Mischung zugeben und gut untermischen. Aus der Masse 6 Frikadellen formen.
4. Rapsöl in einer beschichteten Pfanne erhitzen und die Reisfrikadellen darin bei mittlerer Hitze von jeder Seite ca. 5 Minuten knusprig braten.

Dazu passt knackiger Eisbergsalat mit Joghurt-Dressing.

TIPP: Wenn es schnell gehen soll, Reisreste vom Vortag verwenden. Vegetarier lieben die Frikadellen nicht nur, weil sie lecker und knusprig sind, sondern auch, weil sie nachhaltig sättigen. Zur Abwechslung mit Zuckermais (Dose) zubereiten.

IN SCHWUNG …
Wer beim Essen leicht verdauliches Eiweiß aus magerem Fleisch, Fisch und fettarmen Milchprodukten mit langsamen Kohlenhydraten aus Hülsenfrüchten, Pasta und Getreide mischt, bleibt trotz kleiner Portionen stundenlang in Schwung. Vitamine und Mineralien aus frischem Gemüse machen zusätzlich fit.

PRO PORTION

2088 kJ/498 kcal, 27 g Eiweiß, 12 g Fett, 67 g Kohlenhydrate

ca. 30 Minuten

BULGUR MIT SPINAT UND KRABBEN

ZUTATEN

FÜR 2 PORTIONEN

1 Zwiebel
1 Knoblauchzehe
1 EL Rapsöl
150 g Bulgur
1 gehäufter TL KNORR Gemüse-Bouillon
225 g tiefgekühlter Blattspinat
1/2 Bund Dill
1 Päckchen KNORR Kräuter Soße (aus dem 3er-Pack)
1 EL mittelscharfer Senf
1–2 TL Honig
150 g Kirschtomaten
150 g Tiefseekrabben
evtl. Salz
Pfeffer

OFT MÜDE?

Vielleicht ist die innere Uhr aus dem Takt? Sie wird durch Tageslicht täglich »neu gestellt«, sagen Fachleute (Chronobiologen). Elektrische Beleuchtung genügt dafür nicht. Was tun? Möglichst regelmäßig mittags für ein paar Minuten hinaus ins Freie gehen. Dann lässt sogar der Heißhunger auf Süßigkeiten nach.

1. Zwiebel und Knoblauchzehe schälen und würfeln. Das Rapsöl in einem großen Topf erhitzen. Bulgur, Zwiebel- und Knoblauchwürfel zufügen und in ca. 3 Minuten glasig dünsten.
2. 300 ml Wasser zugießen und aufkochen. Gemüse-Bouillon zugeben und darin auflösen. Tiefgekühlten Spinat zugeben und bei schwacher Hitze 12–15 Minuten garen.
3. Dill waschen, trockenschütteln und fein hacken. 1/4 l (250 ml) Wasser aufkochen, Kräuter Soße einrühren und bei schwacher Hitze 1 Minute kochen lassen. Die Soße mit Dill, Senf und Honig abschmecken.
4. Die Tomaten waschen, vierteln und zusammen mit den Krabben unter den Bulgur heben. Eventuell mit wenig Salz und Pfeffer nachwürzen. Zusammen mit der Senf-Dill-Sauce servieren.

TIPP: Ein aromatisches, ätherisches Öl verleiht dem Senf seine Würze. Weil es aber leicht flüchtig und hitzeempfindlich ist, die Kräutersauce von der Kochstelle ziehen, bevor der Senf hineinkommt.

TÜRKISCHER BULGURSALAT

PRO PORTION

815 kJ/195 kcal, 4 g Eiweiß,
6 g Fett, 30 g Kohlenhydrate

ca. 25 Minuten

ZUTATEN

FÜR 4 PORTIONEN
150 g Bulgur
1 TL KNORR Gemüse-Bouillon
1 Zwiebel
1 kleine Paprikaschote
1–2 Römersalatherzen
1/2 Packung (185 g) KNORR Tomato al Gusto »Kräuter«
2 EL Olivenöl, Salz, Pfeffer
1/2 TL Chiliflocken
evtl. 1 Zitrone

1. Den Bulgur in eine Schüssel geben. Gemüse-Bouillon in 300 ml kochendem Wasser auflösen, über den Bulgur gießen und ca. 15 Minuten quellen lassen. Dann die restliche Flüssigkeit abgießen.
2. Die Zwiebel schälen. Die Paprikaschote halbieren, entkernen und waschen. Beides fein würfeln. Salatherzen putzen, waschen, trockenschleudern und die äußeren Blätter ablösen.
3. Bulgur mit Tomato al Gusto und Olivenöl mischen, Zwiebel- und Paprikawürfel unterheben. Mit Salz, Pfeffer und den Chiliflocken herzhaft abschmecken.
4. Salatblätter auf einer Platte anrichten und den Bulgursalat darauf verteilen. Vor dem Essen nach Belieben zusätzlich mit etwas Zitronensaft beträufeln.

TIPP: Als Salatherzen werden kleine Köpfe des knackigen Römersalats »Little Gem« angeboten. Als Alternative im Sommer den üblichen Römersalat verwenden und die Blätter halbieren. Im Winter eignet sich Chicorée. Salatreste halten sich im Kühlschrank einige Tage frisch. Sonst fein schneiden und unter den Bulgur heben.

BULGUR

Aus der orientalischen Küche ist das leckere Getreide nicht wegzudenken. Inzwischen mögen es viele Feinschmecker rund um den Globus. Bulgur lässt sich schnell zubereiten, weil die Weizenkörner bereits vorgegart sind. Das Verfahren ist dem von parboiled Reis sehr ähnlich, die Vitamine bleiben zum großen Teil erhalten.

PRO PORTION

1370 kJ/328 kcal, 11 g Eiweiß, 11 g Fett, 41 g Kohlenhydrate

30 Minuten + Einweichzeit

ZUTATEN

FÜR 2 PORTIONEN

10 g getrocknete Morcheln
1 TL KNORR Delikatess-Brühe
3 Schalotten oder 1 Zwiebel
1/2 Topf Kerbel oder glatte Petersilie
1 EL Olivenöl
125 g Hirse
20 g geriebener Parmesan
evtl. Salz
Pfeffer

HIRSE

Die winzigen goldgelben Körner gelten als Symbol der Fruchtbarkeit. Deshalb kam früher bei Hochzeiten traditionell ein Hirsegericht auf den Tisch. Keine schlechte Idee, denn das Getreide enthält hochwertiges Eiweiß und viele langsame Kohlenhydrate. Hauptsächlich ist es aber eine fabelhafte Quelle für Mineralstoffe.

MORCHEL-HIRSOTTO

1. Die Morcheln in 1/2 l (500 ml) lauwarmem Wasser etwa 30 Minuten einweichen. Anschließend das Einweichwasser durch einen Kaffee- oder Teefilter in einen Topf gießen, aufkochen und die Delikatess-Brühe darin auflösen. Morcheln in Ringe schneiden.
2. Schalotten oder Zwiebel schälen und in kleine Würfel schneiden. Die Kräuter waschen, trockenschütteln und die Blättchen von den Stielen zupfen.
3. Olivenöl in einem Topf erhitzen und die Schalotten- oder Zwiebelwürfel darin in ca. 3 Minuten glasig dünsten. Hirse und Morcheln zugeben und mit der Hälfte der Brühe aufgießen.
4. Hirse mit den Morcheln insgesamt ca. 25 Minuten offen garen, dabei nach und nach die restliche Brühe zugeben. Hirse immer wieder umrühren.
5. Sobald die Hirse gar ist, aber noch Biss hat, den Parmesan unterrühren. Eventuell mit Salz und Pfeffer abschmecken. Das Hirsotto vor dem Servieren mit Kräuterblättchen bestreuen.

SCHWEINEGESCHNETZELTES MIT POLENTA-HAUBE

PRO PORTION

2130 kJ/508 kcal, 36 g Eiweiß, 15 g Fett, 56 g Kohlenhydrate

ca. 40 Minuten

ZUTATEN

FÜR 3 PORTIONEN

Salz
200 g Polenta (Maisgrieß)
300 g Schweineschnitzel
200 g Champignons
1 Stange Lauch (Porree)
1–2 EL Keimöl
1 EL Tomatenmark
1 Beutel KNORR Feinschmecker Jäger Sauce
60 g fettarmer Butterkäse
1/2 Bund Thymian

1. 900 ml Wasser mit etwas Salz aufkochen. Maisgrieß mit einem Schneebesen unter Rühren einrieseln lassen. Bei sehr schwacher Hitze mit halb geöffnetem Topfdeckel 15 Minuten quellen lassen, ab und zu umrühren.
2. Das Fleisch in Streifen schneiden. Champignons putzen, halbieren oder vierteln. Den Lauch putzen, waschen und in Ringe schneiden.
3. Keimöl in einer Pfanne erhitzen, Fleisch, Pilze und Lauch darin 2 Minuten scharf anbraten. Tomatenmark zugeben und untermischen.
4. Fleisch, Pilze und Lauch an die Seite schieben, 300 ml kaltes Wasser in die Pfanne geben und Feinschmecker Jäger Sauce einrühren. Unter Rühren einmal aufkochen.
5. Das Geschnetzelte in eine Auflaufform geben, die Polenta darauf verteilen. Käse würfeln und darüberstreuen.
6. Im vorgeheizten Backofen bei 225 °C (Umluft: 200 °C) auf der 2. Einschubleiste von oben in 15–20 Minuten goldgelb überbacken. Thymian waschen und trockenschütteln. Blättchen über die Polenta-Haube streuen.

MAISGRIESS

Die appetitlich gelbe Farbe von fein zerkleinertem, getrocknetem Mais zeugt vom Gehalt wichtiger Pflanzenfarbstoffe (Carotinoide). Der Körper nutzt sie, um die Sehkraft zu erhalten.

PRO PORTION

1224 kJ/292 kcal, 20 g Eiweiß, 9 g Fett, 29 g Kohlenhydrate

50 Minuten + Einweichzeit

TOMATEN-ZWIEBEL-SUPPE MIT GRÜNKERN UND LAMM

ZUTATEN

FÜR 4 PORTIONEN

125 g Grünkern
2 Würfel KNORR Fleisch-Suppe
2 Zwiebeln, 1 Knoblauchzehe
300 g Lammlachse (filetierter Lammrücken)
2 EL Olivenöl, Salz, Pfeffer
1 Packung (370 g) KNORR Tomato al Gusto »Arrabbiata«
1 TL getrocknete Minze
1 Zitrone
evtl. Minzeblättchen zum Garnieren

GRÜNKERN

Wird Dinkel frühzeitig, also vor der Reife geerntet, sind die Körner noch saftig und weich. Um sie haltbar zu machen, trocknet der Müller das Korn so schonend, dass die grüne Farbe erhalten bleibt und der Grünkern sein einzigartiges würziges Aroma ausbildet. Mit viel langsamen Kohlenhydraten und über 10 Prozent Eiweiß ist Grünkern ein echter Fitmacher.

1. Grünkernkörner mit 3/4 l (750 ml) Wasser in einen Topf geben und über Nacht quellen lassen. Am nächsten Tag aufkochen, Suppenwürfel zugeben und zugedeckt bei schwacher Hitze ca. 40 Minuten garen.
2. Die Zwiebeln schälen und in Streifen schneiden. Knoblauch schälen und fein würfeln. Lammlachse ebenfalls in Streifen schneiden.
3. Olivenöl in einer Pfanne erhitzen und die Fleischstreifen darin rundum ca. 3 Minuten anbraten. Mit wenig Salz und Pfeffer würzen, aus der Pfanne nehmen und beiseite stellen. Zwiebelstreifen und Knoblauchwürfel in die Pfanne geben und 5 Minuten dünsten.
4. Fleisch, Zwiebeln und Tomato al Gusto zum Grünkern geben, alles erhitzen und mit der getrockneten Minze würzen. Die Zitrone in Scheiben schneiden und zur Suppe servieren. Nach Belieben mit Minzeblättchen garnieren.

TIPP: Getrocknete Minze aus einem Beutel Pfefferminztee nehmen. Oder einen Teebeutel »Fenchel-Kümmel-Anis« kurz in der Brühe ziehen lassen.

GRÜNKERNNOCKEN AUF ZUCCHINIGEMÜSE

PRO PORTION

1506 kJ/359 kcal, 12 g Eiweiß, 15 g Fett, 43 g Kohlenhydrate

ca. 50 Minuten

ZUTATEN

FÜR 3 PORTIONEN
400 g Zucchini
1 Beutel KNORR Fix für Zucchini-Pfanne Toscana
1 TL getrockneter Thymian
1 Zwiebel
1 Knoblauchzehe
1–2 EL Olivenöl
1–2 TL KNORR Gemüse-Bouillon
150 g Grünkernschrot
50 g Gorgonzola

1. Zucchini putzen, waschen und in dünne Scheiben schneiden oder hobeln. 1/4 l (250 ml) kaltes Wasser in einen Topf geben und Fix für Zucchini-Pfanne Toskana einrühren.
2. Zucchinischeiben zugeben und unter Rühren 2–3 Minuten kochen. Mit Thymian würzen und in eine flache ofenfeste Form füllen.
3. Zwiebel und Knoblauchzehe schälen und würfeln. Olivenöl in einer beschichteten Pfanne erhitzen, Zwiebel- und Knoblauchwürfel darin glasig dünsten.
4. 150 ml Wasser, Gemüse-Bouillon und Grünkernschrot zu den Zwiebel- und Knoblauchwürfeln in die Pfanne geben. Unter Rühren aufkochen lassen. Die Pfanne von der Herdplatte ziehen und den Grünkernschrot 10 Minuten ausquellen lassen.
5. Mit 2 Esslöffeln aus der Masse Nocken formen und auf die Zucchinischeiben setzen. Gorgonzola in Scheiben schneiden und darauflegen. Im vorgeheizten Backofen bei 200 °C (Umluft: 175 °C) etwa 25 Minuten backen.

GRÜNKERNSCHROT

Die grob zerkleinerten grünlichen Körner gibt es preiswert in den meisten Supermärkten. Wie Reis in Brühe gekocht, eignen sie sich gut als Beilage zu Fleisch und Gemüse. Köstlich schmeckt Grünkern in klaren Gemüsesuppen, die dann lange sättigen. Dafür den Schrot einfach in die Brühe streuen und bei milder Hitze 20 Minuten quellen lassen.

BUCHWEIZENGRATIN MIT QUARKREMOULADE

PRO PORTION

1450 kJ/346 kcal, 18 g Eiweiß, 13 g Fett, 36 g Kohlenhydrate

ca. 45 Minuten

ZUTATEN

FÜR 4 PORTIONEN

300 g Broccoli
2 EL Rapsöl
150 g Buchweizen
1 TL KNORR Delikatess-Brühe
1 Beutel KNORR Fix für Broccoli-Gratin
50 g Schmelzkäse (28 % Fett i. Tr.)
1 Ei
200 g Mager- oder Buttermilchquark
4–5 EL Mineralwasser
50 g Gewürzgurken (Glas)
50 g Perlzwiebeln (Glas)
1 Bund Schnittlauch
Salz, Cayennepfeffer
2 kleine Tomaten

1. Broccoli putzen, waschen und in sehr kleine Röschen teilen. 1 EL Rapsöl in einem Topf erhitzen und den Buchweizen darin kurz anrösten.
2. Broccoliröschen, 1/4 l (250 ml) Wasser und Delikatess-Brühe zum Buchweizen geben und zugedeckt bei schwacher Hitze 10 Minuten ausquellen lassen.
3. Fix für Broccoli-Gratin, Schmelzkäse und das Ei zugeben und alles gut unterheben. Die Masse in eine flache Auflaufform oder Portionsförmchen füllen und glatt streichen.
4. Im vorgeheizten Backofen bei 200 °C (Umluft: 175 °C) auf der 2. Einschubleiste von oben 20–25 Minuten backen.
5. In der Zwischenzeit den Quark mit Mineralwasser glatt rühren. Gewürzgurken und Perlzwiebeln fein hacken. Schnittlauch waschen, trockenschütteln und in Röllchen schneiden. Alles zusammen unter den Quark heben. Mit Salz und Cayennepfeffer pikant abschmecken.
6. Tomaten waschen und würfeln. Das Buchweizengratin damit bestreuen und mit Quarkremoulade servieren.

TIPP: Buchweizen schmeckt auch als Beilage köstlich, wenn er »al dente«, also auf den Punkt gegart ist. Dafür 1/2 l (500 ml) KNORR Delikatess-Brühe aufkochen. 250 g Buchweizen darin 5 Minuten kochen, Hitze reduzieren. Im geschlossenen Topf 10 Minuten quellen lassen. Sofort servieren.

BUCHWEIZEN

Der vitalen Küche haben die unscheinbaren Feldfrüchte allerhand zu bieten: Buchweizen schmeckt sehr aromatisch, und seine kantigen hellen Körner enthaltene eine gute Portion Ballaststoffe und sehr viel Vitamin E. Kanadische Forscher fanden im Buchweizen außerdem reichlich Chiro-Inositol, einen Stoff, der den Blutzucker stabilisieren soll.

KARTOFFELSALAT MIT KEFIR-SENF-DRESSING

PRO PORTION

911 kJ/218 kcal, 6 g Eiweiß, 6 g Fett, 30 g Kohlenhydrate

ca. 35 Minuten

ZUTATEN

FÜR 2 PORTIONEN

400 g fest kochende Kartoffeln, Salz
1 Bund Radieschen
1/2 Bund Frühlingszwiebeln
2 Beutel KNORR Salatkrönung »Dill-Kräuter«
120 g Kefir (1,5 % Fett)
1 EL Rapsöl
1–2 TL körniger Senf
evtl. Zucker

1. Die Kartoffeln waschen und mit Schale in Salzwasser ca. 20 Minuten kochen. Kartoffeln abgießen, pellen und in Scheiben schneiden. Die Kartoffelscheiben abkühlen lassen.
2. In der Zwischenzeit die Radieschen waschen, putzen und in feine Scheiben schneiden. Frühlingszwiebeln ebenfalls waschen, putzen und schräg in feine Ringe schneiden.
3. Salatkrönung mit Kefir, Rapsöl und Senf verrühren und eventuell mit 1 Prise Zucker abschmecken. Kartoffelscheiben, Radieschen und Frühlingszwiebeln in eine Schüssel geben und mit dem Kefir-Senf-Dressing mischen.

TIPP: Frisch gekochte heiße Kartoffeln sättigen weniger gut als Kartoffelsalat. Wie das kommt? Beim Erkalten verändert sich ein Teil der in den Kartoffeln enthaltenen Stärke. Dabei entsteht »resistente« Stärke, die wie ein Ballaststoff wirkt und hilft, den Appetit zu regulieren. So macht auch ein leichter Kartoffelsalat angenehm satt.

KARTOFFELN

Sie liefern wenig Kalorien, enthalten praktisch kein Fett und sättigen – vor allem in Kombination mit viel Gemüse und etwas Fleisch – angenehm leicht und anhaltend. Ein Tipp für Vegetarier: Kartoffeleiweiß ist so hochwertig, dass es in Kombination mit Milch oder Eiern den Wert von Fleisch übersteigt.

KARTOFFEL-FLEISCH-GULASCH AUS DEM OFEN

PRO PORTION

1995 kJ/477 kcal, 40 g Eiweiß, 15 g Fett, 39 g Kohlenhydrate

ca. 120 Minuten

ZUTATEN

FÜR 4 PORTIONEN

1 kg Kartoffeln
3 Paprikaschoten (bunt gemischt)
200 g Zwiebeln
600 g mageres Schweinegulasch
2 TL Kümmelkörner
2 EL Rapsöl
2 Beutel KNORR Fix für Schnitzeltopf »Räuber Art«
75 g saure Sahne (10 % Fett)
1/2 Bund Petersilie

1. Kartoffeln schälen und achteln. Paprikaschoten halbieren, entkernen, waschen und in große Würfel schneiden. Zwiebeln schälen und in Spalten schneiden.
2. Fleischwürfel, Kartoffeln, Paprika, Zwiebeln, Kümmel und 1 EL Rapsöl in einem ofenfesten Bräter mischen.
3. Fix für Schnitzeltopf »Räuber Art« in 700 ml kaltes Wasser einrühren, aufkochen und über Fleisch und Gemüse gießen. Das Gulasch zugedeckt im vorgeheizten Backofen bei 200 °C (Umluft: 175 °C) 90 Minuten garen.
4. Saure Sahne mit dem restlichen Rapsöl glatt rühren und zum Gulasch servieren. Petersilie waschen, trockenschütteln, fein hacken und das Gulasch damit bestreuen.

TIPP: Dieses leichte Schweinegulasch eignet sich gut, um eine größere Gästeschar zu bekochen. Einfach die Mengen verdoppeln oder verdreifachen. Das Gulasch steht zwar erst nach 2 Stunden fertig auf dem Tisch, aber man muss dafür nur etwa 20 Minuten etwas tun. Den Rest erledigt der Backofen.

TRAUMFIGUR

Wer dazu neigt, schnell ein paar Pfunde zu viel auf die Waage zu bekommen, sollte keine Radikalkur oder Kurzdiät machen, denn Hungern regt den Körper zum Energiesparen an. Am besten lässt sich der biologische Nachteil mit sportlicher Aktivität ausgleichen. Einfach genial vital essen und immer in Bewegung bleiben.

PRO PORTION

1351 kJ/322 kcal, 17 g Eiweiß, 13 g Fett, 31 g Kohlenhydrate

ca. 50 Minuten

KARTOFFEL-SPINAT-TORTILLA MIT CHILI-MAIS-DIP

ZUTATEN

FÜR 4 PORTIONEN

800 g Kartoffeln, Salz
2 Zwiebeln
1–2 Knoblauchzehen
1 EL Olivenöl
225 g tiefgekühlter Blattspinat
6 Eier
Pfeffer, Muskat
1/2 Flasche (125 ml) KNORR Schlemmersauce »Chili«
1 kleine Dose Mais (Abtropfgewicht 140 g)

Fetttarmer Joghurt ist ideal als calciumreicher Snack zwischendurch. Beim Kochen rundet der säuerliche Geschmack helle Saucen auf besonders leichte Art ab.

1. Kartoffeln waschen, nicht schälen und in Salzwasser etwa 20 Minuten kochen.

2. In der Zwischenzeit Zwiebeln und Knoblauch schälen und würfeln. Olivenöl in einer großen Pfanne erhitzen, Zwiebel- und Knoblauchwürfel darin glasig dünsten. Den Spinat zugeben, auftauen und garen; dabei soll alle Flüssigkeit verdampfen.

3. Kartoffeln abgießen, pellen und in Scheiben schneiden. Kartoffelscheiben in die Pfanne geben und unter den Spinat heben.

4. Die Eier verquirlen, mit Salz, Pfeffer und Muskat herzhaft würzen und darübergießen. Im vorgeheizten Backofen bei 200 °C (Umluft: 175 °C) ca. 25 Minuten backen.

5. Schlemmersauce »Chili« mit dem abgetropften Mais verrühren und zur Tortilla servieren.

TIPP: Pfannen mit Kunststoffgriffen sind für den Backofen meist ungeeignet. Wer keine ofenfeste Pfanne hat, bäckt die Tortilla auf Backpapier in einer Auflaufform.

KARTOFFEL-WALDPILZSUPPE MIT CHAMPIGNONSPIESSEN

1. Die Kartoffeln schälen und in kleine Würfelchen schneiden. Die Kartoffelwürfel in einem Topf in 1 1/2 EL heißem Rapsöl unter häufigem Wenden ca. 10 Minuten dünsten.

2. 4–5 EL Kartoffelwürfel herausnehmen und warm stellen. 750 ml Wasser zu den restlichen Kartoffeln gießen und aufkochen. Feinschmecker Waldpilz Suppe einrühren und bei schwacher Hitze 5 Minuten garen.

3. Inzwischen die Pilze putzen und auf 2 Schaschlik-Holzspieße stecken. Knoblauch schälen, durchpressen, mit 1 EL Öl, Thymian, Salz und Pfeffer verrühren. Die Champignons damit einstreichen und in einer beschichteten Pfanne rundherum goldgelb braten.

4. Suppe mit dem Stabmixer pürieren. Bei Bedarf etwas Wasser zugießen. Kartoffelwürfel zugeben und kurz mitgaren. Mit Salz, Pfeffer und Muskat abschmecken. Suppe auf Teller verteilen.

5. Joghurt glatt rühren, daraufgeben und Schleifen ziehen. Die Suppe nach Belieben mit Thymianblättchen garnieren, die Pilzspieße dazu servieren.

TIPP: Wer wenig Zeit hat, steckt die Pilze nicht auf Spieße, sondern brät sie so und gibt sie auf die Suppe. Schmeckt auch mit Austernpilzen.

PRO PORTION

1118 kJ/267 kcal, 6 g Eiweiß, 14 g Fett, 28 g Kohlenhydrate

ca. 25 Minuten

ZUTATEN

FÜR 3 PORTIONEN

600 g Kartoffeln
2 1/2 EL Rapsöl
1 Beutel KNORR Feinschmecker Waldpilz Suppe
15 helle und braune Champignons
1 Knoblauchzehe
1 TL Thymianblättchen, frisch oder getrocknet
Salz, Pfeffer
Muskat
3 EL Joghurt (1,5 % Fett)
evtl. Thymian zum Garnieren

ENERGIERÄUBER

Oft liegt es nicht am Essen, wenn einem die rechte Power fehlt. Dann stecken eher koffeinreiche Getränke dahinter, weil sie das Schlafbedürfnis reduzieren und der Körper nicht zur Ruhe kommt. Wer noch am Abend Kaffee oder Cola trinkt, bedient sich manchmal, was die inneren Kräfte angeht, aus dem »Reservetank«, statt durch tiefen Schlaf die Energievorräte gut aufzufüllen.

PRO PORTION

992 kJ/237 kcal, 13 g Eiweiß, 9 g Fett, 23 g Kohlenhydrate

15 Minuten + Einweichzeit

ERBSENSUPPE MIT STAUDENSELLERIE

ZUTATEN

FÜR 4 PORTIONEN

150 g gelbe Schälerbsen
2 TL KNORR Rinds-Bouillon
250 g Staudensellerie, Salz
2 Scheiben Vollkorntoastbrot
2 EL Olivenöl
1 Knoblauchzehe
75 g RAMA Cremefine zum Kochen
Muskat
50 g Bündner Fleisch in hauchdünnen Scheiben

GELBE ERBSEN

Ob grün oder gelb, die Farbe der Erbsen sagt nichts über die Qualität oder die Kocheigenschaft. Große Erbsen enthalten im Verhältnis mehr Stärke und kochen daher besonders weich; kleine liefern mehr Ballaststoffe und bleiben fester. Werden die Hülsenfrüchte 12 Stunden eingeweicht, benötigen sie statt 2 nur noch eine gute Stunde Garzeit.

1. Die Erbsen mit 1/2 l (500 ml) kaltem Wasser in einen Topf geben und aufkochen. Rinds-Bouillon zufügen und auflösen. Erbsen zugedeckt bei schwacher Hitze 1 Stunde weich kochen.
2. Staudensellerie waschen, putzen, dabei die Stangen auf der äußeren Seite eventuell schälen, um die Fäden zu entfernen. Sellerie in dünne Scheiben schneiden und in wenig Salzwasser 5–8 Minuten garen. In einem Sieb abgießen und abtropfen lassen.
3. Für die Croûtons das Toastbrot in kleine Würfel schneiden oder in Stückchen zupfen. Olivenöl in einer Pfanne erhitzen und das Brot darin rundherum braun rösten.
4. Knoblauchzehe schälen und durch die Presse direkt in die Pfanne pressen und kurz mitbraten. Die Croûtons beiseite stellen.
5. Die Suppe mit Cremefine pürieren und mit Muskat abschmecken, eventuell noch etwas Bouillon einrühren. Staudensellerie in die Suppe geben, erhitzen und mit Knoblauchcroûtons und Bündner Fleisch servieren.

KICHERERBSENSUPPE MIT GRIESSKLÖSSCHEN

PRO PORTION

858 kJ/205 kcal, 14 g Eiweiß, 8 g Fett, 16 g Kohlenhydrate

ca. 15 Minuten

ZUTATEN

FÜR 4 PORTIONEN

1 Dose Kichererbsen (Abtropfgewicht 240 g)
1 Beutel KNORR Suppenliebe Grießklößchen-Suppe
1 TL getrockneter Oregano
1 EL Paprikamark (Tube)
1 grüne Paprikaschote
200 g Geflügelbratwurst
1 TL Rapsöl

1. Die Kichererbsen abtropfen lassen. 1 l (1000 ml) Wasser aufkochen und Suppenliebe Grießklößchen-Suppe einrühren. Kichererbsen, Oregano und Paprikamark zugeben und bei schwacher Hitze 5 Minuten kochen lassen; ab und zu umrühren.
2. Die Paprikaschote halbieren, entkernen, waschen, in kleine Streifen schneiden und für weitere 5 Minuten zugeben.
3. Inzwischen Bratwurst in Scheiben schneiden. Eine beschichtete Pfanne mit Rapsöl ausstreichen, die Bratwurstscheiben darin von beiden Seiten knusprig braten und zum Schluss in die Suppe geben.

TIPP: Kichererbsen sind wunderbar wandelbar, sättigen gut und schaffen einen milden Kontrast zu Scharfem und Würzigem. Wer sie selbst kochen möchte, weicht sie über Nacht in kaltem Wasser ein. Am nächsten Tag mit frischem Wasser ohne Salz bei schwacher Hitze ca. 3 Stunden kochen. Im Schnellkochtopf reduziert sich die Garzeit auf etwa 45 Minuten.

KICHERERBSEN

Die haselnussähnlich aussehenden Hülsenfrüchte eignen sich für Eintöpfe, als Beilage zu Fleisch und für Salate. In Portugal isst man sie gern pur gekocht, mit reichlich rohen Zwiebeln, Petersilie, Öl und Oliven. Vom Balkan bis Nordafrika liebt man die sättigenden Hülsenfrüchte mit Sesampaste püriert und isst die entstandene Creme zu Fladenbrot.

PRO PORTION:

1497 kJ/357 kcal, 14 g Eiweiß, 15 g Fett, 39 g Kohlenhydrate

ca. 50 Minuten

ERBSENPUFFER MIT MÖHREN

ZUTATEN

FÜR 4 PORTIONEN

300 g mehlig kochende Kartoffeln
2 gehäufte TL KNORR Delikatess-Brühe
300 g tiefgekühlte Erbsen
2 Eier
3 EL Mehl
Salz, Pfeffer
2 EL Rapsöl
600 g Bundmöhren
1 Beutel KNORR Feinschmecker Zitronen-Butter-Sauce
100 g saure Sahne (10 % Fett)
1/2 Bund Schnittlauch

1. Kartoffeln schälen, grob würfeln und mit 1/2 l (500 ml) kaltem Wasser in einen Topf geben. Wasser aufkochen und die Delikatess-Brühe darin auflösen. Kartoffeln etwa 20 Minuten kochen; 3–5 Minuten vor Ende der Garzeit die tiefgekühlten Erbsen zugeben.
2. Erbsen und Kartoffeln abgießen und mit einem Kartoffelstampfer grob zerkleinern. Eier und Mehl zugeben, alles gut verrühren und mit Salz und Pfeffer abschmecken.
3. Je 1 EL Öl in einer beschichteten Pfanne erhitzen und nach und nach etwa 16 flache Puffer ausbraten. Auf Küchenpapier abtropfen lassen und im Backofen warm halten.
4. Die Möhren schälen und schräg halbieren, eventuell etwas vom Grün stehen lassen. Möhren in wenig Salzwasser 15–20 Minuten garen.
5. Zitronen-Butter-Sauce und saure Sahne in 1/4 l (250 ml) kaltes Wasser einrühren. Die Sauce unter Rühren 1 Minute kochen.
6. Schnittlauch waschen, trockenschütteln und in feine Röllchen schneiden. Möhren und Erbsenpuffer mit Sauce anrichten, mit Schnittlauch bestreuen. Restliche Sauce extra reichen.

SCHLANKE KIDS

Nach der Schule gemeinsam essen, das macht Kinder stark. Sie können ihre Erlebnisse erzählen, sich entspannen und dabei durch eine ausgewogene Mahlzeit neue Kräfte schöpfen. Mindestens ebenso wichtig für fitte Kinder ist genügend Zeit zum Herumtollen. Wird der natürliche Bewegungsdrang eingeschränkt, sinkt die Lernfähigkeit und das Körpergewicht steigt.

ERBSENPÜREE MIT ZARTER ENTENBRUST

PRO PORTION

1932 kJ/462 kcal, 38 g Eiweiß, 16 g Fett, 36 g Kohlenhydrate

ca. 70 Minuten

ZUTATEN

FÜR 4 PORTIONEN
250 g grüne Schälerbsen
2–3 TL KNORR Hühner-Kraftbouillon
2 Entenbrüste à 250 g
3 EL Keimöl, Salz, Pfeffer
2 Zwiebeln
1 Apfel
1 Zweig Rosmarin (oder 1/2 TL getrockneter Rosmarin)
3 EL KNORR Klarer Bratensaft

1. Die Erbsen mit 600 ml kaltem Wasser in einen Topf geben und aufkochen. Hühner Kraftbouillon einrühren und zugedeckt in 60 Minuten weich kochen.
2. Die Haut der Entenbrüste entfernen. Das Fleisch in 1 EL heißem Keimöl von jeder Seite 2 Minuten anbraten. Salzen, pfeffern und auf einen vorgewärmten Teller legen. Im vorgeheizten Backofen bei 90 °C (Umluft nicht geeignet) ca. 40 Minuten garen.
3. Einen Teil der Kochflüssigkeit von den Erbsen abgießen und beiseite stellen. Die Erbsen pürieren und so viel von der Kochflüssigkeit zugeben, bis das Püree angenehm cremig ist. Mit wenig Salz und Pfeffer abschmecken.
4. Für die Sauce Zwiebeln und Apfel schälen und würfeln. Im restlichen Öl zuerst die Zwiebeln andünsten, dann die Apfelwürfel zugeben und 1 Minute garen. Mit Salz, Pfeffer und gehacktem Rosmarin würzen.
5. 350 ml Wasser zugeben, aufkochen und Bratensaft einrühren. Die Entenbrüste in Scheiben schneiden und mit Erbsenpüree und der Sauce servieren.

SCHÄLERBSEN

Die geschälten Erbsen eignen sich für besonders sämige Suppen oder für Erbsenpüree. Zur Wahl stehen grüne und gelbe, ganze und gespaltene Sorten. Sie garen auch ohne vorheriges Einweichen. Schälerbsen enthalten etwas weniger Ballaststoffe, sind dafür aber leichter verdaulich als die sonst üblichen Trockenerbsen.

DJUVEC-DINKEL-REIS MIT HÄHNCHENKEULEN

1. Die Zwiebeln schälen und in Streifen schneiden. Paprikaschote halbieren, entkernen, waschen und würfeln. Das Suppengrün putzen und waschen, Möhren und Sellerie würfeln, Lauch in 1 cm dicke Ringe schneiden.
2. Keimöl in einem Topf erhitzen. Das Gemüse bis auf den Lauch zugeben und in einigen Minuten bei mittlerer Hitze glasig dünsten.
3. Dinkelreis und 300 ml Wasser zugeben, Fix für Ratatouille einrühren und aufkochen. Zugedeckt bei schwacher Hitze ca. 30 Minuten garen, ab und zu umrühren. 5 Minuten vor Ende der Garzeit die Lauchringe zugeben.
4. Die Hähnchenkeulen mit Salz, Pfeffer und Paprikapulver rundherum würzen, in eine kalte beschichtete Pfanne legen und erhitzen. Während die Hähnchenkeulen braten, immer wieder mit einer Fleischgabel in die Haut stechen, so dass das Fett austreten kann.
5. Die Hähnchenkeulen bei mittlerer Hitze insgesamt ca. 15 Minuten garen, dabei ab und zu wenden.
6. Den Dinkelreis eventuell noch einmal mit Salz und Pfeffer abschmecken. Die Hähnchenkeulen kurz auf Küchenpapier abtropfen lassen und zusammen mit dem Dinkelreis servieren.

TIPP: Hähnchenkeulen werden auch ohne zusätzliches Fett richtig knusprig, wenn man sie wie beschrieben in der kalten beschichteten Pfanne anbrät.

PRO PORTION

2104 kJ/502 kcal, 43 g Eiweiß, 18 g Fett, 40 g Kohlenhydrate

ca. 45 Minuten

ZUTATEN

FÜR 4 PORTIONEN

2 Zwiebeln
1 gelbe Paprikaschote
1 kleines Bund Suppengrün
1 EL Keimöl
200 g Dinkelreis (schnell kochender Dinkel)
1 Beutel KNORR Fix für Ratatouille
8 Hähnchenunterkeulen à 100 g (Drumsticks)
Salz
Pfeffer
Paprikapulver (nach Belieben edelsüß oder rosenscharf)

DINKELREIS

Er ist kein Reis, auch wenn er so heißt. Für diese wohlschmeckende Getreidespezialität werden die Dinkelkörner vom Spelz befreit, geschält, gedämpft und getrocknet. So wird die Garzeit kürzer. Der aromatische nussige Geschmack und der im Vergleich zu Reis höhere Nährwert verlocken zum Ausprobieren. Dinkelreis schmeckt auch als Beilage zu Fleischgerichten.

PRO PORTION

2060 kJ/492 kcal, 36 g Eiweiß, 15 g Fett, 51 g Kohlenhydrate

45 Minuten + Einweichzeit

LINSENCURRY MIT SCHWEINEFILET

ZUTATEN

FÜR 3 PORTIONEN

150 g Tellerlinsen
2 TL KNORR Gemüse-Bouillon
250 g Schweinefilet
1 rote Paprikaschote
50 g getrocknete Apfelringe
2 EL Keimöl
Salz
Pfeffer
1 Beutel KNORR Feinschmecker Curry Sauce
150 g tiefgekühlte Erbsen
50 g saure Sahne (10 % Fett)

LOCKER BLEIBEN

Wer gesünder essen möchte, dem hilft flexible Kontrolle mehr als grimmige Vorschriften das tun. Am besten verbietet man sich nichts, sondern legt einfach mehr Wert auf gesunde Zutaten und nimmt sich Zeit zum Essen. Ist man erst auf den vitalen Geschmack gekommen, ist das Verlangen nach allzu Gehaltvollem meist gar nicht mehr so groß.

1. Linsen über Nacht in 1/2 l (500 ml) kaltem Wasser einweichen. Am nächsten Tag aufkochen und in 30–40 Minuten bissfest garen, nach der Hälfte der Garzeit Gemüse-Bouillon zufügen. Linsen abgießen und abtropfen lassen.
2. Inzwischen das Fleisch in Streifen schneiden. Die Paprikaschote halbieren, entkernen, waschen und würfeln. Die getrockneten Apfelringe in feine Streifen schneiden.
3. Keimöl erhitzen und die Fleischstreifen darin rundherum braun anbraten. Das Fleisch mit etwas Salz und Pfeffer würzen und herausnehmen.
4. 300 ml Wasser zugeben und Feinschmecker Curry Sauce einrühren. Unter Rühren aufkochen, Paprikawürfel und Apfelstreifen zugeben und bei schwacher Hitze bei halb aufgelegtem Topfdeckel 5 Minuten garen.
5. Die tiefgekühlten Erbsen zugeben und weitere 5 Minuten garen, ab und zu umrühren. Linsen und Fleisch zugeben und in der Currysauce erhitzen.
6. Nach Belieben mit Salz und Pfeffer abschmecken. Die saure Sahne glatt rühren und extra dazu reichen.

LINSENBRATLINGE MIT KRESSE-TZATZIKI

1. Die Linsen in einem Sieb abgießen, mit kaltem Wasser abspülen und gut abtropfen lassen.
2. In einer Schüssel 100 ml lauwarmes Wasser mit den Eiern verquirlen und Fix für Hackbraten einrühren. Linsen zugeben und gut mischen.
3. Rapsöl in einer großen beschichteten Pfanne erhitzen. Aus der Linsenmasse Bratlinge formen und in das Rapsöl geben. Bei mittlerer Hitze von jeder Seite ca. 5 Minuten garen.
4. Die halbe Gurke waschen, halbieren und die Kerne entfernen. Auf der Haushaltsreibe grob raspeln und in einem Sieb abtropfen lassen.
5. Knoblauch schälen und durchpressen. Gurke und Knoblauch mit dem Quark und 3–4 EL Wasser verrühren, mit Salz und Pfeffer würzen. Die Kresse vom Beet schneiden und unterheben.
6. Die Linsenbratlinge auf Küchenpapier abtropfen lassen und mit dem Kresse-Tzatziki servieren.

Dazu passt ein gemischter Salat.

TIPP: Die Bratlinge schmecken auch mit fertig gekauftem Kräuterquark gut.

PRO PORTION

1092 kJ/260 kcal, 18 g Eiweiß, 10 g Fett, 23 g Kohlenhydrate

ca. 25 Minuten

ZUTATEN

FÜR 4 PORTIONEN

1 Dose Linsen mit Suppengrün (Abtropfgewicht 530 g)
2 Eier
1 Beutel KNORR Fix für Hackbraten
2 EL Rapsöl
1/2 Salatgurke (250 g)
1 Knoblauchzehe
250 g Magerquark
Salz, Pfeffer
2 Kästchen Kresse

DOSE ODER TÜTE?

Dosenlinsen sind praktisch und sie enthalten nicht weniger Nährstoffe als selbst gekochte. Mehr Auswahl findet man jedoch im Regal mit den Trockenlinsen. Alle Sorten und Farben schmecken anders. Feinschmecker greifen für schwarze Kaviarlinsen und winzige hellbraune Champagnerlinsen gern etwas tiefer in die Tasche.

ERBSENDIP MIT KURKUMA

PRO PORTION

640 kJ/153 kcal, 9 g Eiweiß, 6 g Fett, 14 g Kohlenhydrate

65 Minuten + Abkühlzeit

ZUTATEN

FÜR 4 PORTIONEN

125 g gelbe Schälerbsen
1–2 TL KNORR Bio Gemüse-Bouillon
100 g Joghurt (1,5 % Fett)
1 EL Walnussöl
Salz
Pfeffer
1/4 TL gemahlener Kurkuma
2 EL Sesamsaat

1. Erbsen mit 300 ml kaltem Wasser in einen Topf geben und aufkochen. Gemüse-Bouillon einrühren und Erbsen zugedeckt bei schwacher Hitze in ca. 1 Stunde weich kochen.
2. Die Kochflüssigkeit abgießen, dabei auffangen und beiseite stellen. Joghurt und Öl zu den Erbsen zugeben und alles fein pürieren. Die Kochflüssigkeit nach und nach zufügen, bis ein cremiger Dip entsteht. Den Dip abkühlen lassen.
3. Dip mit Salz, Pfeffer und Kurkuma abschmecken. Sesam in einer Pfanne ohne Zugabe von Fett rösten und über den Erbsendip streuen.

TIPP: Zur Abwechslung den Erbsendip mit einer Prise Kreuzkümmel und einer zerdrückten Knoblauchzehe würzen. Sesam durch Kürbiskerne ersetzen und ebenfalls in der Pfanne kurz rösten.

KICHERERBSEN-MANDEL-DIP

PRO PORTION

518 kJ/124 kcal, 6 g Eiweiß, 5 g Fett, 12 g Kohlenhydrate

ca. 10 Minuten

ZUTATEN

FÜR 4 PORTIONEN

25 g ganze geschälte Mandeln
1 Dose Kichererbsen (Abtropfgewicht 240 g)
100 ml Gemüsesaft, z.B. Möhren- oder Tomatensaft
1 Beutel KNORR Salatkrönung »Würzige Gartenkräuter«
1–2 TL Zitronensaft
1/2 Bund Schnittlauch

1. Die Mandeln grob hacken. Kichererbsen abtropfen lassen und mit den Mandeln in ein hohes Gefäß geben. Den Gemüsesaft zugießen und mit einem Stabmixer pürieren.
2. Salatkrönung unter die Creme rühren und mit Zitronensaft abschmecken. Schnittlauch waschen, trockenschütteln, in feine Röllchen schneiden und unter den Dip rühren.

TIPP: Kleine Snacks gehören für viele zu einem gemütlichen Abend mit der Familie oder mit Freunden. Eine kalorienleichte Alternative zu Käsecrackern, Chips und anderem Knabberzeug sind würzige Dipsaucen wie diese. Neben klein geschnittenem Gemüse eignen sich auch Grissini (italienische Brotstangen) oder Streifen von getoastetem Mischbrot gut zum Aufnehmen der cremigen Mischungen.

PRO PORTION

1839 kJ/439 kcal, 27 g Eiweiß, 15 g Fett, 47 g Kohlenhydrate

ca. 35 Minuten

ZUTATEN

FÜR 4 PORTIONEN

2 Dosen Thunfisch ohne Öl (Abtropfgewicht je 150 g)
75 g schwarze Oliven
1 Packung (500 g) Gnocchi (Kühlregal)
1 Beutel KNORR Spaghetteria Sauce Quattro Formaggi
30 g geriebener Parmesan

GNOCCHI

Die kleinen italienischen Klößchen bestehen meist aus Kartoffeln und Mehl, manchmal kommt auch Hartweizen- oder Maisgrieß hinein. Ihre weiche, raue Oberfläche verbindet sich gut mit Saucen. Die Auswahl im Supermarkt ist groß: Es gibt sie getrocknet, in der Kühltheke und von Pfanni im Frischepack.

GNOCCHI-GRATIN MIT THUNFISCH

1. Den Thunfisch abtropfen lassen und mit einer Gabel grob zerpflücken. Die Oliven in Spalten vom Stein schneiden.
2. Gnocchi, Thunfisch und Oliven in einer flachen Gratinform verteilen.
3. Spaghetteria Sauce Quattro Formaggi in 350 ml kaltes Wasser einrühren und unter Rühren einmal aufkochen lassen.
4. Sauce über die Gnocchi gießen und mit Parmesankäse bestreuen. Im vorgeheizten Backofen bei 200 °C (Umluft: 175 °C) ca. 25 Minuten backen.

TIPP: Vielbeschäftigte lieben dieses Gratin, weil alle Zutaten aus dem Vorrat stammen. So gelingt es, ohne viel Aufwand etwas ausgewogen Herzhaftes zu servieren, selbst wenn man nicht zum Einkaufen gekommen ist. Wer Kräuter auf der Fensterbank oder im Garten zieht, gibt noch eine Hand voll frisch gehackt dazu oder setzt mit 1–2 EL Tiefkühlerbsen hübsche Farbakzente. Für zusätzliche Vitamine tiefgekühlte Beeren auf Orangenscheiben anrichten, mit Ahornsirup beträufeln und als Dessert servieren.

GNOCCHI MIT PILZRAGOUT UND RUCOLA

PRO PORTION

1853 kJ/442 kcal, 16 g Eiweiß, 12 g Fett, 65 g Kohlenhydrate

ca. 20 Minuten

ZUTATEN

FÜR 3 PORTIONEN

500 g gemischte Pilze, z.B. Champignons, Kräuterseitlinge, Austernpilze
1 Knoblauchzehe
60 g Rucola (Rauke)
2 EL Olivenöl
Salz
Pfeffer
1 Beutel KNORR Spaghetteria Sauce Mozzarella
1 Packung (500 g) Gnocchi, z.B. von Pfanni
30 g Parmesan im Stück

1. Pilze putzen, Champignons eventuell halbieren, Kräuterseitlinge und Austernpilze in Streifen schneiden. Die Knoblauchzehe schälen und würfeln. Rucolablätter putzen, waschen und trockentupfen.
2. Olivenöl in einer Pfanne erhitzen, die Knoblauchwürfel darin glasig dünsten. Pilze zugeben und braten, bis die entstandene Flüssigkeit vollständig verdampft ist. Mit Salz und Pfeffer würzen.
3. Die Pilze in der Pfanne an die Seite schieben, 1/4 l (250 ml) kaltes Wasser zugießen und Spaghetteria Sauce Mozzarella einrühren. Unter Rühren aufkochen und bei schwacher Hitze 1 Minute kochen lassen.
4. Gleichzeitig die Gnocchi in kochendem Salzwasser nach Packungsanweisung garen, in einem Sieb abgießen und abtropfen lassen.
5. Gnocchi mit dem Pilzragout servieren, Rucolablätter und gehobelten oder geriebenen Parmesan darübergeben.

KRAFTWERK

Um aus Essen und Getränken brauchbare Energie zu gewinnen, benötigt der Organismus eine Vielzahl von Mineralstoffen, Spurenelementen und Vitaminen. Fehlen z.B. B-Vitamine, haben die Körperzellen Mühe, aus dem, was auf dem Teller war, Energie zu gewinnen, und es mangelt am Gute-Laune-Hormon Serotonin.

PRO PORTION

1816 kJ/430 kcal, 17 g Eiweiß, 13 g Fett, 59 g Kohlenhydrate

ca. 20 Minuten

SCHUPFNUDELPFANNE MIT GEBRATENEM RADICCHIO

ZUTATEN

FÜR 3 PORTIONEN

2 EL Keimöl
1 Packung (500 g) Schupfnudeln (Kühltheke)
150 g magere Schinkenwürfel
1 Päckchen KNORR Rahmsoße (aus dem 3er-Pack)
1–2 EL Aceto balsamico (Balsamessig)
200 g Radicchio

1. Keimöl in einer großen beschichteten Pfanne erhitzen und die Schupfnudeln darin bei mittlerer Hitze in 10–15 Minuten rundherum goldgelb braten; für die letzten 5 Minuten die Schinkenwürfel mit in die Pfanne geben.
2. 1/4 l (250 ml) Wasser aufkochen und das Päckchen Rahmsoße einrühren. Bei schwacher Hitze 1 Minute kochen lassen. Die Sauce mit Balsamessig abschmecken.
3. Radicchio putzen, waschen, trockenschleudern und die Blätter in Streifen schneiden. Unter die Schupfnudeln heben und 1 Minute mitbraten. Die Schupfnudelpfanne sofort servieren, die Soße extra dazu reichen.

TIPP: Dieses Gericht ist supereinfach und durch den kurz angebratenen Radicchio zugleich sehr raffiniert. Seine zartbittere Note stammt vom verdauungsfördernden Pflanzenstoff Intybin, der den Speichelfluss und die Magensäfte anregt. Wer sie mildern möchte, gibt etwas Zucker oder flüssigen Honig zu.

SCHUPFNUDELN

Kinder lieben die hübsch geformten Kartoffelnudeln, weil sie angenehm leicht zu essen sind. 100 Gramm liefern nur rund 1 Gramm Fett. Kroketten, Rösti und Pommes bringen es dagegen auf die 6- bis 10-fache Menge.

KNÖDELPFANNE MIT BOHNEN UND PUTENBRUST

PRO PORTION

2096 kJ/500 kcal, 29 g Eiweiß, 18 g Fett, 52 g Kohlenhydrate

ca. 30 Minuten

ZUTATEN

FÜR 3 PORTIONEN

1 Packung (400 g) Mini Knödel von Pfanni
300 g grüne Bohnen, Salz
250 g Putenbrustfilet
2 TL Mehl
4 TL Rapsöl, Pfeffer
1 Beutel KNORR Feinschmecker 3-Pfeffer-Sauce
1–2 TL scharfer Senf
1 EL Zitronensaft
evtl. Bohnenkrautblättchen

1. Die Knödel nach Packungsanweisung in kochendem Wasser 7 Minuten garen, anschließend auf einem Sieb gut abtropfen lassen.
2. Bohnen waschen, putzen, halbieren und in kochendem Salzwasser in 5 Minuten bissfest garen. Das Fleisch würfeln und im Mehl wenden.
3. 2 TL Rapsöl in einer Pfanne erhitzen und das Fleisch darin in 3–5 Minuten rundherum braun anbraten. Aus der Pfanne nehmen, mit wenig Salz und Pfeffer würzen und beiseite stellen.
4. Das restliche Öl in die Pfanne geben und die Knödel darin rundherum anbraten. Bohnen und Putenfleisch zugeben und 5 Minuten bei mittlerer Hitze mitbraten.
5. 1/4 l (250 ml) kaltes Wasser in einen Topf geben und Feinschmecker 3-Pfeffer-Sauce einrühren. Unter Rühren aufkochen und bei schwacher Hitze 1 Minute kochen lassen. Die Sauce mit Senf und Zitronensaft abschmecken und zu der Knödelpfanne servieren. Nach Belieben mit Bohnenkrautblättchen garnieren.

TIPP: Statt frischem Putenfleisch zum Schluss die gleiche Menge geräucherte Putenbrust unter die Knödel heben.

MINIKNÖDEL

So klein sie auch sind, in Geschmack und Vielseitigkeit bieten sie so viel wie die großen. Vielleicht sogar mehr, denn die Kartoffelknödel-Minis sind noch einfacher zuzubereiten. Vorgeformt und ohne Kochbeutel portionierbar lassen sie sich so kinderleicht kochen wie Nudeln: Ins kochende Wasser geben, 7 Minuten ziehen lassen, fertig.

ZARTWEIZENSALAT MIT SPROSSEN

PRO PORTION

1582 kJ/378 kcal, 28 g Eiweiß, 14 g Fett, 32 g Kohlenhydrate

ca. 30 Minuten

ZUTATEN

FÜR 3 PORTIONEN

1 EL Rapsöl
2 kleine Hähnchenbrustfilets (ca. 250 g)
Salz
Pfeffer
125 g Zartweizen
100 g Mungobohnensprossen
100 g Zuckerschoten
1 Beutel KNORR Salatkrönung »Würzige Gartenkräuter«
1 EL Sojasauce
1 EL dunkles Sesamöl
40 g Erdnüsse

1. Rapsöl in einer beschichteten Pfanne erhitzen und die Hähnchenbrustfilets darin bei mittlerer Hitze ca. 10 Minuten braten. Mit Salz und Pfeffer würzen und beiseite legen.

2. Den Zartweizen nach Packungsanweisung in Salzwasser garen, in einem Sieb abgießen, gut abtropfen und danach abkühlen lassen.

3. Mungobohnensprossen kalt abspülen und in einem Sieb abtropfen lassen. Zuckerschoten waschen und sehr schräg in feine Streifen schneiden.

4. Salatkrönung mit 6 EL Wasser, Sojasauce und Sesamöl verrühren. Den abgetropften Zartweizen und die Sprossen unterheben.

5. Die Hähnchenbrustfilets in dünne Scheiben schneiden und auf dem Salat anrichten. Erdnusskerne grob hacken und über den Salat streuen.

TIPP: Zartweizen ist ein tolles Getreide für Einsteiger. Es schmeckt körnig leicht, ähnelt etwas dem parboiled Reis, enthält aber fast viermal so viel Ballaststoffe.

VIEL TRINKEN

Die genial vitale Energieküche enthält viele Ballaststoffe, die Wasser binden und doppelt gut sättigen, wenn man dazu reichlich, also etwa 1–2 Liter, trinkt. Gesund und billig ist Leitungswasser, dem die Untersuchungsämter hierzulande eine sehr gute Qualität bescheinigen. Wer seine Trinkmenge kalkuliert, kann den Kaffee- und Teekonsum getrost einrechnen.

KRÄUTERZARTWEIZEN MIT EIERFRIKASSEE

PRO PORTION

1990 kJ/475 kcal, 19 g Eiweiß, 15 g Fett, 62 g Kohlenhydrate

ca. 25 Minuten

ZUTATEN

FÜR 2 PORTIONEN

125 g Zartweizen
Salz
2 Eier
250 g grüner Spargel
100 g tiefgekühlte Erbsen
1 Päckchen KNORR Helle Soße (aus dem 3er-Pack)
1/2 unbehandelte Zitrone
Pfeffer
1 großes Bund gemischte Kräuter, z.B. Kerbel, Schnittlauch, Petersilie
1 EL Keimöl

1. Zartweizen nach Packungsanweisung in Salzwasser garen. Die Eier anstechen, in kochendes Wasser legen und in 7–8 Minuten hart kochen.
2. Das untere Drittel des Spargels schälen und die Stangen in mundgerechte Stücke schneiden.
3. 1/4 l (250 ml) Wasser mit wenig Salz erhitzen, Spargel und tiefgekühlte Erbsen darin etwa 5 Minuten garen. Das Gemüse herausnehmen, die Gemüseflüssigkeit aufkochen und Helle Soße einrühren. Soße bei schwacher Hitze 1 Minute kochen und mit etwas Zitronensaft, Zitronenschale und Pfeffer abschmecken.
4. Die Kräuter waschen, trockenschütteln und fein hacken. Den Zartweizen abgießen, Kräuter, Spargel, Erbsen und Keimöl unterheben.
5. Die Eier pellen, halbieren und in die Soße geben. Eierfrikasse zusammen mit dem Zartweizen anrichten.

TIPP: So lassen sich gekochte Eier leicht schälen: Schale ringsherum anschlagen und die Eier kurz in kaltes Wasser legen.

DUNKEL LAGERN

Trockenprodukte wie Hülsenfrüchte, Nudeln und Getreide sind lichtempfindlich und können – man glaubt es kaum – austrocknen. Liegen sie zu lange in offenen Tüten im Schrank, nehmen sie beim Kochen nicht mehr genügend Flüssigkeit auf. Deshalb in verschließbare Dosen füllen, die vor Licht und Trockenheit schützen.

GEMÜSESUPPE MIT GRAUPEN UND KÄSE-HACKBÄLLCHEN

PRO PORTION

1416 kJ/338 kcal, 24 g Eiweiß, 11 g Fett, 34 g Kohlenhydrate

ca. 45 Minuten

ZUTATEN

FÜR 2 PORTIONEN

50 g Perlgraupen
1/2 Bund glatte Petersilie
150 g Beefsteakhack (Tatar)
Salz
Pfeffer
1/4 Kugel (ca. 30 g) Mozzarella light
1 EL Keimöl
1 Beutel KNORR Gemüse satt »Sommer-Gemüse-Suppe«
Kerbel zum Garnieren

1. 1/2 l (500 ml) Wasser aufkochen und die Perlgraupen darin bei schwacher Hitze in ca. 30 Minuten bissfest garen.
2. In der Zwischenzeit Petersilie waschen, trockenschütteln und die Blättchen fein hacken. Hackfleisch mit Salz, Pfeffer und Petersilie verkneten. Den Käse in 6–8 kleine Würfel schneiden.
3. Aus dem Hackteig mit feuchten Händen 6–8 kleine Fleischklößchen formen, dabei jeweils 1 Käsewürfel als Füllung in die Mitte geben.
4. Keimöl in einer beschichteten Pfanne erhitzen und die Hackbällchen darin in ca. 8 Minuten bei mittlerer Hitze rundherum braun braten.
5. Gemüse satt »Sommer-Gemüse-Suppe« zu den Perlgraupen geben, gut verrühren und 5–10 Minuten weitergaren, ab und zu umrühren. Sollte beim Garen der Graupen zu viel Flüssigkeit verdampft sein, eventuell noch etwas Wasser zugeben.
6. Vor dem Servieren die Hackbällchen in die Suppe geben und eventuell noch einmal heiß werden lassen. Mit Kerbel garniert servieren.

TIPP: Graupen schmecken auch gut als Beilage zu Gemüse, Fleisch oder Fisch. Praktisch für Berufstätige: 100 g Graupen abends in 1 l (1000 ml) Wasser einweichen. Am nächsten Morgen mit 1 Würfel KNORR Fleisch-Suppe und 1 Prise Kurkuma 20 Minuten kochen, Herd abschalten. Abends noch einmal kurz erhitzen, durch ein Sieb gießen und servieren.

PERLGRAUPEN

Graupen, also geschliffene Gerstenkörner, dienten früher vor allem als kräftige Suppeneinlage für Eintöpfe. Es lohnt, die Traditionsidee wieder aufzugreifen und bunte Gemüsesuppen mit einer Handvoll Graupen anzureichern. Die Körner enthalten gut sättigende Kohlenhydrate und magenfreundliche Stoffe, die auf den Verdauungsapparat ähnlich beruhigend wirken wie Reis- oder Haferschleim. Am feinsten schmecken rund geschliffene, kleine Perlgraupen.

PRO PORTION

2120 kJ/507 kcal, 40 g Eiweiß, 14 g Fett, 51 g Kohlenhydrate

ca. 50 Minuten

TOMATENCOUSCOUS MIT PUTEN-KÜRBIS-RAGOUT

ZUTATEN

FÜR 4 PORTIONEN

1 kleine Putenkeule (ca. 600 g Fleisch)
2 Zwiebeln
500 g Kürbis
2 EL Rapsöl
Salz, Pfeffer
2 Beutel KNORR Fix für Currywurst
200 g Couscous (Weizengrieß)
300 g Tomaten
evtl. 1 kleine Chilischote

1. Putenfleisch vom Knochen lösen, die Haut entfernen und das Fleisch würfeln. Zwiebeln schälen und würfeln.
2. Den Kürbis in Spalten schneiden, das weiche Innere mit all den Kernen und die Schale entfernen, das Fruchtfleisch in Würfel schneiden.
3. Rapsöl in einem Topf erhitzen und die Fleischwürfel darin rundherum anbraten. Zwiebeln und Kürbis zugeben und ca. 3 Minuten andünsten. Mit Salz und Pfeffer würzen. 400 ml Wasser zugießen und zugedeckt bei mittlerer Hitze ca. 30 Minuten schmoren.
4. Fix für Currywurst einrühren. Wenn beim Schmoren zu viel Flüssigkeit verdampft ist, noch etwas Wasser zufügen. Das Ragout noch einmal mit Pfeffer und Salz abschmecken.
5. Couscous mit kochendem Wasser übergießen, nach Packungsanweisung quellen lassen, salzen und mit 2 Gabeln auflockern. Die Tomaten waschen, entkernen und in kleine Würfel schneiden. Unter den Couscous mischen und zusammen mit dem Puten-Kürbis-Ragout servieren. Nach Belieben mit fein gehackter Chilischote bestreuen.

COUSCOUS

Instant-Couscous steht schon nach gut 10 Minuten fertig auf dem Tisch. Für die schnelle Variante dieser orientalischen Spezialität werden Hartweizenkörner zu Grieß gewalzt, in Dampf gegart und wieder getrocknet. Zum Essen muss man den Couscousgrieß dann nur noch mit kochendem Wasser übergießen und kurz quellen lassen. Fertig.

COUSCOUS MIT MARINIERTEN ZUCCHINI

PRO PORTION

1473 kJ/358 kcal, 10 g Eiweiß, 11 g Fett, 50 g Kohlenhydrate

25 Minuten + Marinierzeit

ZUTATEN

FÜR 2 PORTIONEN

400 g Zucchini
3 Knoblauchzehen
1 1/2 TL KNORR Gemüse-Bouillon
1 EL Olivenöl
1 Beutel KNORR Salatkrönung »Zwiebel-Kräuter«
Saft und abgeriebene Schale von 1/2 unbehandelten Zitrone
100 g Couscous (Weizengrieß)
20 g Rosinen
1/2 TL gemahlener Kurkuma
20 g Mandelblättchen

1. Zucchini putzen, waschen, der Länge nach halbieren und in Scheiben schneiden. Knoblauchzehen schälen.
2. Zucchinischeiben in kochendes, leicht gesalzenes Wasser geben und 1 Minute kochen lassen.
3. Zucchini abgießen, dabei 150 ml Wasser auffangen und 1/2 TL Gemüse-Bouillon darin auflösen. Olivenöl und Salatkrönung »Zwiebel-Kräuter« einrühren, Knoblauch dazupressen. Zitronensaft und -schale zugeben und alles über die Zucchinischeiben gießen. Mindestens 1 Stunde durchziehen lassen.
4. Couscous, Rosinen, Kurkuma und restliche Gemüse-Bouillon in einer Schüssel mischen, mit kochendem Wasser übergießen und nach Packungsanweisung quellen lassen.
5. Die Mandeln in einer beschichteten Pfanne ohne Zugabe von Fett goldgelb rösten.
6. Die aneinander haftenden Körnchen des Couscous mit 2 Gabeln lösen und die Mischung auflockern. Die Mandelblättchen unterheben. Die marinierten Zucchini getrennt dazu servieren.

SCHNELL FIT

Das kennt man: Wer hungrig, müde und erschöpft ist, kann sich mit etwas Süßem im Nu wieder auf die Beine helfen. Der Zucker darin liefert schnell verfügbare Energie und schafft Wohlbefinden. Folgt danach allerdings keine ausgewogene Mahlzeit mit langsamen Kohlenhydraten, kommt bald das nächste Leistungstief. Also lieber etwas Handfestes essen.

Leicht wie eine Meeresbrise

Fischgerichte

Die leckere Vielfalt beschert ihnen täglich neue Freunde. Mit Delikatessen aus Ozean, Seen und Flüssen lockt ein großer Fang.

PRO PORTION

1896 kJ/456 kcal, 33 g Eiweiß, 11 g Fett, 52 g Kohlenhydrate

ca. 35 Minuten

KABELJAURAGOUT MIT SCHMORGURKEN

ZUTATEN

FÜR 4 PORTIONEN

200 g parboiled Reis, Salz
1 Schmorgurke (ca. 500 g)
200 g Kirschtomaten
1 Bund Schnittlauch
1 Beutel KNORR Fix für Landhaus-Pfanne
5 TL Mehl
100 g Joghurt (1,5 % Fett)
100 ml RAMA Cremefine zum Kochen
600 g Kabeljaufilet
1 EL Zitronensaft
Pfeffer
2 EL Keimöl

1. Den Reis in kochendes Salzwasser geben und etwa 20 Minuten garen.
2. Die Gurke schälen, längs halbieren und die Kerne mit einem Löffel herausschaben. Das Fruchtfleisch in Stücke schneiden. Tomaten waschen und halbieren. Schnittlauch waschen, trockenschütteln und in Röllchen schneiden.
3. Fix für Landhaus-Pfanne in 350 ml kaltes Wasser einrühren. 1 TL Mehl mit Joghurt und Cremefine verrühren und untermischen. Einmal aufkochen, dann die Gurken zugeben und zugedeckt bei mittlerer Hitze ca. 5 Minuten garen.
4. Kabeljau waschen, trockentupfen, mit Zitronensaft beträufeln, mit Salz und Pfeffer würzen. Fischfilet in mundgerechte Stücke schneiden und im restlichen Mehl wenden. Überschüssiges Mehl abschütteln.
5. Keimöl in einer beschichteten Pfanne erhitzen und die Fischstücke darin bei mittlerer Hitze von jeder Seite ca. 3 Minuten braten.
6. Tomaten und Schnittlauch zu den Schmorgurken geben und in der Sauce erwärmen. Reis abgießen und mit dem Fisch auf Tellern anrichten.

TIPP: Das Kabeljauragout sofort servieren, damit der Fisch schön knusprig bleibt.

KABELJAU

Sein mit weniger als ein Prozent Fett sehr mageres weißes Fleisch schmeckt angenehm mild. Meeresfische wie Kabeljau gehören zu den jodreichsten Lebensmitteln. Das Spurenelement ist unentbehrlich für das gute Funktionieren der Schilddrüse, und es spielt eine zentrale Rolle bei der gesunden Entwicklung von Kindern.

KABELJAU-HOTDOG

1. Kabeljaufilet ca. 1 Stunde antauen lassen, anschließend würfeln und in der Küchenmaschine fein hacken. Dill waschen, trockenschütteln und hacken.

2. Fix für knuspriges Wiener Schnitzel, Dill, Zitronensaft und Eier zum fein gehackten Fisch geben und gut mischen. Aus der Masse mit feuchten Händen 6 längliche Frikadellen formen.

3. Zwiebeln schälen und in dünne Ringe schneiden. 2 EL Rapsöl in einer beschichteten Pfanne erhitzen und die Fischfrikadellen darin bei mittlerer Hitze ca. 10 Minuten braten, dabei immer wieder wenden. Nach 5 Minuten die Zwiebelringe zugeben und eventuell noch 1 EL Öl zugeben.

4. Fischfrikadellen und Zwiebelringe auf Küchenpapier legen und das Fett abtropfen lassen. Die Fischfrikadellen mit Salatblättern, Gurkensalat, Zwiebeln und je 1 TL Remoulade und Ketchup in den Brötchen servieren.

PRO STÜCK

1432 kJ/342 kcal, 21 g Eiweiß, 11 g Fett, 37 g Kohlenhydrate

30 Minuten + Auftauzeit

ZUTATEN

FÜR 6 STÜCK

400 g tiefgekühltes Kabeljaufilet
1 Bund Dill
1 Beutel KNORR Fix für knuspriges Wiener Schnitzel
1 EL Zitronensaft
2 Eier
2 Zwiebeln
2–3 EL Rapsöl
einige Salatblätter
6 EL dänischer Gurkensalat (Glas)
6 TL KNORR Remoulade
6 TL KNORR Tomaten-Ketchup
6 längliche Hotdog-Brötchen

FRISCH GEHACKT

Für Hotdogs das Filet mit dem Messer oder in der Küchenmaschine hacken. Mit Ei und KNORR Fix für knuspriges Wiener Schnitzel vermischt, lässt sich das Fischhack leicht formen und auch als Frikadelle braten.

PRO PORTION

1913 kJ/457 kcal, 31 g Eiweiß, 15 g Fett, 54 g Kohlenhydrate

50 Minuten + Gehzeit

SEELACHS-QUICHE MIT LAUCH

ZUTATEN

FÜR 4 PORTIONEN

250 g Mehl und etwas Mehl für die Arbeitsfläche
1/2 Tüte Trockenbackhefe (3,5 g)
1/2 TL Salz, 1/2 TL Zucker
3 EL Rapsöl
400 g Seelachsfilet, frisch oder tiefgekühlt
300 g Lauch (Porree)
1 Beutel KNORR Fix für Seelachs in Kräuter-Dill-Rahm
2 Eier

EINGEFROREN

Meist schwimmt der Seelachs tief im kalten Nordatlantik. Der beliebte Speisefisch wird vor Island, Norwegen und in der Nordsee gefangen, direkt vor Ort gesäubert, zerlegt und bereits wenige Stunden nach dem Fang eingefroren. Frischer geht es kaum.

1. Mehl, Trockenhefe, Salz und Zucker in einer Schüssel mischen. 1/8 l (125 ml) Wasser und Öl zugeben und mit den Knethaken zu einem glatten Teig verarbeiten. Zugedeckt an einem warmen Ort etwa 1 Stunde gehen lassen.

2. Seelachsfilet würfeln, tiefgekühlten Fisch vorher etwas antauen lassen. Den Lauch putzen, waschen, in Ringe schneiden und in kochendem Wasser 1–2 Minuten garen (blanchieren). Das Gemüse in einem Sieb abgießen und abtropfen lassen.

3. Den Teig auf einer leicht mit Mehl bestäubten Arbeitsfläche ausrollen und in eine gefettete große Quicheform oder eine Springform (30 cm ∅) legen, dabei einen Rand formen.

4. Lauch und Fisch gleichmäßig auf dem Teig verteilen. Fix für Seelachs in Kräuter-Dill-Rahm mit 200 ml kaltem Wasser und den Eiern gut verrühren und darübergießen.

5. Die Quiche im vorgeheizten Backofen bei 225 °C (Umluft: 200 °C) 25–30 Minuten backen.

SEELACHS IN PARMESAN AUF MARINIERTEM GEMÜSE

1. Möhren, Zwiebel und Knoblauch schälen. Zucchini putzen und waschen. Knoblauch in Scheibchen, Zwiebel in halbe Ringe, Zucchini und Möhren in Scheiben schneiden. Den Rosmarinzweig waschen und trockenschütteln.
2. Gemüse und Rosmarin in 150 ml leicht gesalzenes Wasser geben und zugedeckt ca. 10 Minuten garen.
3. 1 EL Olivenöl, Honig und Salatkrönung »Italienische Art« mit dem Gemüse verrühren und die Mischung zum Abkühlen in eine Schüssel füllen.
4. Seelachsfilets waschen, trockentupfen und mit Pfeffer und wenig Salz würzen. Parmesan und Mehl auf einem Teller mischen und die Fischfilets darin wenden. Die Mehl-Parmesan-Mischung gut andrücken.
5. Seelachs im restlichen Öl in einer beschichteten Pfanne bei mittlerer Hitze von jeder Seite 4–5 Minuten braten.
6. Das marinierte Gemüse auf Tellern anrichten, die knusprigen Seelachsfilets darauf servieren.

PRO PORTION

1330 kJ/317 kcal, 34 g Eiweiß, 12 g Fett, 16 g Kohlenhydrate

40 Minuten + Kühlzeit

ZUTATEN

FÜR 3 PORTIONEN

300 g Möhren, 1 Zwiebel
1–2 Knoblauchzehen
300 g Zucchini
1 Zweig Rosmarin, Salz
2 EL Olivenöl, 2 TL Honig
2 Beutel KNORR Salatkrönung »Italienische Art«
3 Seelachsfilets à 150 g, Pfeffer
30 g geriebener Parmesan
1 EL Mehl

SEELACHS

Er ist der Lieblingsfisch der Deutschen: Sein Fleisch zeichnet sich durch einen angenehm leichten, würzigen Geschmack aus. Er wird das ganze Jahr über angeboten; die Hauptfangsaison liegt zwischen Oktober und Februar. Dann schmeckt sein fettarmes, vielseitig verwendbares Fleisch am besten.

PRO PORTION

2017 kJ/480 kcal, 36 g Eiweiß, 19 g Fett, 39 g Kohlenhydrate

ca. 35 Minuten

ROTBARSCHFILET MIT MANDELKRUSTE

ZUTATEN

FÜR 2 PORTIONEN

400 g Kartoffeln
300 g Möhren
2 TL KNORR Gemüse-Bouillon
2 Rotbarschfilets à 125 g, frisch oder tiefgekühlt
Salz, Pfeffer
2 EL Mehl, 1 Eiweiß
30 g Mandelblättchen
1 EL Keimöl
150 ml lauwarme Milch (1,5 % Fett)
Muskat, 1/2 Kästchen Kresse

ROTBARSCH

Er kommt frisch, gefroren und geräuchert in den Handel und schmeckt in allen Zubereitungsarten gut. Tiefgekühlte Filets aus der Packung nehmen und die dünne Eisschicht (Glasur) unter fließendem handwarmem Wasser wegspülen. Meist sind sie dann schon fertig zum Zubereiten. Ganze Fische über Nacht im Kühlschrank auftauen lassen.

1. Kartoffeln und Möhren schälen und grob würfeln. 1/2 l (500 ml) Wasser aufkochen und die Gemüse-Bouillon darin auflösen. Kartoffeln und Möhren zugeben und ca. 20 Minuten kochen.

2. Inzwischen den Fisch waschen, trockentupfen und mit Salz und Pfeffer würzen; tiefgekühlten Fisch auftauen lassen. Fisch zuerst in Mehl, dann im verquirlten Eiweiß und zum Schluss in den Mandelblättchen wenden.

3. Keimöl in einer beschichteten Pfanne erhitzen und die Fischfilets von beiden Seiten kurz anbraten. In eine flache Auflaufform legen und im vorgeheizten Backofen bei 225 °C (Umluft: 200 °C) in 5–8 Minuten zu Ende garen.

4. Kartoffeln und Möhren abgießen und mit einem Kartoffelstampfer grob stampfen. Mit der Milch verrühren, mit Salz, Pfeffer und Muskat abschmecken. Kresse abschneiden und unterrühren. Das Püree zu dem Fischfilet servieren.

TIPP: Aus den gestampften Möhren-Kartoffeln mit einem Eisportionierer große Kugeln formen.

SPARGELCREMESUPPE MIT ROTBARSCHKLÖSSCHEN

PRO PORTION

1325 kJ/319 kcal, 21 g Eiweiß, 14 g Fett, 25 g Kohlenhydrate

35 Minuten + Auftauzeit

ZUTATEN

FÜR 4 PORTIONEN
200 g tiefgekühltes Rotbarschfilet
1 Eiweiß
1 EL Zitronensaft
Salz, Pfeffer
1 kleine rote Paprikaschote
1/2 Bund Kerbel
200 ml Sojamilch
1 Beutel KNORR Suppenliebe Spargelcreme Suppe
4 Scheiben Toastbrot

1. Rotbarsch antauen lassen, dann grob würfeln. Fischwürfel und Eiweiß in der Küchenmaschine pürieren. Mit Zitronensaft, Salz und Pfeffer würzen.

2. Die Paprikaschote halbieren, entkernen, waschen und in dünne Streifen schneiden. Kerbel vorsichtig waschen und trockenschütteln. Einige Blättchen zum Garnieren beiseite legen, den Rest zur Fischmasse geben und mit 2 Teelöffeln 16–20 Klößchen formen.

3. Klößchen in 1 l (1000 ml) kochendes Salzwasser geben. Topf von der Kochstelle nehmen und zugedeckt 5 Minuten ziehen lassen. Die Klößchen mit einer Schaumkelle herausheben.

4. Flüssigkeit durch ein Sieb gießen, 800 ml abmessen, mit der Sojamilch zurück in den Topf gießen und aufkochen. Suppenliebe Spargelcreme Suppe einrühren und bei schwacher Hitze ca. 5 Minuten garen, nach 3 Minuten die Paprikastreifen zugeben.

5. Klößchen in der Suppe erhitzen und mit geröstetem Toastbrot servieren. Mit Kerbelblättchen garnieren.

FISCHKLÖSSCHEN

Sie zergehen auf der Zunge. Und es ist noch nicht mal eine große Kunst, sie locker hinzukriegen. Der Trick: Das Fischfleisch muss beim Pürieren eiskalt sein, damit es sich beim Zerkleinern nicht erhitzt und gerinnt. Kommt auch das Eiweiß direkt aus dem Kühlschrank, gerät die Masse perfekt und lässt sich mit Teelöffeln zu Klößchen formen.

MAKRELE AUS DEM OFEN MIT ZUCKERSCHOTEN

1. Zuckerschoten putzen und einmal schräg halbieren. Gemüsezwiebel schälen und in Streifen schneiden.
2. Die Makrele waschen und trockentupfen, mit Salz und Pfeffer einreiben und in eine Auflaufform legen. 1/4 l (250 ml) Wasser aufkochen und die Zwiebelstreifen zugeben.
3. Den Sud mit den Zwiebeln über die Makrele gießen und zugedeckt im vorgeheizten Backofen bei 200 °C (Umluft: 175 °C) ca. 20 Minuten garen.
4. Inzwischen die Reismischung in kochendes Salzwasser geben und – je nach Reissorte – 20–30 Minuten garen.
5. Fisch aus der Form nehmen, Fischfond durch ein Sieb gießen, die Flüssigkeit falls nötig mit Wasser auf 1/4 l (250 ml) auffüllen und aufkochen. Tiefgekühlte Erbsen darin ca. 5 Minuten garen, nach 2 Minuten die Zuckerschoten zugeben.
6. Feinschmecker Crème-fraîche-Sauce einrühren und mit den Erbsen und den Zuckerschoten bei schwacher Hitze 1 Minute kochen lassen.
7. Makrele von Haut und Gräten befreien. Mit Reis, Gemüse und Sauce servieren.

TIPP: Gegarte Fische lassen sich leicht filetieren. Die Haut an der Rückengräte und am Bauch entlang einschlitzen und vorsichtig abziehen. Mit dem Messer an der Mittellinie des offen liegenden Filets so entlangfahren, dass sich 2 Filethälften ergeben. Erst den oberen dickeren Teil von der Gräte lösen, dann den unteren abheben. Die Mittelgräte mitsamt der Schwanzflosse entfernen.

PRO PORTION

2087 kJ/498 kcal, 29 g Eiweiß, 17 g Fett, 55 g Kohlenhydrate

ca. 50 Minuten

ZUTATEN

FÜR 3 PORTIONEN

200 g Zuckerschoten
1 Gemüsezwiebel
1 küchenfertige Makrele (ca. 600 g)
Salz
Pfeffer
125 g Reis-Wildreis-Mischung
300 g tiefgekühlte Erbsen
1 Beutel KNORR Feinschmecker Crème-fraîche-Sauce

MAKRELE

Wer Herz und Gefäße fit halten möchte, bringt den hübsch gestreiften Fisch oft auf den Tisch. Makrelen enthalten zwar mehr Fett als andere Fische, doch wegen ihrer gesunden Omega-3-Fettsäuren sparen Kalorienbewusste das Fett besser anderswo ein. Der intensive Geschmack der Makrele verträgt sich gut mit kräftigen Gewürzen wie Senf, Knoblauch, Rosmarin und Chili.

PRO PORTION

1804 kJ/429 kcal, 34 g Eiweiß, 12 g Fett, 44 g Kohlenhydrate

ca. 40 Minuten

SCHOLLE IM ZITRONENSUD MIT ESTRAGONSAUCE

ZUTATEN

FÜR 4 PORTIONEN

4 küchenfertige Schollen à 300 g
2 unbehandelte Zitronen
1 Bund Estragon
2 TL KNORR Gemüse-Bouillon
200 g Zartweizen, Salz
300 g kleine Rispentomaten
2 EL Olivenöl, Pfeffer
1 Beutel KNORR Feinschmecker Zitronen-Butter-Sauce

DIE SCHOLLE

Oben ist sie dunkel mit orangefarbenen Tupfen und unten schneeweiß. Der schöne Plattfisch liebt das salzreiche kühle Wasser der Nordseeküste und duckt sich gern am Meeresboden. Kenner kaufen die zarten, im Mai gefangenen Schollen am liebsten. Als Alternative eignen sich andere Plattfische wie Flunder, Steinbutt oder Rotzunge.

1. Schollen waschen, trockentupfen und auf ein Backblech legen. 1 Zitrone in dünne Scheiben schneiden und darauf verteilen. Estragon waschen und trockenschütteln. Die Hälfte der Stiele auf dem Fisch verteilen.
2. 1/4 l (250 ml) Wasser mit Gemüse-Bouillon und dem Saft der 2. Zitrone einmal aufkochen und über die Schollen gießen. Im vorgeheizten Backofen bei 225 °C (Umluft: 200 °C) 15–20 Minuten garen.
3. In der Zwischenzeit den Zartweizen in kochendes Salzwasser geben und 10 Minuten garen.
4. Die Tomaten an den Rispen lassen, waschen und trockentupfen. Olivenöl in einer Pfanne erhitzen, Tomaten an der Rispe bei mittlerer Hitze ca. 4 Minuten braten, zum Schluss mit Salz und Pfeffer würzen.
5. Feinschmecker Zitronen-Butter-Sauce in 1/4 l (250 ml) kaltes Wasser einrühren, unter Rühren aufkochen und bei schwacher Hitze 1 Minute kochen lassen. Den restlichen Estragon fein hacken und unter die Sauce rühren.
6. Die Schollen aus dem Sud heben, mit Zartweizen, Tomaten und Estragonsauce servieren.

SCHOLLENRÖLLCHEN »ZIGEUNER ART«

PRO PORTION

862 kJ/206 kcal, 17 g Eiweiß, 7 g Fett, 17 g Kohlenhydrate

ca. 40 Minuten

ZUTATEN

FÜR 4 PORTIONEN

500 g Kartoffeln
je 1 rote und grüne Paprikaschote
1 Zwiebel
1 EL Keimöl
1 Beutel KNORR Fix für Paprika-Gulasch »Zigeuner Art«
300 g Schollenfilet, frisch oder tiefgekühlt
1 EL Zitronensaft
Salz, Pfeffer
evtl. glatte Petersilie und Gewürzgurkenstreifen zum Garnieren

1. Die Kartoffeln schälen, waschen und in Würfel schneiden. Die Paprikaschoten halbieren, entkernen, waschen und ebenfalls in Würfel schneiden. Die Zwiebel schälen und würfeln.
2. Paprika, Kartoffeln und Zwiebel in einem Topf in heißem Keimöl andünsten. 3/8 l (375 ml) Wasser zugießen und aufkochen. Fix für Paprika-Gulasch »Zigeuner Art« einrühren und zugedeckt bei schwacher Hitze 10 Minuten kochen lassen.
3. Schollenfilets waschen, trockentupfen und der Länge nach halbieren. Tiefgekühlten Fisch vorher auftauen lassen. Die Fischfilets mit Zitronensaft beträufeln, dann mit Salz und Pfeffer würzen und von der breiten Seite zu Röllchen aufrollen.
4. Schollenröllchen auf das Gemüse und die Kartoffeln legen und zugedeckt bei schwacher Hitze in 8–10 Minuten gar ziehen lassen.
5. Nach Belieben mit Petersilie und Gurkenstreifen garnieren.

TIPP: Die Schollenfilets beim Aufrollen (Außenhaut nach innen) mit Kräuterblättchen belegen. Geeignet sind Kresse, Zitronenthymian oder Dill.

FRISCHE FISCHE

Woran erkennt man sie? Bei ganzen Exemplaren zeigen klare Augen, festes Fleisch und rote unverklebte Kiemen Topqualität an. Kauft man Filets, verlässt man sich am besten auf seine Nase. Duften sie nach Meer und nichts anderem, sind sie taufrisch. Der lästige Fischgeruch entsteht erst, wenn sie mehrere Tage auf Eis gelegen haben.

PRO PORTION

2052 kJ/490 kcal, 37 g Eiweiß, 14 g Fett, 51 g Kohlenhydrate

ca. 40 Minuten

ZANDERFILETS MIT CURRY-MÖHREN-SPAGHETTI

ZUTATEN

FÜR 3 PORTIONEN

350 g Möhren, 1 Zwiebel
3 Zanderfilets à 150 g
Salz, Pfeffer
175 g Spaghetti
2 EL Olivenöl
1 EL mildes Currypulver
50 ml RAMA Cremefine zum Kochen
1 Päckchen KNORR Helle Soße (aus dem 3er-Pack)
2–3 TL Zitronensaft
Petersilie zum Garnieren

1. Die Möhren schälen. Mit einem Sparschäler zuerst der Länge nach in dünne Scheiben, dann jede Scheibe in schmale Streifen schneiden. Die Zwiebel schälen und fein würfeln. Zanderfilets waschen, trockentupfen und mit Salz und Pfeffer würzen.
2. Spaghetti in reichlich kochendem Salzwasser bissfest garen, in einem Sieb abgießen und abtropfen lassen.
3. 1 EL Olivenöl in einem Topf erhitzen und die Zwiebeln darin bei mittlerer Hitze glasig dünsten. Möhrenstreifen zugeben und den Curry darüber streuen. Kurz andünsten, dann mit 4 EL Wasser ablöschen und zugedeckt 3–5 Minuten garen.
4. Das restliche Öl in einer beschichteten Pfanne erhitzen und die Zanderfilets bei schwacher Hitze von jeder Seite 3–4 Minuten braten.
5. 200 ml Wasser und Cremefine zu den Möhren gießen und aufkochen. Die Möhren etwas an die Seite schieben und Helle Soße einrühren. 1 Minute unter Rühren kochen lassen, mit Zitronensaft abschmecken. Spaghetti unterheben. Gemüsenudeln zum Zander servieren. Nach Belieben mit Petersilienblättchen garnieren.

ZANDER

Das feine Fleisch des barschartigen Süßwasserfischs ist praktisch grätenfrei, zart, aber trotzdem fest. Es lässt sich vielfältig zubereiten und ist das ganze Jahr im Angebot. Vereinzelt gibt es Zander aus der Teichwirtschaft, der größte Teil wird jedoch in den großen klaren Seen des Baltikums gefangen.

HEILBUTT-CARPACCIO MIT GRANATAPFEL-DRESSING

PRO PORTION

917 kJ/218 kcal, 14 g Eiweiß, 6 g Fett, 25 g Kohlenhydrate

ca. 20 Minuten

ZUTATEN

FÜR 4 PORTIONEN

4 Scheiben Mischbrot (Graubrot)
2 EL Rapsöl
100 g Feldsalat
1 Granatapfel
1 Beutel KNORR Salatkrönung »Frühlingskräuter«
2 TL süßer Senf
200 g geräucherter Heilbutt in dünnen Scheiben (vakuumverpackt)

1. Die Brotscheiben mit 1 EL Rapsöl bestreichen und in einer beschichteten Pfanne oder unter dem Backofengrill goldgelb rösten.
2. Feldsalat waschen und trockentupfen, die Wurzelansätze abschneiden. Granatapfel halbieren, eine Hälfte auspressen, aus der anderen Hälfte vorsichtig die Kerne herauslösen.
3. Salatkrönung »Frühlingskräuter« mit restlichem Öl, Granatapfelsaft, 3 EL Wasser und Senf verrühren. Die Hälfte davon unter den Feldsalat heben.
4. Jeweils etwas Feldsalat auf 4 Teller geben. Das Heilbutt-Carpaccio darauf verteilen und mit dem restlichen Dressing beträufeln. Alles mit den kleinen Granatapfelkernen bestreuen und sofort servieren.

TIPP: Wer taufrischen Fisch (»Sushi-Qualität«) beim Händler bekommt, kann für das Carpaccio auch rohen Fisch verwenden. Das Filet kurz ins Gefriergerät geben, anfrieren lassen und mit einem sehr scharfen Messer hauchdünn aufschneiden.

HEILBUTT

Der große Plattfisch geht den Fischern auch in seinen Heimatgewässern um Island und Grönland selten ins Netz. Er kommt vor allem geräuchert in den Handel. Sein weißes fettreiches Fleisch gilt als große Delikatesse. In hauchdünne Scheiben geschnitten schmeckt geräucherter Heilbutt wirklich köstlich.

PANGASIUS IN PERGAMENT MIT LIMETTEN-HOLLANDAISE

1. Die Lauchstange putzen, waschen und in dünne Ringe schneiden. Die Fischfilets waschen, trockentupfen und mit wenig Salz und Pfeffer würzen. Tiefgekühlten Fisch vorher auftauen lassen. Limette waschen und trockenreiben.
2. 4 große Stücke Pergament- oder Backpapier nebeneinander ausbreiten. Die Lauchringe darauf verteilen, dann je 1 Stück Fischfilet darauf setzen. Die Limette halbieren. Eine Hälfte in Scheiben schneiden und auf die Fischfilets setzen. Je 1 TL Öl darüberträufeln.
3. Päckchen falten, mit Küchengarn gut zubinden und auf ein Backblech setzen. Im vorgeheizten Backofen bei 200 °C (Umluft: 175 °C) 15–20 Minuten garen.
4. Inzwischen Couscous mit kochendem Wasser übergießen und nach Packungsanweisung quellen lassen.
5. 150 ml kaltes Wasser und die Kokosmilch in einem Topf gießen und Soße nach Art Hollandaise einrühren. Unter Rühren aufkochen und bei schwacher Hitze 1 Minute kochen. Mit Limettensaft und etwas abgeriebener Limettenschale abschmecken.
6. Erdnüsse hacken und unter den Couscous heben. Fischpäckchen öffnen, mit Sauce und Couscous servieren.

TIPP: Pergamentpapier, je nach Hersteller auch Butterbrotpapier genannt, lässt kein Fett durch und eignet sich deshalb gut zum schonenden Garen von Fisch. Dasselbe gilt für Backpapier. Wer den Fisch darin servieren möchte, wählt am besten eine unbedruckte weiße Sorte. Zum Garen die Fischpäckchen auf das Backblech legen, weil Flüssigkeit austreten kann.

PRO PORTION

1955 kJ/468 kcal, 37 g Eiweiß, 17 g Fett, 40 g Kohlenhydrate

ca. 40 Minuten

ZUTATEN

FÜR 4 PORTIONEN

1 Stange Lauch (Porree)
4 Stücke Pangasiusfilet à 150 g, frisch oder tiefgekühlt
Salz
grober Pfeffer
1 Limette
4 TL Rapsöl
200 g Couscous (Weizengrieß)
100 ml Kokosmilch (Dose)
1 Päckchen KNORR Soße nach Art Hollandaise (aus dem 3er-Pack)
50 g ungesalzene Erdnusskerne

FISCHPÄCKCHEN

Wunderbar leicht und lecker: Eine Portion Fischfilet mit Gewürzen und Gemüse zusammen in einen Bogen Pergament- oder Backpapier einschlagen, zuschnüren und im Backofen garen. Es gibt kaum eine raffiniertere Art, zartes Filet schonend, fettarm und sanft zu garen! Ein Grund, die Rezeptidee gleich mit unterschiedlichen Fischsorten und Gewürzen auszuprobieren.

PRO PORTION

1936 kJ/462 kcal, 33 g Eiweiß, 18 g Fett, 40 g Kohlenhydrate

ca. 45 Minuten

THUNFISCHPFANNE MIT GRÜNEN BOHNEN

ZUTATEN

FÜR 2 PORTIONEN

200 g Thunfischfilet
300 g grüne Bohnen
2 Zwiebeln
1 Knoblauchzehe
40 g getrocknete Tomaten
1/2 Bund Thymian
200 g tiefgekühlte Backofen-Rösti
1 EL Keimöl
Salz
Pfeffer
1 TL KNORR Delikatess-Brühe
1 1/2 EL Tomatenmark

1. Thunfisch in mundgerechte Würfel schneiden. Die Bohnen waschen, putzen und halbieren. Zwiebeln schälen und in Streifen schneiden. Knoblauchzehe schälen. Die Tomaten klein schneiden. Thymian waschen, trockenschütteln und die Blättchen abzupfen.
2. Die tiefgekühlten Backofen-Rösti auf ein Backblech verteilen und nach Packungsanweisung aufbacken.
3. Keimöl in einer beschichteten Pfanne erhitzen und den Thunfisch darin rundherum 4–5 Minuten braten. Mit Salz und Pfeffer würzen, herausnehmen und beiseite stellen.
4. Zwiebeln in die Pfanne geben, Knoblauch dazupressen und glasig dünsten. Bohnen, Tomaten und Thymian zufügen, 1/4 l (250 ml) Wasser und Delikatess-Brühe zugeben und 10–15 Minuten garen, bis die Bohnen knackig gar sind.
5. Tomatenmark in die Brühe rühren und einmal aufkochen. Die Fischwürfel in der Sauce erhitzen und eventuell noch einmal abschmecken. Zusammen mit den Rösti servieren.

TIPP: Statt des frischen Filets Thunfisch ohne Öl aus der Dose nehmen und in der Sauce erhitzen.

LÄSTIGE GRÄTEN

Hersteller von tiefgekühltem Fisch entfernen lästige Gräten mit einfachen Schnitten aus den Filets. Wer frischen Fisch kauft, kann den Händler darum bitten. Fährt man zu Hause mit der Hand leicht über das Filet, fühlt man, ob noch Gräten vorhanden sind. Dann einfach mit einer Pinzette herausziehen – am besten in Wuchsrichtung der Fleischfasern.

THUNFISCHSTEAKS MIT CHICORÉE-SALSA

PRO PORTION

1920 kJ/459 kcal, 33 g Eiweiß, 10 g Fett, 58 g Kohlenhydrate

ca. 30 Minuten

ZUTATEN

FÜR 2 PORTIONEN

100 g Basmatireis, Salz
2 Thunfischsteaks à 125 g, frisch oder tiefgekühlt
2 EL Limettensaft
geschroteter Pfeffer
1 kleiner Chicorée
125 ml KNORR Schlemmersauce »Asia süß-sauer«
1 TL Keimöl
Thai-Basilikum oder andere Kräuter zum Garnieren

1. Basmatireis in kochendes Salzwasser geben und 15–20 Minuten garen. Reis abgießen und abtropfen lassen.
2. Die Thunfischsteaks von beiden Seiten mit Limettensaft beträufeln und mit Pfeffer würzen. Tiefgekühlten Fisch vorher auftauen.
3. Chicorée waschen, den Strunk entfernen, die Blätter zuerst längs halbieren, dann in kleine Stückchen schneiden. Chicorée mit Schlemmersauce »Asia süß-sauer« verrühren.
4. Eine Grillpfanne mit Keimöl bestreichen und den Thunfisch darin von jeder Seite 2–3 Minuten braten. Mit wenig Salz würzen.
5. Thunfisch, Chicorée-Salsa und Thai-Basilikum auf einer Platte anrichten. Dazu den Reis servieren.

TIPP: Durch sein festes rotes Muskelfleisch ist Thunfisch ideal, um Fischmuffel in echte Liebhaber zu verwandeln. Er hat keine Gräten und liegt geschmacklich viel näher bei Kalb und Pute als beim Hering. Je heller sein Fleisch ist, desto besser schmeckt es und desto höher ist der Gehalt an wertvollen Fetten.

THUNFISCHSTEAK

Das Fleisch besitzt eine hell- bis dunkelrote Farbe. Kurzgebraten, nur mit Salz und Pfeffer bestreut, sind Steaks ein Genuss. Sehr lecker: Thunfisch vor dem Braten mit fertiger Teriyaki-Sauce beträufeln und 20 Minuten ziehen lassen.

PRO PORTION

1928 kJ/461 kcal, 27 g Eiweiß, 15 g Fett, 52 g Kohlenhydrate

ca. 25 Minuten

FISCHSTÄBCHEN-BURGER VOM LENGFISCH

ZUTATEN

FÜR 3 PORTIONEN

300 g Lengfischfilet
Salz
Cayennepfeffer
2 EL Mehl
1 Ei
75 g Semmelbrösel (Paniermehl),
2 EL Rapsöl
1 kleine Avocado (150 g)
1/2 Bund Koriander (ersatzweise glatte Petersilie)
2–4 EL KNORR Schlemmersauce »Chili«
3 Hamburgerbrötchen

Wenn die Großen gern Fisch essen, kommen meist auch die Kleinen schnell auf den Geschmack. Gut so, denn wertvolles Fischfett unterstützt das gesunde Wachstum.

1. Lengfischfilet waschen, trockentupfen und in 3–4 cm dicke Streifen schneiden. Mit Salz und Cayennepfeffer würzen und nacheinander in Mehl, verquirltem Ei und Semmelbröseln wenden.
2. Rapsöl in einer beschichteten Pfanne erhitzen und die Fischstäbchen darin rundherum 8–10 Minuten braten. Auf Küchenpapier abtropfen lassen.
3. Avocado schälen und vom Kern in dünne Spalten schneiden. Koriander waschen, trockentupfen und die Blättchen abzupfen.
4. Korianderblättchen, Avocadospalten und Schlemmersauce »Chili« mit den Fischstäbchen in die Brötchen füllen und servieren.

TIPP: Wenn Kinder mitessen, statt der würzigen Schlemmersauce »Chili« besser KNORR Tomaten Ketchup verwenden. Viele Kids lieben Ketchup über alles, weil er so schön fruchtig-mild und abgerundet schmeckt. In der Sonne gereifte, saftige Tomaten verleihen ihm das Aroma.

SEEBARSCH-NUDEL-AUFLAUF MIT MOZZARELLA

1. Den Fisch waschen und trockentupfen. Tiefgekühlte Filets zuvor auftauen lassen. Mit Zitronensaft, Salz und Pfeffer würzen und in Stücke schneiden.
2. Broccoli putzen, waschen und in kleine Röschen teilen. Ungekochte Nudeln, Kapern und Broccoliröschen in eine flache Auflaufform verteilen. Fischstücke darauflegen.
3. Fix für Nudel-Schinken-Gratin und Olivenöl in 1/2 l (500 ml) kaltes Wasser einrühren, unter Rühren aufkochen und bei schwacher Hitze 1 Minute kochen lassen. Die Sauce gleichmäßig über den Auflauf gießen.
4. Im vorgeheizten Backofen bei 200 °C (Umluft: 175 °C) ca. 30 Minuten backen. Nach 20 Minuten den Mozzarella in dünne Scheiben schneiden und darüber verteilen.

TIPP: Viktoriaseebarschfilet am besten ganz durchgaren. Zur Probe am Ende der Garzeit ein Fischstück teilen. Das Fleisch sollte innen weiß und nicht mehr durchscheinend aussehen. Es ist fest und angenehm im Geschmack, lässt sich vielfältig zubereiten und verträgt kräftige Gewürze. Zudem ist das Filet reich an wertvollen Omega-3-Fettsäuren.

PRO PORTION

1437 kJ/344 kcal, 29 g Eiweiß, 9 g Fett, 34 g Kohlenhydrate

ca. 45 Minuten

ZUTATEN

FÜR 3 PORTIONEN

300 g Viktoriaseebarschfilet, frisch oder tiefgekühlt
1 EL Zitronensaft
Salz
Pfeffer
150 g Broccoli
125 g Bandnudeln
1–2 EL Kapern
1 Beutel KNORR Fix für Nudel-Schinken-Gratin
1 EL Olivenöl
1/2 Kugel (62 g) Mozzarella light

VIKTORIABARSCH

Die flachen tiefgekühlten Filets schnell auftauen. Den Fisch, falls es das Rezept erlaubt, noch gefroren oder nur leicht angetaut verarbeiten. Meist reicht es, ihn kurz lauwarm abzuspülen, dann lässt er sich mit einem großen Messer zerteilen, würzen und braten.

SEEZUNGENRÖLLCHEN MIT SPINAT-HOLLANDAISE

1. Die Kartoffeln schälen und in Salzwasser garen. Anschließend abgießen.
2. Seezungenfilets der Länge nach halbieren und mit wenig Salz würzen. Die Filets mit Frischkäse bestreichen.
3. Basilikum waschen, trockenschütteln und die Blätter auf den Filets verteilen. Die Fischfilets aufrollen und mit Küchengarn zusammenbinden oder mit einem Holzspießchen fixieren.
4. Etwas Wasser in einem Topf aufkochen. Die Seezungenröllchen in einen Dämpfeinsatz oder ein hitzebeständiges Küchensieb geben und über dem Dampf ca. 10 Minuten garen.
5. Den Spinat putzen, waschen und fein hacken. Feinschmecker Sauce Hollandaise »fettarm« in 1/4 l (250 ml) kaltes Wasser einrühren und unter Rühren aufkochen, dann den Spinat zugeben. Unter Rühren bei schwacher Hitze 2–3 Minuten kochen. Die Hollandaise mit einem Stabmixer pürieren.
6. Öl in einer Pfanne erhitzen, die Haselnussblättchen und die Kartoffeln zugeben und darin schwenken. Kartoffeln und Seezungenröllchen auf einem Teller anrichten, etwas Sauce darübergießen, den Rest separat servieren.

TIPP: Frisches Fischfilet nicht lange in der Verpackung lassen. Lieber bis zum Gebrauch in eine Glas- oder Porzellanschüssel legen, mit einer Folie abdecken und in den Kühlschrank stellen.

PRO PORTION

1590 kJ/379 kcal, 36 g Eiweiß, 10 g Fett, 32 g Kohlenhydrate

ca. 40 Minuten

ZUTATEN

FÜR 3 PORTIONEN

750 g kleine Kartoffeln
Salz
450 g Seezungenfilet
100 g Frischkäse (0,2 % Fett)
1/2 Bund Basilikum
50 g Spinatblätter
1 Beutel KNORR Feinschmecker Sauce Hollandaise »fettarm«
1–2 EL Walnuss- oder Haselnussöl
20 g Haselnussblättchen

SEEZUNGE

Sie gehört zur Familie der Plattfische. Von der Scholle unterscheidet sie die längliche ovale Form. Ihr feines, mit nur 1,4 % Fett mageres Fleisch, besitzt eine mild-süßliche Note und gilt als besondere Spezialität, für die Feinschmecker gerne einmal etwas mehr Geld ausgeben. Billiger und fast ebenso gut: andere Plattfische wie Limande und Rotzunge.

FORELLENTERRINE AUF RUCOLA UND TOMATEN

PRO PORTION

806 kJ/192 kcal, 20 g Eiweiß, 8 g Fett, 8 g Kohlenhydrate

80 Minuten + Kühlzeit

ZUTATEN

FÜR 4 PORTIONEN

300 g Forellenfilet
50 g RAMA Cremefine zum Verfeinern
2 Eiweiß (gekühlt)
Salz, Pfeffer
1 EL Zitronensaft
2–3 TL geriebener Meerrettich (Glas oder Tube)
125 g Rucola (Rauke)
500 g Tomaten
1 Beutel KNORR Salatkrönung »Zwiebel-Kräuter«
1 EL Rapsöl
6–7 EL Tomatensaft

1. Fischfilets waschen, trockentupfen, in Würfel schneiden und ausgebreitet für ca. 30 Minuten im Gefrierfach leicht anfrieren lassen. Fischwürfel portionsweise in einer Küchenmaschine pürieren, dabei zügig arbeiten, damit das Fischfleisch nicht warm wird.
2. Cremefine unter das kalte Fischpüree rühren. Eiweiß steif schlagen und unterheben. Mit Salz, Pfeffer, Zitronensaft und Meerrettich würzen.
3. Eine Terrinen- oder Kastenform (16 cm Länge) fetten, mit Alufolie auslegen. Fischfarce einfüllen. Mit Alufolie abdecken und die Form in eine mit heißem Wasser gefüllte große flache Auflaufform stellen. Im vorgeheizten Backofen bei 175 °C (Umluft 150 °C) ca. 45 Minuten garen. Terrine am besten über Nacht erkalten lassen.
4. Rucola putzen, waschen und trockenschleudern. Die Tomaten waschen. 1 Tomate fein würfeln, die anderen in sehr dünne Scheiben schneiden.
5. Salatkrönung mit Rapsöl, Tomatensaft und Tomatenwürfeln verrühren. Tomatenscheiben und Rucola daruntermischen und auf 4 Teller verteilen.
6. Die Forellenterrine aus der Form stürzen, in Scheiben schneiden und auf dem Salat anrichten.

FEINE SACHE

Terrinen überzeugen auch Genießer, die Fisch wegen der Gräten nicht so gerne mögen. Fast jede Sorte Filet ist geeignet. Weil es beim Zerkleinern vor allem darauf ankommt, dass die Masse kühl bleibt, damit sie später im Ofen gut bindet, lohnt es, tiefgekühlten Fisch zu nehmen. Einfach antauen lassen, bis er sich grob zerteilen lässt, dann pürieren.

SCHARFE FRÜHLINGSSUPPE MIT LACHSFORELLENFILET

PRO PORTION

580 kJ/139 kcal, 16 g Eiweiß, 3 g Fett, 10 g Kohlenhydrate

ca. 15 Minuten

ZUTATEN

FÜR 4 PORTIONEN

250 g Lachsforellenfilet
50 g Spinatblätter
1 rote Chilischote
1 Beutel KNORR Suppenliebe Frühlingssuppe
1–2 EL Sojasauce
2–3 TL Zitronensaft

1. Das Lachsforellenfilet waschen und mit Küchenpapier trockentupfen. Spinatblätter waschen, abtropfen lassen und in feine Streifen schneiden.
2. Die Chilischote der Länge nach aufschneiden, entkernen, waschen und in hauchdünne Ringe schneiden.
3. 1 l (1000 ml) Wasser aufkochen, Suppenliebe Frühlingssuppe und die Chilischotenringe einrühren. Das Fischfilet vorsichtig in die Suppe geben und bei schwacher Hitze 5 Minuten garen, dabei ab und zu umrühren.
4. Fischfilet mit 2 Gabeln in mundgerechte Stücke zerteilen. Die Suppe mit Sojasauce und Zitronensaft abschmecken. Die Spinatstreifen zugeben und kurz in der Suppe erhitzen.

TIPP: Norwegische Fischfarmer ziehen Lachsforellen im Salzwasser der Eismeer-Fjorde zu großen silbrig-blauen Fischen heran. Nur Experten können sie vom Aussehen her vom Lachs unterscheiden. Ihr Fleisch ist rosa, aber fester und weniger fett als das vom Zuchtlachs.

FORELLENFAMILIE

Bach- und Seeforellen leben noch wild in vielen europäischen Gewässern. Frisch kommen sie meist aus Zuchtbetrieben, die es fast überall gibt. Dort im Angebot und superlecker: noch warme, frisch geräucherte Forellen. Die Fische werden Lachsforellen genannt, wenn sie mehr als 1500 Gramm wiegen und durchs Futter eine lachsähnliche Farbe angenommen haben. Regenbogenforellen sind meist tiefgekühlt im Angebot.

PRO PORTION

1820 kJ/435 kcal, 32 g Eiweiß, 18 g Fett, 35 g Kohlenhydrate

ca. 70 Minuten

LACHS-KARTOFFEL-GRATIN MIT OLIVENKRUSTE

ZUTATEN

FÜR 3 PORTIONEN

2 Scheiben Vollkorntoastbrot
1 kleine Zwiebel
50 g grüne Oliven
600 g Kartoffeln
1 Beutel KNORR Fix für Kartoffel-Gratin
200 ml Milch (1,5 % Fett)
400 g Lachsfilet, frisch oder tiefgekühlt
1 EL Zitronensaft
Salz, Pfeffer

Beim Vorbereiten von Fisch und Krustentieren kommt man ohne Zitronensaft kaum aus. Die Säure strafft das lockere Fischfleisch und vertreibt Gerüche.

1. Das Toastbrot im Blitzhacker zerkleinern. Die Zwiebel schälen und zusammen mit den Oliven fein hacken. Mit den Toastbrotkrümeln mischen.
2. Kartoffeln schälen und in feine Scheiben schneiden. Fix für Kartoffel-Gratin in Milch und 150 ml kaltes Wasser einrühren und aufkochen. Kartoffelscheiben zugeben und bei schwacher Hitze 3 Minuten kochen, anschließend in eine flache Auflaufform geben.
3. Lachsfilet in Streifen schneiden. Tiefgekühlten Fisch antauen lassen. Den Fisch mit Zitronensaft beträufeln, mit Salz und Pfeffer würzen und auf die Kartoffeln legen.
4. Toastbrot-Oliven-Krümel über dem Fisch verteilen und im vorgeheizten Backofen auf der 2. Einschubleiste von unten bei 200 °C (Umluft: 175 °C) 30–40 Minuten backen; eventuell gegen Ende der Garzeit mit Alufolie locker abdecken.

Zum Lachs-Kartoffel-Gratin passt ein grüner Blattsalat sehr gut.

FISCHSUPPE À LA PROVENCE

1. Fenchelknolle putzen, waschen, das Grün beiseite legen. Fenchel in mundgerechte Stücke schneiden.
2. Möhren schälen und in Scheiben schneiden. 1 Knoblauchzehe schälen und fein hacken.
3. Olivenöl in einem Topf erhitzen und das Gemüse darin in einigen Minuten glasig dünsten. 1 l (1000 ml) Wasser zugießen und aufkochen. Feinschmecker Zwiebel Suppe und Tomato al Gusto einrühren. Mit Kräutern der Provence würzen und zugedeckt bei schwacher Hitze ca. 15 Minuten garen. Die Suppe nach Belieben mit Salz und etwas Cayennepfeffer abschmecken.
4. Den Lachs in mundgerechte Stücke zerteilen und in die Suppe geben. Tiefgekühlten Fisch vorher antauen lassen. Bei ganz schwacher Hitze 4–5 Minuten ziehen lassen.
5. Baguette in Scheiben schneiden und nebeneinander auf ein Backblech legen. Unter dem vorgeheizten Backofengrill von jeder Seite 1–2 Minuten rösten. Restliche Knoblauchzehe halbieren und auf die Brotscheiben reiben.
6. Die Fischsuppe mit etwas gehacktem Fenchelgrün bestreuen und die Knoblauchbaguettes dazu servieren.

PRO PORTION

1372 kJ/328 kcal, 24 g Eiweiß, 12 g Fett, 29 g Kohlenhydrate

ca. 45 Minuten

ZUTATEN

FÜR 4 PORTIONEN

200 g Fenchel, 200 g Möhren
2 Knoblauchzehen
1 EL Olivenöl
1 Beutel KNORR Feinschmecker Französische Zwiebel Suppe
3 EL KNORR Tomato al Gusto »Tomaten Stückchen«
1 TL getrocknete Kräuter der Provence
evtl. Salz, Cayennepfeffer
400 g Lachsfilet, frisch oder tiefgekühlt
1 kleines Baguette

LACHSFILET

Nicht nur das rosarote Fleisch macht den Fisch zum Star der Speisekarte, sondern auch seine Vielseitigkeit. Er ist halb Fluss- und halb Meeresfisch, schmeckt geräuchert, gedünstet, gedämpft, gebraten und gegrillt. Lachs gibt es zu erschwinglichen Preisen in allen Fischläden und fast jedem Supermarkt.

PRO PORTION

1877 kJ/448 kcal, 34 g Eiweiß, 17 g Fett, 38 g Kohlenhydrate

ca. 35 Minuten

KNUSPRIGES SEEHECHTFILET MIT GEMÜSE-CHILI

ZUTATEN

FÜR 2 PORTIONEN

je 1 kleine gelbe und rote Paprikaschote
1 Dose Mais (Abtropfgewicht 140 g)
3 Frühlingszwiebeln
1 Beutel KNORR Fix für Chili con Carne
300 g Seehecht- oder Kabeljaufilet, Salz, Pfeffer
1/2 Bund Petersilie
3 EL Hartweizengrieß
2 EL Keimöl, 1 Zitrone

SEEHECHT

Der lang gestrecke silbrig graue Fisch ist ein klassischer Räuber, der sich von Makrelen, Sprotten, Heringen und Sardinen ernährt. Besonders gern wird er in den Küchen rund ums Mittelmeer zubereitet. Auch bei uns gewinnt sein wohlschmeckendes Fleisch immer mehr Freunde, weil es sich so abwechslungsreich zubereiten lässt.

1. Paprikaschoten halbieren, entkernen, waschen und würfeln. Den Mais in einem Sieb abtropfen lassen. Frühlingszwiebeln waschen, putzen und in 3–4 cm lange Stücke schneiden.
2. 300 ml kaltes Wasser in einem Topf mit Fix für Chili con Carne verrühren, aufkochen und die Paprikawürfel zugeben. Bei schwacher Hitze ca. 10 Minuten garen, ab und zu umrühren.
3. Fischfilet waschen und etwas trockentupfen. Mit Salz und Pfeffer würzen. Petersilie waschen, trockenschütteln, hacken und mit dem Grieß auf einem flachen Teller mischen. Das Fischfilet darin wenden, die Kräuterbrösel fest andrücken.
4. Keimöl in einer beschichteten Pfanne erhitzen, das Fischfilet zugeben und zugedeckt 2 Minuten garen. Dann den Deckel abnehmen und von beiden Seiten 3–4 Minuten knusprig braten.
5. Mais und Frühlingszwiebeln zum Chili geben und 1 Minute kochen. Gemüse-Chili mit dem Fischfilet anrichten. Mit Zitronenspalten garnieren.

SCHELLFISCHKOTELETTS À LA OSSOBUCO

PRO PORTION

1169 kJ/279 kcal, 30 g Eiweiß, 11 g Fett, 17 g Kohlenhydrate

ca. 45 Minuten

ZUTATEN

FÜR 4 PORTIONEN

1 Aubergine (ca. 400 g)
2 Knoblauchzehen
4 Schellfischkoteletts à ca. 175 g
Salz, Pfeffer
2 EL Mehl
2 EL Olivenöl
1 Packung (500 g) KNORR Tomato al Gusto »Kräuter«
100 ml RAMA Cremefine zum Kochen

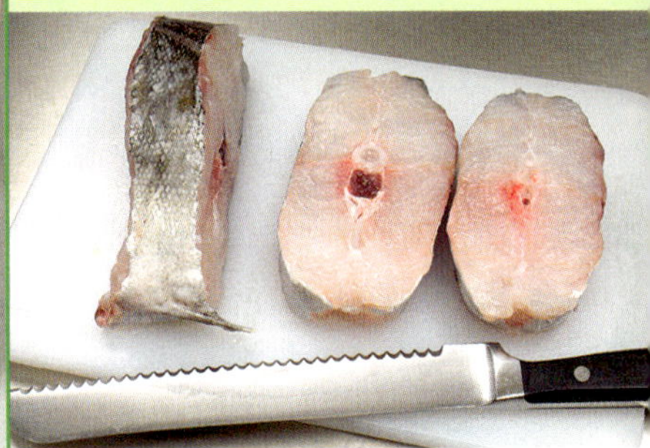

1. Die Aubergine putzen, waschen und würfeln. Die Knoblauchzehen schälen und fein hacken. Die Schellfischkoteletts waschen, trockentupfen und mit Salz und Pfeffer würzen.

2. Das Mehl auf einen flachen Teller geben und die Fischkoteletts darin wenden. Überschüssiges Mehl leicht abschütteln.

3. Olivenöl in einem Bratentopf erhitzen und die Fischkoteletts darin von jeder Seite 1 Minute anbraten. Herausnehmen und beiseite stellen.

4. In demselben Fett die Auberginenwürfel 5–6 Minuten braten, in der letzten Minute den Knoblauch zugeben und mit andünsten.

5. Tomato al Gusto »Kräuter« und Cremefine einrühren, die Schellfischkoteletts daraufsetzen und zugedeckt bei schwacher Hitze 15–20 Minuten garen.

TIPP: Zu Fischgerichten, die in der Regel viel Eiweiß (Protein) enthalten, kohlenhydratreiche Beilagen wie etwa Kartoffeln, Nudeln oder Reis servieren. Dann stimmt die Nährstoff-Balance.

SCHELLFISCH

Fischfans lieben diesen Nordseefisch wegen seines klaren kräftigen Geschmacks nach Jod und Meer. Das Fleisch ist weiß und sehr fein. Schellfischkoteletts, in etwas KNORR Delikatess-Brühe mit einer Prise getrocknetem Estragon leicht gedünstet und mit heller Sauce serviert, ergeben ein wunderbar einfaches und leichtes Gericht.

GEGRILLTE ROTBARBEN MIT SCHARFEN BOHNEN

1. Die Rotbarben innen und außen waschen, trockentupfen und mit Salz und Pfeffer würzen. Einige Thymianstiele und je 1/2 geschälte Knoblauchzehe in die Bauchöffnungen füllen und mit Küchengarn zubinden oder mit Holzspießchen zustecken. 1 EL Olivenöl und den Zitronensaft gut verrühren und die Rotbarben damit von beiden Seiten einpinseln.

2. Die Bohnen waschen, putzen und ca. 7 Minuten in kochendem Salzwasser garen. Die Mandelblättchen in einer beschichteten Pfanne ohne Zugabe von Fett goldgelb rösten.

3. Salatkrönung mit dem restlichen Öl, 5 EL Wasser und den Chiliflocken verrühren. Die Bohnen unterheben.

4. Die Rotbarben je nach Größe von jeder Seite 5–10 Minuten unterm Backofengrill oder auf dem Grill grillen.

5. Brotscheiben von jeder Seite 1 Minute grillen. (Vorsicht: Sie sind sehr schnell verbrannt!). Mandelblättchen über die Bohnen streuen und mit Röstbrot und Rotbarben servieren.

TIPP: Rotbarben werden – frisch oder tiefgekühlt – in jeder Größe angeboten, ihr Gewicht liegt zwischen 100 g und 400 g. Eine übliche Portion wiegt etwa 300 g, wobei die Fische mit Kopf und Gräten serviert werden. Tiefgekühlte Exemplare sind bereits küchenfertig vorbereitet. Wer frische Rotbarben kauft, sollte den Fischhändler bitten, die Fische zu schuppen.

PRO PORTION

1886 kJ/450 kcal, 37 g Eiweiß, 17 g Fett, 34 g Kohlenhydrate

ca. 40 Minuten

ZUTATEN

FÜR 2 PORTIONEN

600 g Rotbarben mit Kopf (küchenfertig ausgenommen, geschuppt)
Salz
Pfeffer
einige Thymianstiele
2–3 Knoblauchzehen
2 EL Olivenöl
2 EL Zitronensaft
400 g grüne Bohnen
20 g Mandelblättchen
1 Beutel KNORR Salatkrönung »Bärlauch-Schalotten-Kräuter«
1 Msp. getrocknete Chiliflocken
4 Scheiben Roggenbrot oder 2 Roggenbrötchen

ROTBARBEN

Weil ihr Fleisch so delikat schmeckt, waren sie schon im griechischen und römischen Altertum hoch geschätzte Speisefische. Gefangen werden die dekorativen roten Meerbarben im östlichen Atlantik, Mittelmeer und im Schwarzen Meer. Frisch geschuppt zählen sie – vor allem im Sommer – zu den Lieblingsfischen der Südfranzosen, die sie gern mit frischem Fenchelgrün füllen und leicht geölt im Freien über Holzkohle grillen.

PRO PORTION

1378 kJ/330 kcal, 23 g Eiweiß, 15 g Fett, 22 g Kohlenhydrate

ca. 35 Minuten

EINGELEGTE SARDINEN NACH VENEZIANISCHER ART

ZUTATEN

FÜR 4 PORTIONEN

2 Gemüsezwiebeln
2 Knoblauchzehen
3 EL Olivenöl
40 g Rosinen
1 TL brauner Zucker
2 Beutel KNORR Salatkrönung »Balsamico-Kräuter«
25 g Pinienkerne
400 g kleine Sardinen (vom Händler ausnehmen lassen)
Salz, Pfeffer, 2 EL Mehl

SARDINEN

Man sieht es ihnen an: Ihr engster Verwandter ist der Hering. Ebenso wie er sind auch Sardinen in Schwärmen unterwegs und gelten als Nomaden der Meere. Die kleinen, etwa 20 cm langen Fische enthalten reichlich gesunde Fettsäuren. Leicht bemehlt und gebraten kommt ihr kräftiger Geschmack gut zur Geltung.

1. Zwiebeln und Knoblauchzehen schälen, die Zwiebeln in dünne Streifen, den Knoblauch in Scheibchen schneiden.
2. 2 EL Olivenöl erhitzen, Zwiebelstreifen und Knoblauch darin glasig dünsten. Mit 1/4 l (250 ml) Wasser aufgießen und 5 Minuten kochen. Rosinen, Zucker und Salatkrönung zugeben und unterrühren. Abkühlen lassen.
3. Die Pinienkerne in einer beschichteten Pfanne ohne Zugabe von Fett rösten, bis sie zu duften beginnen.
4. Die Sardinen waschen, trockentupfen, mit Salz und Pfeffer würzen und in Mehl wenden. Das restliche Öl in einer Pfanne erhitzen und die Sardinen darin von jeder Seite ca. 3 Minuten (kommt auf die Größe an) braten.
5. Die Sardinen mit den Pinienkernen, Zwiebeln, Rosinen und der Marinade in eine Schüssel schichten. Bis zum Servieren kühl aufbewahren.

TIPP: Italiener reichen gern Polenta zu Sardinen. Wer es eilig hat, nimmt Instant-Polenta, die nicht länger als 15 Minuten zum Garen braucht.

EINGELEGTE BRATHERINGE MIT SPITZPAPRIKA

PRO PORTION

1210 kJ/289 kcal, 20 g Eiweiß, 17 g Fett, 11 g Kohlenhydrate

35 Minuten + Marinierzeit

1. Spitzpaprika putzen, waschen und in Scheiben schneiden. Die Zwiebeln schälen und in Streifen schneiden.
2. 1/4 l (250 ml) Wasser aufkochen, Gemüse-Bouillon, Zucker, Pfeffer- und Senfkörner und Lorbeerblätter zugeben. Paprikascheiben und Zwiebelstreifen darin ca. 8 Minuten garen. Dann den Essig zugeben und noch einmal aufkochen.
3. Inzwischen die Heringe waschen, trockentupfen und mit nur wenig Salz würzen. Danach die Fische im Mehl wenden und in einer beschichteten Pfanne im heißen Keimöl von jeder Seite ca. 8 Minuten braten.
4. Heringe, Paprika und Zwiebeln in eine Schüssel schichten und mit dem kochendheißen Sud begießen. Abkühlen lassen und im Kühlschrank mindestens 3 Tage durchziehen lassen.

TIPP: Es lohnt, gleich die doppelte Menge Heringe einzulegen. Das macht kaum mehr Arbeit, und die Fische halten sich im Kühlschrank etwa 1 Woche. Zu Heringen passt Vollkornbrot und grüner Salat.

ZUTATEN

FÜR 4 PORTIONEN

400 g Spitzpaprika
2 Zwiebeln
2 TL KNORR Gemüse-Bouillon
1 EL Zucker
je 1 TL Pfeffer- und Senfkörner
2 Lorbeerblätter
1/4 l (250 ml) Weinessig
4 küchenfertige grüne Heringe (500 g), Salz
2 EL Mehl
2 EL Keimöl

HERINGE

Frisch gefangen heißen die beliebten Fische »grüne Heringe«. In Mehl oder Haferflocken gewendet und gebraten, gelten sie vor allem in Nordeuropa als Delikatesse. Kalt geräuchert isst man sie als »Kippers« in England schon zum Frühstück, der deutsche Bückling wird dagegen warm geräuchert und sehr gern zum Abendessen serviert.

PRO PORTION

687 kJ/167 kcal, 12 g Eiweiß, 8 g Fett, 10 g Kohlenhydrate

ca. 25 Minuten

ZUTATEN

FÜR 2 PORTIONEN

1 großes Bund gemischte Kräuter, z.B. Petersilie, Schnittlauch, Dill, Kerbel, Zitronenmelisse
2 Bismarckheringe à 65 g
150 g Knollensellerie
1 kleiner Kopf Radicchio
1 Beutel KNORR Salatkrönung »7-Kräuter«
6 EL Apfelsaft

KRÄUTERHERINGSRÖLLCHEN AUF SELLERIEROHKOST

1. Die Kräuter waschen, trockenschütteln und fein hacken. Die Bismarckheringe abtropfen lassen. Die Rückenflosse herausschneiden. Das Fischfilet der Länge nach halbieren und in den Kräutern wenden. Die Heringe aufrollen und mit einem Holzspießchen feststecken.
2. Sellerie schälen und in feine Streifen hobeln. Radicchio putzen, waschen, trockenschleudern und ebenfalls in feine Streifen schneiden.
3. Salatkrönung mit Apfelsaft verrühren und mit Sellerie- und Radicchiostreifen mischen. Die Bismarckröllchen auf der Rohkost anrichten.

TIPP: Die selbst gemachten kräutergrünen »Rollmöpse« schmecken sehr gut als kaltes Abendbrot, sind leicht vorzubereiten und deshalb auch ideal für Buffets. Wer, wie die Dänen, Heringsgerichte gern mit einer leicht süßen Note mag, schmeckt das Dressing mit etwas Honig ab und rührt 1 TL groben Senf unter. Es ist gut, immer ein Glas Bismarckheringe im Vorrat zu haben. Denn die mildsauren Fischkonserven enthalten ebenso wie fangfrische Heringe wertvolle Omega-3-Fettsäuren. Angebrochene Gläser in den Kühlschrank stellen und die Fische innerhalb von 1–2 Tagen aufessen.

BISMARCKHERING

Die grätenfreien Filets frischer Heringe bekommen durch Einlegen in eine saure Marinade den besonderen Geschmack und eine angenehm feste Beschaffenheit. Weil ihm diese Heringe so gut schmeckten, erlaubte der Reichskanzler Otto von Bismarck im 19. Jahrhundert einem Fischhändler, die so zubereiteten Fische nach ihm zu benennen.

MATJESSALAT MIT RADIESCHEN

PRO PORTION

1496 kJ/358 kcal, 19 g Eiweiß, 16 g Fett, 31 g Kohlenhydrate

ca. 25 Minuten

ZUTATEN

FÜR 2 PORTIONEN

500 g fest kochende Kartoffeln
125 g Matjesfilet
1 Bund Radieschen
1 rote Zwiebel
1 Beutel KNORR Salatkrönung »Würzige Gartenkräuter«
150 g Joghurt (1,5 % Fett)
1 EL süßer Senf
1/2 Bund Schnittlauch

1. Die Kartoffeln waschen und mit der Schale in Wasser garen. Abgießen.
2. Matjesfilet in Streifen schneiden. Die Radieschen waschen, putzen und in feine Scheiben schneiden oder hobeln. Die Zwiebel schälen und in feine Ringe schneiden.
3. Salatkrönung mit Joghurt und Senf verrühren. Matjes, Radieschen und Zwiebel unterheben.
4. Den Schnittlauch waschen, trockenschütteln und in feine Röllchen schneiden. Die Kartoffeln pellen und mit dem Matjessalat servieren. Mit Schnittlauchröllchen bestreuen.

TIPP: Guter Matjes schmeckt wunderbar zart und aromatisch – aber auch salzig. 100 g Matjes enthalten rund 8 g Kochsalz. Grund genug, beim Zubereiten der übrigen Zutaten das Salz wegzulassen und an diesem Tag ein bisschen mehr Obst zu essen, das durch seinen Kaliumgehalt den Wasserhaushalt wieder reguliert.

MATJESFILET

Nur junge Heringe eignen sich für guten Matjes. Gefangen werden sie vor allem in der Nordsee und an der Nordküste Schottlands. Gute Qualität erkennt man am nur mild salzigen, ausgewogenen Geschmack. Verpackte Ware kühl lagern und auf das Frischedatum achten.

DORADE IN DER SALZKRUSTE MIT RATATOUILLE

PRO PORTION

1312 kJ/314 kcal, 38 g Eiweiß, 9 g Fett, 18 g Kohlenhydrate

ca. 70 Minuten

ZUTATEN

FÜR 4 PORTIONEN

1 große Dorade (ca. 1,6 kg)
2 Knoblauchzehen
2 Zweige Rosmarin
2 kg grobes Meersalz
500 g Kartoffeln
300 g Zucchini
50 g schwarze Oliven (ohne Stein)
1 EL Olivenöl
Salz
1 Beutel KNORR Fix für Ratatouille

1. Dorade innen und außen waschen. Knoblauchzehen schälen und zusammen mit 1 Zweig Rosmarin in die Bauchhöhle stecken.
2. Das Salz mit 8–10 EL kaltem Wasser mischen. Etwa 1/3 davon auf ein mit Backpapier belegtes Blech geben, zu einer ovalen Form schieben und flach drücken. Den Fisch darauflegen und mit dem restlichen Salz bedecken. Salz fest andrücken und im vorgeheizten Backofen bei 200 °C (Umluft: 175 °C) 45–50 Minuten garen.
3. Die Kartoffeln schälen und längs vierteln. Zucchini putzen, waschen und in etwas dickere Scheiben schneiden. Die Oliven halbieren.
4. Olivenöl in einem Topf erhitzen und die Kartoffeln und den 2. Rosmarinzweig darin einige Minuten bei mittlerer Hitze andünsten. Mit 300 ml Wasser aufgießen, etwas Salz zugeben und zugedeckt 10 Minuten kochen. Fix für Ratatouille einrühren, die Zucchini zugeben und zugedeckt ca. 10 Minuten garen.
5. Die Oliven zugeben und erhitzen. Falls die Ratatouille zu sehr eingekocht ist, noch etwas Wasser zugeben.
6. Den Fisch aus dem Ofen nehmen, die Salzkruste rundherum mit einem Messerrücken aufbrechen. Dorade auf eine Platte legen und mit der Kartoffel-Zucchini-Ratatouille servieren.

TIPP: Knabbern dämpft den ersten Hunger: Deshalb als Vorspeise öfter mal klein geschnittenes Gemüse mit einem Dressing zum Dippen auftischen.

DORADE

Das feine, unaufdringliche Aroma des grätenarmen, barschartigen Fisches, ist berühmt. Doraden werden rund um das Mittelmeer gefangen und schmecken in der Zeit von Juli bis Oktober am besten. Inzwischen werden sie auch sehr erfolgreich gezüchtet, der größte Teil der im Ganzen und als Filet angebotenen Fische stammt bereits aus Aquakulturen.

Scharfe Sache

Gewürze

Pfeffer, Koriander, Chili und Konsorten sind auch in der vitalen Küche stets für Überraschungen gut. Schon eine Prise kann ein Gericht total verzaubern.

PRO PORTION

950 kJ/227 kcal, 28 g Eiweiß, 10 g Fett, 5 g Kohlenhydrate

35 Minuten + Abkühlzeit

ZUTATEN

FÜR 4 PORTIONEN

2 TL KNORR Hühner-Kraftbouillon
1 Stange Zitronengras
1 kleine rote Chilischote
400 g Hähnchenbrustfilet
150 g Zuckerschoten
150 g kleine Champignons
30 g Erdnüsse (ungesalzen)
150 g Joghurt (1,5 % Fett)
1 Beutel KNORR Salatkrönung »Würzige Gartenkräuter«
2 EL Rapsöl, evtl. Zucker

ZITRONENGRAS

Die dünnen Halme der tropischen Grasart würzen mit ausgeprägtem, eigenständigen Zitrusaroma. Fein geschnitten für helle Schmorgerichte verwenden. In Brühen und Eintöpfen am Schluss kurz mitkochen. Einkauf: getrocknet in gut sortierten Supermärkten, frisch in großen Asialäden.

GEFLÜGELSALAT MIT ZITRONENGRAS UND CHILI

1. 1/2 l (500 ml) Wasser aufkochen und die Hühner-Kraftbouillon darin auflösen. Zitronengras und Chilischote waschen, grob zerteilen und in die Bouillon geben. Die Hähnchenbrust hineinlegen und bei schwacher Hitze 15 Minuten garen. Das Fleisch in der Bouillon auskühlen lassen, damit es saftig bleibt.
2. Zuckerschoten waschen und schräg einmal durchschneiden. Die Champignons putzen, eventuell waschen und in feine Scheiben schneiden.
3. Erdnüsse im Blitzhacker fein mahlen oder mit einem großen Messer klein hacken. 1–2 TL Nüsse beiseite stellen. Restliche Erdnüsse mit Joghurt, Salatkrönung »Würzige Gartenkräuter«, 3 EL Bouillon und Rapsöl verrühren. Die Sauce nach Belieben mit etwas Zucker abschmecken.
4. Hähnchenbrust in dünne Scheiben schneiden und mit dem Gemüse und den zur Seite gestellten Erdnüssen auf einer großen Platte anrichten. Die Salatsauce darüberträufeln.

LINSEN-NUDEL-SALAT MIT KARDAMOM UND THUNFISCH

PRO PORTION

1654 kJ/395 kcal, 28 g Eiweiß, 13 g Fett, 38 g Kohlenhydrate

ca. 30 Minuten

ZUTATEN

FÜR 4 PORTIONEN

2 1/2 EL KNORR Gemüse-Bouillon
150 g Hörnchennudeln
100 g rote Linsen
100 g Endiviensalat
3–4 EL Balsamico bianco
3 EL Rapsöl
2 TL Senf
1–2 Msp. Kardamom
Salz, Pfeffer
4 Thunfischfilets à 75 g
1 Limette zum Garnieren

1. 1 1/2 l (1500 ml) Wasser erhitzen und die Gemüse-Bouillon darin auflösen. Nudeln zufügen und nach Packungsanweisung garen, die Linsen in den letzten 7 Minuten mitgaren. Nudeln und Linsen abgießen, die Brühe auffangen. Abtropfen und erkalten lassen.
2. Inzwischen den Salat putzen, waschen, trockenschleudern und in mundgerechte Stücke zupfen. 6–8 EL von der aufgefangenen Brühe, Essig, 2 EL Rapsöl und Senf verrühren. Mit Kardamom, Salz und Pfeffer herzhaft abschmecken. Nudeln, Linsen und den Salat unter die Sauce heben.
3. Das restliche Öl in einer beschichteten Pfanne erhitzen. Thunfisch darin von jeder Seite ca. 1 Minute braten, so dass der Fisch in der Mitte noch roh ist. Mit etwas Salz und Pfeffer würzen.
4. Linsen-Nudel-Salat mit Thunfisch anrichten, mit Limettenspalten garnieren.

TIPP: Den Salat sofort servieren, damit er schön saftig bleibt.

KARDAMOM

In den grünlichen, dreigeteilten Kapseln stecken grau- bis rötlichbraune Samen. Wenn man sie wie Pfefferkörner in eine Mühle gibt und frisch mahlt oder in einem Mörser zerkleinert, setzen sie besonders viel von ihrem köstlichen Aroma und dem warmen, leicht brennenden Geschmack frei.

PRO PORTION

820 kJ/197 kcal, 3 g Eiweiß, 5 g Fett, 31 g Kohlenhydrate

ca. 60 Minuten

ROTKOHL MIT NELKEN UND ZWERGORANGEN

ZUTATEN

FÜR 4 PORTIONEN

1 Rotkohl (ca. 1,2 kg)
2 Zwiebeln
150 g Zwergorangen (Kumquats)
8–10 Nelken
2 TL KNORR Hühner-Kraftbouillon
20 g Gänseschmalz
100 g Orangenmarmelade
3–4 EL Zitronensaft
evtl. Salz

NELKEN

Es sind die getrockneten Blütenknospen indonesischer Nelkenbäume, die – sparsam dosiert – dunklen Fleischgerichten und Marinaden für Sauerbraten, Wild und Lamm eine aromatisch scharfe Note verleihen. Nelken passen auch zu Kohl, Steckrüben, Möhren und Roter Bete.

1. Den Rotkohl putzen, waschen, vierteln und in feine Streifen schneiden oder auf einer Gemüsereibe hobeln. Die Zwiebeln schälen und würfeln.
2. 2 Zwergorangen gut abspülen und mit den Nelken spicken. 1/4 l (250 ml) Wasser aufkochen, Hühner-Kraftbouillon darin auflösen.
3. Gänseschmalz in einem Topf erhitzen, Rotkohl und Zwiebeln darin kurz andünsten. Die heiße Kraftbouillon zugießen und die gespickten Zwergorangen zufügen. Rotkohl zugedeckt bei mittlerer Hitze ca. 45 Minuten garen, dabei ab und zu umrühren.
4. Restliche Zwergorangen mit kochendem Wasser überbrühen. Nach ca. 3 Minuten das Wasser abgießen und die Früchte in Scheiben schneiden.
5. Orangenmarmelade unter den Rotkohl heben. Das Gemüse mit Zitronensaft und nach Belieben auch mit etwas Salz abschmecken. Die Orangenscheiben unterheben.

Dazu Lammrücken und Knödel reichen.

TIPP: Vegetarier ersetzen das Schmalz durch Margarine und essen das Gemüse mit Schupfnudeln und körnigem Frischkäse.

RINDFLEISCHPFANNE MIT HONIG UND SOJA

1. Die Pilze nach Packungsanweisung mit kochendem Wasser übergießen und quellen lassen.
2. Kohlrabi schälen und in dünne Spalten schneiden. Die Paprikaschote halbieren, entkernen, waschen und in mundgerechte Stücke schneiden. Rindfleisch in Streifen schneiden.
3. Rapsöl in einer beschichteten Pfanne erhitzen und die Fleischstreifen darin rundherum anbraten. Mit Salz und Pfeffer würzen, aus der Pfanne nehmen und warm stellen.
4. In der gleichen Pfanne das Sesamöl erhitzen, Paprikastücke und Kohlrabispalten hineingeben und kurz andünsten. Die Pilze, 1/4 l (250 ml) Wasser und Rinds-Bouillon zugeben und zugedeckt ca. 10 Minuten garen.
5. Speisestärke mit Sojasauce und Honig verrühren, unter die Sauce rühren und einmal aufkochen. Das Fleisch und die Sprossen zugeben und erhitzen. Die Rindfleischpfanne zum Schluss eventuell noch einmal abschmecken.

Dazu Basmatireis reichen.

PRO PORTION

1376 kJ/328 kcal, 27 g Eiweiß, 15 g Fett, 21 g Kohlenhydrate

ca. 35 Minuten

ZUTATEN

FÜR 2 PORTIONEN

20 g getrocknete chinesische Pilze, z.B. Shiitake
1 Kohlrabi
1 rote Paprikaschote
200 g Rindfleisch
1 EL Rapsöl, Salz, Pfeffer
1 EL dunkles Sesamöl
1 TL KNORR Rinds-Bouillon
1 TL Speisestärke
3 EL Sojasauce, 2 TL Honig
50 g Sojasprossen

HONIG

Mit seiner reinen Süße rundet er viele Gewürze ab. Besonders gut passt die süße Note zu säuerlich scharfen Marinaden und zu asiatischen Gerichten mit Sojasauce. Flüssige Honigsorten verteilen sich gut und erleichtern das Abschmecken.

PRO PORTION

676 kJ/161 kcal, 13 g Eiweiß, 8 g Fett, 8 g Kohlenhydrate

ca. 20 Minuten

BLATTSALAT MIT PFLAUMEN-ZIMT-SAUCE

ZUTATEN

FÜR 4 PORTIONEN

200 g Lollo rosso oder Radicchio
3 getrocknete Pflaumen (ca. 25 g)
50 g KNORR Schlemmersauce »Asia süß-sauer«
1 EL Rapsöl
1/4 TL gemahlener Zimt, Salz
40 g Bündner Fleisch in hauchdünnen Scheiben
20 g Pistazienkerne, Pfeffer
150 g körniger Frischkäse (0,8 % Fett)

ZIMT

... duftet nach Weihnachtsbäckerei und gehört als Zimtzucker traditionell zu süßem Reis. Seit kurzem machen seine Aktivstoffe bei Forschern Furore, denn die haben entdeckt: Schon wenige Gramm täglich sollen helfen, Blutzucker und Fettstoffwechsel zu regulieren. Kein Wunder, dass Zimt in der indischen Medizin, dem Ayurveda, seit Jahrhunderten einen festen Platz hat.

1. Blattsalat putzen, waschen, trockenschleudern und in mundgerechte Stücke zupfen.
2. Die getrockneten Pflaumen fein hacken und mit Schlemmersauce »Asia süß-sauer«, 7 EL Wasser, Rapsöl und gemahlenem Zimt verrühren. Die Sauce mit wenig Salz abschmecken und unter den Blattsalat heben.
3. Die Scheiben Bündner Fleisch zusammen mit dem Salat dekorativ auf Portionstellern anrichten.
4. Pistazien grob hacken und mit etwas Salz und Pfeffer unter den Frischkäse heben. Mit 2 Teelöffeln kleine Käsenocken formen, auf den Salat geben und sofort servieren.

TIPP: Für kleine Portionen und optimale Frische Zimtstangen in einer Gewürzmühle kaufen und selbst mahlen. Wer das aromatische Gewürz gern löffelweise verwendet, wählt am besten bereits gemahlenen Zimt. Das freigesetzte ätherische Öl entspannt, wenn man es tief einatmet. Deshalb ruhig einmal am Pulver schnuppern und den Duft wirken lassen.

BROTSALAT MIT ROSENKOHL UND PFEFFER-VINAIGRETTE

PRO PORTION

1452 kJ/346 kcal, 13 g Eiweiß, 12 g Fett, 43 g Kohlenhydrate

ca. 40 Minuten

ZUTATEN

FÜR 4 PORTIONEN

300 g herzhaftes Bauernbrot
30 g Pinienkerne
750 g Rosenkohl
Salz
250 g Kirschtomaten
2 Beutel KNORR Salatkrönung »Italienische Art«
3 EL Olivenöl
1/4 TL grob gemahlener oder geschroteter schwarzer Pfeffer
40 g getrocknete Tomaten (ohne Öl)

1. Das Brot in mundgerechte Würfel schneiden und auf einem Backblech verteilen. Die Brotwürfel unter dem Backofengrill 4–6 Minuten knusprig rösten, beiseite stellen und abkühlen lassen. Die Pinienkerne in einer beschichteten Pfanne ohne Zugabe von Fett goldgelb rösten.
2. Rosenkohl putzen, waschen und in kochendem Salzwasser je nach Größe der Röschen in 10–15 Minuten bissfest garen. Kohlröschen in einem Sieb abgießen, abtropfen lassen und halbieren. Kirschtomaten waschen, halbieren oder vierteln.
3. Für das Salatdressing Salatkrönung »Italienische Art« mit 100 ml Wasser, Olivenöl und Pfeffer verrühren. Die getrockneten Tomaten fein schneiden und unterrühren.
4. Rosenkohl und Brotwürfel unter die Pfeffer-Vinaigrette heben und einige Minuten durchziehen lassen, so dass das Brot noch knusprig ist. Mit Pinienkernen bestreuen und etwas groben Pfeffer darübergeben.

TIPP: Kühl und dunkel gelagert, lassen sich Pfefferkörner mehrere Jahre aufheben, ohne an Schärfe zu verlieren.

PFEFFER

Die dunklen Körnchen wurden früher so teuer wie Gold gehandelt, denn Pfeffer hebt den Geschmack! In gepfefferten Speisen schmeckt man nicht nur die Schärfe, sondern auch die übrigen Zutaten intensiver. Der Grund: Über einen Nervenreiz kann der »Scharfmacher« des Pfeffers, das Piperin, unseren Geschmackssinn verbessern.

PRO PORTION

1427 kJ/342 kcal, 34 g Eiweiß, 7 g Fett, 33 g Kohlenhydrate

20 Minuten + Abkühlzeit

ZUTATEN

FÜR 2 PORTIONEN

100 g rote Linsen
1 TL KNORR Gemüse-Bouillon
2 Msp. Kreuzkümmel
1 Msp. Cayennepfeffer
150 g geräucherte Putenbrust in Scheiben
2 TL Honig
1 EL Keimöl
1 Beutel KNORR Salatkrönung »Balsamico-Kräuter«
Kräuter zum Garnieren

KREUZKÜMMEL
Schon eine Prise des in Indien und Mittelamerika beliebten magenstärkenden Gewürzes setzt deutliche Akzente. Sein sattes, exotisch scharfes Aroma passt exzellent zu Hülsenfruchtgerichten wie etwa Chili con carne, Linsensuppen und Kichererbsen.

PUTENRÖLLCHEN MIT ROTEN LINSEN UND KREUZKÜMMEL

1. Linsen mit 1/4 l (250 ml) Wasser aufkochen, Gemüse-Bouillon zufügen und die Linsen 8–10 Minuten garen.
2. Linsen in einem Sieb abgießen und abtropfen lassen. Linsen in eine Schale geben und mit Kreuzkümmel und Cayennepfeffer herzhaft abschmecken.
3. Auf jede Putenbrustscheibe etwas von den Gewürzlinsen geben und aufrollen. Mit Holzspießchen feststecken und die Röllchen auf einer Platte anrichten.
4. 5 EL Wasser erhitzen und den Honig darin auflösen. Keimöl und Salatkrönung unterrühren und die Sauce über die Putenröllchen träufeln. Mit frischen Kräutern garnieren.

TIPP: Gelegentlich steht man ratlos vor dem Supermarktregal, weil es viele Namen für das gleiche Gewürz und ähnliche Namen für ein anderes Gewürz gibt. So auch hier. Je nach Anbieter heißt Kreuzkümmel auch römischer oder welscher Kümmel, Kumin oder Cumin. Der übliche einheimische Kümmel gehört zwar zu derselben Pflanzenfamilie, schmeckt aber vollkommen anders als der exotische Kreuzkümmel.

GARNELEN MIT MÖHREN UND ZUCCHINI IN VANILLESAUCE

PRO PORTION

1101 kJ/263 kcal, 29 g Eiweiß, 8 g Fett, 16 g Kohlenhydrate

ca. 30 Minuten

ZUTATEN

FÜR 2 PORTIONEN

2 Möhren (ca. 150 g)
1 Zucchini (ca. 200 g)
250 g Garnelen (frisch oder tiefgekühlt)
1 EL Rapsöl
Salz, Pfeffer
Zitronensaft
1 Beutel KNORR Feinschmecker Sauce Hollandaise »fettarm«
1/2 Vanilleschote

1. Möhren und Zucchini putzen, waschen und in Streifen schneiden. Die Garnelen am Rücken entlang leicht einschneiden und die Därme entfernen.
2. Rapsöl in einer beschichteten Pfanne erhitzen. Möhren und Zucchini kurz darin andünsten, mit Salz und Pfeffer würzen. 5 EL Wasser zugeben und zugedeckt 8–10 Minuten dünsten.
3. Die Garnelen mit etwas Zitronensaft und Salz würzen und in den letzten 2 Minuten auf das Gemüse legen.
4. 1/4 l (250 ml) kaltes Wasser in einen Topf gießen und die Sauce Hollandaise einrühren. Vanillemark mit einem Messer aus der Schote kratzen und mit der Schote zur Hollandaise geben. Unter Rühren aufkochen und 2–3 Minuten bei schwacher Hitze kochen.
5. Vanilleschote entfernen. Die Sauce mit etwas Zitronensaft abschmecken und zu Garnelen und Gemüse servieren.

Dazu Kräuterreis oder Bandnudeln servieren.

VANILLE

Als Ergänzung feiner Süßspeisen hat das zart duftende Mark der dunklen Schote einen festen Platz in der internationalen Küche. In jüngster Zeit wird das raffiniert-exotische Aroma der Vanille auch für herzhafte Gerichte entdeckt.

FLEISCH-GEMÜSE-FONDUE MIT DREI DIPS

1. Das Fleisch in Streifen oder Würfel schneiden, das Geflügelfleisch auf einem separaten Teller anrichten.
2. Das Gemüse putzen, waschen und in mundgerechte Stücke schneiden. In Salzwasser ca. 5 Minuten vorgaren und auf einer Platte anrichten.
3. 2 l (2000 ml) Wasser in einem Fonduetopf oder einem Wok erhitzen, die Delikatess-Brühe zugeben.
4. Für die Remoulade Salatkrönung mit Ajvar verrühren. Zwiebel schälen und fein würfeln. Cornichons ebenfalls in kleine Würfel schneiden und mit den Zwiebelwürfeln unterrühren.
5. Für den Ingwer-Gurken-Dip die Gurke schälen, entkernen und fein würfeln. Ingwer schälen und fein hacken. Salatkrönung mit Keim- und Sesamöl, 3 EL Wasser und Ingwer verrühren. Die Gurkenwürfel unterheben.
6. Für den Wasabi-Bohnen-Quark die Bohnen in einem Sieb abgießen, mit kaltem Wasser abspülen und abtropfen lassen. Quark, Wasabi, 3–4 EL Wasser und Delikatess-Brühe zugeben und alles pürieren. Radieschen waschen, klein würfeln und unterheben. Eventuell noch einmal abschmecken.
7. Fleisch und Gemüse bei Tisch in der Delikatess-Brühe garen und mit den Dips servieren.

Dazu frisch gekochte Pellkartoffeln oder Baguette reichen.

TIPP: Das rote Paprika-Auberginen-Mus »Ajvar« gibt es in jedem größeren Supermarkt. Die grüne Meerrettichpaste »Wasabi« wird vor allem in Asia-Läden und Supermärkten mit Asia-Abteilung angeboten (Foto unten).

WASABI

Die höllisch scharfe, hellgrüne Meerrettichsorte stammt aus Japan. Europäer entdeckten ihren Reiz als Beigabe zu Sushi. Meist wird Wasabi als gebrauchsfertige Paste angeboten. Seine frische Schärfe passt gut zu Grillsaucen. Wie einheimischer Meerrettich schmeckt er auch mit Schlagsahne vermischt zu Räucherfisch und Roastbeef.

PRO PORTION

1691 kJ/404 kcal, 45 g Eiweiß, 16 g Fett, 16 g Kohlenhydrate

ca. 40 Minuten

ZUTATEN

FÜR 4 PORTIONEN

600 g gemischtes mageres Fleisch, z.B. Schweine- und Rinderfilet, Hähnchen- und Putenbrust
800 g Gemüse, z.B. Champignons, Zucchini, Paprikaschoten, Blumenkohlröschen
Salz
2 EL KNORR Delikatess-Brühe

AJVAR-REMOULADE

1 Becher KNORR Salatkrönung Joghurt-Dressing »Knoblauch-Kräuter«
2 EL Ajvar (Glas)
1 kleine Zwiebel
50 g Cornichons

INGWER-GURKEN-DIP

1/2 Salatgurke (250 g)
1 Stück Ingwerwurzel (ca. 10 g)
1 Beutel KNORR Salatkrönung »Würzige Gartenkräuter«
1 EL Keimöl
1 EL Sesamöl

WASABI-BOHNEN-QUARK

1 Dose weiße Bohnen (Abtropfgewicht 240 g)
100 g Magerquark
1/4–1/2 EL Wasabipaste (japanischer Meerrettich, Glas oder Tube)
1 TL KNORR Delikatess-Brühe
3 Radieschen

PRO PORTION

1560 kJ/372 kcal, 32 g Eiweiß, 11 g Fett, 30 g Kohlenhydrate

ca. 40 Minuten

PANNFISCH MIT SCHARFER SENFSAUCE

ZUTATEN

FÜR 2 PORTIONEN

400 g Kartoffeln
Salz
1 Bund Frühlingszwiebeln
300 g Seelachsfilet
1–2 EL Zitronensaft
1 EL Keimöl
1 Päckchen KNORR Kräuter Soße (aus dem 3er-Pack)
1–2 EL körniger Senf

SENFVIELFALT

Bis zu 15 Sorten drängeln sich in den Supermarktregalen: scharfe und milde, grobe und feine Senfspezialitäten – alle hergestellt aus gemahlenen Senfkörnern und Gewürzen.

1. Ungeschälte Kartoffeln waschen und in Salzwasser 20–25 Minuten garen. Kartoffeln abgießen, pellen und in Scheiben schneiden.
2. Frühlingszwiebeln waschen, putzen und die weißen und hellgrünen Teile in dünne Ringe schneiden. Seelachsfilet würfeln, mit Zitronensaft beträufeln und leicht salzen.
3. Keimöl in einer beschichteten Pfanne erhitzen und die Kartoffelscheiben darin bei mittlerer Hitze ca. 10 Minuten goldgelb braten, dabei ab und zu vorsichtig wenden.
4. 1/4 l (250 ml) Wasser aufkochen. Kräuter Soße und Senf einrühren. Die Fischwürfel in der Sauce bei schwacher Hitze etwa 5 Minuten gar ziehen lassen.
5. Zwiebeln zu den Kartoffeln geben und kurz mitbraten. Fisch und Sauce über die Kartoffeln geben. Sofort servieren.

TIPP: Wenn Kinder mitessen, am besten mittelscharfen oder süßen Senf verwenden. Ist die Sauce zu scharf geraten, hilft es, sie ein paar Minuten länger zu kochen. Dabei verfliegt ein Teil der scharfen Senföle.

LENGFISCH MIT CHARMOULA-KRUSTE

1. Zwiebeln und Knoblauch schälen und fein würfeln. Petersilie waschen, trockenschütteln und fein hacken. Kreuzkümmel, Cayennepfeffer, Paprikapulver, Olivenöl, Zitronensaft und etwas Salz mit den Zwiebel- und Knoblauchwürfeln und der fein gehackten Petersilie mischen.
2. Blattspinat in einer Mikrowelle oder in einem Topf auftauen und abtropfen lassen. Zusammen mit den abgetropften Kichererbsen in eine gefettete Auflaufform verteilen.
3. Tomaten Soße in 1/4 l (250 ml) kochendes Wasser einrühren, einmal aufkochen lassen und in die Form gießen.
4. Fisch darauflegen und mit der Würzpaste bedecken. Im vorgeheizten Backofen bei 200 °C (Umluft: 175 °C) 30 Minuten garen.

TIPP: Marokkaner verwenden die duftende Würzmischung Charmoula vor allem für Fischgerichte. Noch feiner gerät sie, wenn man Safran und Korianderblätter zufügt. Auch Fleisch- und Geflügelstücke profitieren von der intensiven Würze, wenn man sie mit der Mischung bestreicht und über Nacht durchziehen lässt.

PRO PORTION

1328 kJ/318 kcal, 35 g Eiweiß, 10 g Fett, 15 g Kohlenhydrate

ca. 50 Minuten

ZUTATEN

FÜR 2 PORTIONEN

100 g Zwiebeln
1–2 Knoblauchzehen
1 Bund glatte Petersilie
je 1/4 TL Kreuzkümmel, Cayennepfeffer und Paprikapulver, edelsüß
1 EL Olivenöl
3 EL Zitronensaft, Salz
225 g tiefgekühlter Blattspinat
100 g Kichererbsen (Dose)
1/2 TL Öl für die Form
1 Päckchen KNORR Tomaten Soße (aus dem 3er-Pack)
300 g Lengfisch- oder Seelachsfilet

FRISCH MAHLEN

Gemahlene Gewürze sind bequem und leicht prisenweise zu dosieren. Ihr Nachteil: Die Bestandteile, die den Geschmack liefern, verflüchtigen sich mit der Zeit. Viele Gewürzliebhaber ziehen es vor, ganze Gewürze zu kaufen und die Samen, Rindenstücke oder Fruchtkapseln erst kurz vor dem Gebrauch zu zerkleinern.

PRO PORTION:

537 kJ/128 kcal, 3 g Eiweiß, 7 g Fett, 11 g Kohlenhydrate

ca. 25 Minuten

KÜRBISSUPPE EDELSÜSS MIT KNUSPRIGEN ZWIEBELN

ZUTATEN

FÜR 3 PORTIONEN

600 g Kürbis
1 1/2 EL Keimöl
3 TL Paprikapulver, edelsüß
2–3 TL KNORR Hühner-Kraftbouillon
Salz, Pfeffer, Zucker
1 große Zwiebel
1 gehäufter EL Mehl
3 EL RAMA Cremefine zum Verfeinern

1. Kürbis schälen und würfeln. 1/2 EL Keimöl erhitzen, Kürbiswürfel und 2 TL Paprikapulver darin kurz andünsten.
2. 1/2 l (500 ml) Wasser und Hühner-Kraftbouillon zum Kürbis geben und zugedeckt bei mittlerer Hitze 15 Minuten kochen. Mit einem Stabmixer pürieren und mit Salz, Pfeffer und 1 Prise Zucker abschmecken.
3. Die Zwiebel schälen und in Ringe schneiden. Mehl und restliches Paprikapulver in einer Schüssel mischen und die Zwiebelringe darin wenden.
4. Das restliche Keimöl in einer beschichteten Pfanne erhitzen und die Zwiebelringe darin einige Minuten knusprig rösten. Cremefine glatt rühren.
5. Kürbissuppe auf Teller verteilen, je 1 EL Cremefine dekorativ auf der Suppe verteilen und mit den Zwiebelringen bestreut servieren.

TIPP: Wer es schärfer liebt, mischt zur Hälfte edelsüßen und scharfen Paprika. Nach Belieben die Suppe zusätzlich mit Rosenpaprika abschmecken.

PAPRIKAPULVER

Das tiefrote Gewürz wird häufig gleich löffelweise verwendet. So nimmt man für ein ungarisches Gulasch für 4 Portionen ruhig 2–3 EL, also etwa 50 Gramm. Bei diesen Mengen spielen auch Vitamine eine Rolle. Guter Gewürzpaprika enthält mehr als doppelt so viel Vitamin C wie ein Apfel.

THAISUPPE MIT PUTENWÜRFELN

PRO PORTION

1132 kJ/270 kcal, 22 g Eiweiß, 11 g Fett, 22 g Kohlenhydrate

ca. 35 Minuten

ZUTATEN

FÜR 2 PORTIONEN

150 g Putenbrustfilet
2 EL Sojasauce
2 EL Zitronen- oder Limettensaft
1 Bund Frühlingszwiebeln
1 Beutel KNORR Feinschmecker Thailändische Hühnersuppe mit Nudeln
1 EL Sesamsaat
1 EL Erdnussöl

Beim Würzen oft probieren und sich langsam an den optimalen Schärfegrad herantasten. Zwischendurch einen Schluck Wasser trinken, damit die Geschmacksknospen auf der Zunge empfänglich bleiben.

1. Putenbrust würfeln. Sojasauce und Zitronen- oder Limettensaft verrühren und die Hähnchenwürfel darin ca. 10 Minuten marinieren.
2. Die Frühlingszwiebeln waschen, putzen und schräg in ca. 2 cm lange Stücke schneiden. Einige grüne Teile zum Garnieren beiseite legen.
3. 1/2 l (500 ml) Wasser aufkochen und die Thailändische Nudelsuppe einrühren. Frühlingszwiebelstücke zugeben und die Suppe bei schwacher Hitze 5 Minuten kochen, dabei ab und zu umrühren.
4. Die Fleischwürfel aus der Marinade nehmen, im Sesam wenden und in einer beschichteten Pfanne im heißen Erdnussöl bei mittlerer Hitze rundherum 5–8 Minuten braten.
5. Die Suppe mit der übrig gebliebenen Marinade verfeinern. Putenwürfel und Frühlingszwiebelgrün auf der Suppe verteilen und servieren.

TIPP: Für Schärfe fein gehackte Chilischote in der Suppe mitgaren.

PRO PORTION

1893 kJ/452 kcal, 16 g Eiweiß, 20 g Fett, 50 g Kohlenhydrate

ca. 40 Minuten

SÜSSKARTOFFELAUFLAUF MIT KOKOSRASPELN

ZUTATEN

FÜR 3 PORTIONEN

1 Süßkartoffel (500 g)
1 Zucchini (200 g)
100 g Maiskölbchen (Glas)
1 Stück Ingwerwurzel (ca. 20 g)
150 ml Sojamilch
2 EL Kokosraspel
1 EL Rapsöl
1 Beutel KNORR Fix für Kartoffel-Gratin
30 g Käseraspel (30 % Fett i.Tr.)
1 kleines Stück Kokosnuss oder 1 EL gehobelte Mandeln

SOJAMILCH

Damit es nicht zu Verwechslungen kommt, heißt die nährstoffreiche, milchähnliche Flüssigkeit, die aus der Sojabohne hergestellt wird, heute meist Sojadrink. Sie ist eine gute Alternative für alle, die Milch nicht mögen oder nicht vertragen. Zum Überbacken und Gratinieren von Gemüse und Aufläufen gibt es auch cremige Varianten.

1. Die Süßkartoffel schälen und waschen. Zucchini putzen und waschen. Beides in ca. 1/2 cm dicke Scheiben schneiden.
2. Die Maiskölbchen abtropfen lassen und in Scheibchen schneiden. Ingwer schälen und fein reiben oder hacken.
3. Sojamilch mit 150 ml Wasser, Ingwer, Kokosraspeln, Rapsöl und Fix für Kartoffel-Gratin in einen Topf geben, verrühren und aufkochen. Süßkartoffelscheiben zugeben und alles bei schwacher Hitze ca. 3 Minuten kochen, dabei ab und zu umrühren.
4. Zucchini- und Maisscheiben zugeben und unterrühren. Alles in eine flache Auflaufform füllen und mit dem Käse bestreuen. Im vorgeheizten Backofen bei 200 °C (Umluft: 175 °C) ca. 25 Minuten backen.
5. Kokosnuss mit einem Sparschäler in hauchdünne Scheiben schneiden und den Auflauf damit garnieren.

TIPP: Ingwerwurzeln bleiben etwa 1 Woche frisch, wenn man sie in Klarsicht- oder Alufolie verpackt und im Gemüsefach des Kühlschranks aufhebt.

STECKRÜBENGRATIN MIT STERNANIS

PRO PORTION

790 kJ/189 kcal, 9 g Eiweiß, 7 g Fett, 20 g Kohlenhydrate

ca. 60 Minuten

ZUTATEN

FÜR 4 PORTIONEN

1 kleine Steckrübe (1 kg)
1 Sternanis
50 g magerer Schinken
400 ml Milch (1,5 % Fett)
1 Beutel KNORR Feinschmecker Französische Zwiebel Suppe
1 EL Rapsöl
evtl. getrocknete Bohnenkrautrispen zum Garnieren

1. Die Steckrübe schälen, waschen und grob raspeln; das geht am schnellsten mit der Küchenmaschine.
2. 2 Zacken vom Sternanis mit einem Messer hacken oder im Mörser zerkleinern. Den Schinken in schmale Streifen schneiden.
3. Milch in eine große Schüssel geben. Feinschmecker Zwiebel Suppe einrühren. Zerkleinerten Sternanis und Schinkenstreifen zufügen. Die Steckrübenraspel sorgfältig untermischen.
4. Eine flache Auflaufform oder 4 kleine ofenfeste Formen mit Rapsöl einstreichen und die Steckrüben-Schinken-Mischung hineingeben.
5. Das Gratin im vorgeheizten Backofen bei 200 °C (Umluft: 175 °C) ca. 45 Minuten backen. Nach Belieben mit Bohnenkrautrispen garnieren.

TIPP: Der herzhafte, leicht rettichartige Geschmack der preiswerten Steckrüben bekommt durch eine kräftige Prise Sternanis Raffinesse. Das Gratin passt gut zu gebratenem Fisch, zum Beispiel zu Scholle, aber auch zu kurz gebratenem Geflügel und Getreidebratlingen.

STERNANIS

Das hübsch geformte Gewürz stammt aus China und verfeinert dort Fisch- und Fleischgerichte. In Duft und Geschmack ähnelt es unserem einheimischen Anis, der ihn in feiner Dosierung durchaus ersetzen kann. Sternanis passt gut zu Gemüsesuppen und -saucen.

LINSEN-MARONEN-SUPPE MIT WACHOLDERBEEREN

PRO PORTION

1149 kJ/ 274 kcal, 12 g Eiweiß, 7 g Fett, 38 g Kohlenhydrate

ca. 20 Minuten

ZUTATEN

FÜR 4 PORTIONEN

200 g Staudensellerie
2 Lorbeerblätter
8 Wacholderbeeren
1 EL Rapsöl
75 g magere Schinkenwürfel
1 Beutel KNORR Suppenliebe Rindfleisch Suppe
80 g rote Linsen
150 g Maronen (vakuumverpackt oder Dose)
75 g saure Sahne (10 % Fett)

MITGAREN

Lorbeer & Wacholder: Beide geben ihren Geschmack leichter ab, wenn man sie zerkleinert in einen Teebeutel gibt und mitgart.

1. Den Staudensellerie putzen und waschen. Eventuell die Stangen auf der äußeren Seite schälen, um die Fäden zu entfernen. Selleriestangen in dünne Scheiben schneiden.
2. Lorbeerblätter und Wacholderbeeren grob hacken und in einen Papier-Teefilter geben. Mit etwas Küchengarn zubinden.
3. Rapsöl in einem Topf erhitzen. Staudensellerie und Schinkenwürfel kurz andünsten. 1 l (1000 ml) Wasser zugießen und aufkochen. Suppenliebe Rindfleisch Suppe, Linsen und den Beutel mit den Gewürzen zugeben und ca. 8 Minuten garen. Linsen und Sellerie sollten noch etwas Biss haben.
4. Die Maronen halbieren oder vierteln und in der Suppe erhitzen. Den Gewürzbeutel entfernen. Vor dem Servieren die Suppe mit je einem Klecks saurer Sahne garnieren.

TIPP: Ganz im Gegensatz zu Nüssen enthalten Maronen (Esskastanien) nur sehr wenig Fett.

SCHARFE HÜHNERSUPPE MIT SOJASPROSSEN

1. Hähnchenbrustfilet in feine Streifen schneiden. Mit Limettensaft, eventuell auch Limettenschale und Sambal oelek mischen und darin ca. 10 Minuten marinieren.
2. 1 l (1000 ml) Wasser aufkochen, Suppenliebe Hühner Suppe einrühren. Die Hähnchenbruststreifen mit der Marinade zufügen. Bei schwacher Hitze 8 Minuten garen.
3. Shiitake-Pilze putzen, zufügen und ca. 2 Minuten mitgaren. Sojasprossen abspülen, zur Suppe geben und heiß werden lassen.
4. Die Hühnersuppe nach Belieben mit Salz und Pfeffer abschmecken und mit Sambal oelek nachschärfen. Mit Korianderblättchen garniert servieren.

TIPP: In Thailand gehören duftende scharf-saure Hühnersuppen wie diese zum täglichen Repertoire. Anstelle von Limettenschale, die bei uns leichter zu haben ist, benutzen Asiaten gern fein geschnittenes Zitronengras und Kaffirlimettenblätter. Beide Gewürze gibt es in Asia-Läden. Nur kurz erhitzt, verleihen sie der Suppe ein feines exotisches Zitrusaroma.

PRO PORTION

742 kJ/ 177 kcal, 22 g Eiweiß, 2 g Fett, 17 g Kohlenhydrate

ca. 20 Minuten

ZUTATEN

FÜR 4 PORTIONEN

300 g Hähnchenbrustfilet
Saft von 1 Limette, evtl. auch etwas abgeriebene Schale
1/4–1/2 TL Sambal oelek
1 Beutel KNORR Suppenliebe Hühner Suppe
100 g frische Shiitake-Pilze
80 g Sojasprossen
Salz
Pfeffer
evtl. Korianderblättchen zum Garnieren

ABENTEUER

Die Welt der Gewürze ist vielfältig und bunt. Wer anfängt, sich dafür zu interessieren, kann mit Zunge und Nase immer wieder aufregend neue Erfahrungen machen. Experimentieren lohnt sich. Wichtig für den Einstieg: Von unbekannten Gewürzen erst eine kleine Menge pur probieren. Beim Würzen die Dosis langsam steigern und zwischendurch oft abschmecken.

RATATOUILLE-GEMÜSE VOM BLECH MIT SCHWARZKÜMMEL

1. Zucchini, Aubergine, Paprikaschoten und Gemüsezwiebel putzen, waschen und in mundgerechte Stücke schneiden. Die Knoblauchzehen schälen und halbieren.
2. Ein tiefes Backblech mit Olivenöl bestreichen. Die Gemüsestücke, Knoblauchhälften und Oliven auf dem Backblech verteilen.
3. Oregano waschen, trockenschütteln und die Blättchen von den Stielen zupfen. Das Gemüse mit Oreganoblättchen und Pfeffer bestreuen.
4. 1/4 l (250 ml) Wasser aufkochen. Gemüse-Bouillon zugeben und darin auflösen. Die Hälfte der Gemüse-Bouillon über das Gemüse gießen.
5. Das Gemüse im vorgeheizten Backofen bei 200 °C (Umluft: 175 °C) ca. 25 Minuten garen, zwischendurch mehrfach etwas von der restlichen Gemüse-Bouillon nachgießen.
6. Zum Schluss das Gemüse mit Schwarzkümmel bestreuen und heiß oder lauwarm servieren.

TIPP: Viele kennen den orientalischen Schwarzkümmel als Gewürz vom Fladenbrot. Man findet die Körnchen unter dem Namen »Çörekotu« in türkischen Läden, außerdem im Internet-Versandhandel und auf Bestellung in der Apotheke. Hier ergänzt er eine Ratatouille und macht sie leichter verdaulich. Zu dem bunten Gemüsegericht passt ein erfrischender Kräuterdip aus Joghurt oder Quark. Vegetarier servieren Kartoffeln oder Reis dazu. Kartoffelspalten kann man auch gleich mitgaren. Einfach 10 Minuten vor dem Gemüse in den Ofen schieben.

PRO PORTION

396 kJ/95 kcal, 3 g Eiweiß, 4 g Fett, 8 g Kohlenhydrate

ca. 35 Minuten

ZUTATEN

FÜR 4 PORTIONEN

2 kleine Zucchini (ca. 300 g)
1 Aubergine (ca. 300 g)
je 1 gelbe und rote Paprikaschote
1 Gemüsezwiebel
5 Knoblauchzehen
1 EL Olivenöl
50 g grüne Oliven
1–2 Stiele Oregano (ersatzweise 1/2 TL getrockneter Oregano)
Pfeffer
2 TL KNORR Gemüse-Bouillon
2–3 TL Schwarzkümmel

SCHWARZKÜMMEL

Das ägyptische Gewürz gilt als eines der ältesten der Welt. Besonders geschätzt werden seine wertvollen Fettsäuren und ätherischen Öle. Der pfeffrig eigenwillige Geschmack harmoniert wunderbar mit Gemüsegerichten und Frischkäse.

PRO PORTION

1419 kJ/339 kcal, 16 g Eiweiß, 9 g Fett, 46 g Kohlenhydrate

ca. 35 Minuten

ZUTATEN

FÜR 3 PORTIONEN

1 kleiner Spitzkohl (500 g)
1 Zwiebel
1 EL Rapsöl
100 g magere Schinkenwürfel
150 g Nudeln, z.B. Rigatoni
Salz
100 ml Orangensaft (am besten frisch gepresst)
1 Päckchen KNORR Kräuter Soße (aus dem 3er-Pack)
Muskat
1/2 TL Zucker, Pfeffer

MUSKAT

Eine Prise davon steigert nicht nur den Geschmack von Brühen, hellen Saucen und Gemüsen, Muskat regt auch die Verdauung an und hebt die Stimmung. Das gilt noch mehr für die intensivere Muskatblüte (Macis), die bei der Ernte die Schale der Muskatnuss mit einem zarten roten Geflecht umgibt und separat verarbeitet wird. Beide Gewürze stammen also von derselben Pflanze.

NUDELN MIT SPITZKOHL IN ORANGEN-MUSKAT-SAUCE

1. Den Spitzkohl putzen, waschen, vierteln und den Strunk entfernen. Kohl in Streifen schneiden oder hobeln. Die Zwiebel schälen und würfeln.
2. Rapsöl in einem Topf erhitzen, die Schinken- und Zwiebelwürfel zufügen und darin glasig dünsten.
3. Kohlstreifen zugeben und unter Rühren ca. 3 Minuten braten. 150 ml Wasser zugeben und zugedeckt bei mittlerer Hitze 10–15 Minuten schmoren.
4. Die Nudeln in reichlich kochendem Salzwasser bissfest garen, abgießen und abtropfen lassen.
5. Den Kohl mit einer Schaumkelle herausheben. Orangensaft zur Kochflüssigkeit geben und das Päckchen Kräuter Soße einrühren.
6. Kohl wieder dazugeben, unterrühren und bei schwacher Hitze 1 Minute kochen. Mit reichlich Muskat, Zucker und eventuell noch etwas Salz und Pfeffer abschmecken. Spitzkohl mit den Nudeln mischen oder separat zu den Nudeln servieren.

TIPP: Statt Spitzkohl schmeckt dieses Gericht auch mit Wirsingkohl.

WÜRZ-SCHWEINEFLEISCH MIT PIMENT

PRO PORTION

1994 kJ/477 kcal, 33 g Eiweiß, 10 g Fett, 60 g Kohlenhydrate

ca. 25 Minuten

ZUTATEN

FÜR 2 PORTIONEN

200 g Schweineschnitzel
1 Bund Frühlingszwiebeln
125 g Nudeln, z.B. kurze Makkaroni
Salz
1 EL Rapsöl
Pfeffer
1/2 TL gemahlener Piment
1 Beutel KNORR Spaghetteria Sauce Aglio Speziale
2 TL RAMA Cremefine zum Verfeinern

1. Das Schweinefleisch in Streifen schneiden. Die Frühlingszwiebeln waschen, putzen und schräg in Stücke schneiden.
2. Die Nudeln in reichlich kochendem Salzwasser bissfest garen, abgießen und abtropfen lassen.
3. Rapsöl in einer beschichteten Pfanne erhitzen und die Fleischstreifen darin ca. 5 Minuten braten. Mit Salz, Pfeffer und Piment würzen. Frühlingszwiebeln zugeben und 1 Minute weiterbraten.
4. Fleischstreifen und Frühlingszwiebeln an die Seite der Pfanne schieben, 1/4 l (250 ml) Wasser zugießen, Spaghetteria Sauce Aglio Speziale einrühren und aufkochen. Bei schwacher Hitze 1 Minute kochen lassen.
5. Nudeln in tiefen Tellern mit dem Geschnetzelten servieren. Auf jede Portion 1 Klecks Cremefine zum Verfeinern geben.

TIPP: Schnitzelfleisch aus der Oberschale nehmen. Dieses Stück aus der Schweinekeule ist besonders zart und mit nur 2 Prozent Fett ausgesprochen mager.

PIMENT

Engländer nennen die dunkelbraunen Früchte »allspice«, also »Allzweckgewürz«, weil es das Aroma von Pfeffer, Nelken und Muskat vereint. Piment passt gut zu Schweinefleisch und zu Wild.

PRO PORTION

2080 kJ/498 kcal, 27 g Eiweiß, 14 g Fett, 62 g Kohlenhydrate

ca. 35 Minuten

GEMÜSERISOTTO MIT FÜNF-GEWÜRZ-SAUCE

ZUTATEN

FÜR 2 PORTIONEN

1 kleines Bund Suppengrün (ca. 300 g)
1 kleiner Fenchel
1 Knoblauchzehe
2 TL KNORR Hühner-Kraftbouillon
2–3 EL Olivenöl
120 g Risottoreis
150 g Putenbrustfilet
Pfeffer
Salz
150 ml Tomatensaft
1 Päckchen KNORR Soße zu Geflügel (aus dem 3er-Pack)
1/2 TL Fünf-Gewürz-Pulver
Petersilienblättchen zum Garnieren

FÜNF-GEWÜRZ

Dafür mischt die chinesische Küche Sichuan-Pfeffer, Fenchelsamen, Sternanis, Nelken und Zimt und würzt damit Fisch, Fleisch, Geflügel und Nudeln. Es gibt auch indische und thailändische Fünf-Gewürz-Pulver, die – je nach Land – völlig anders schmecken.

1. Gemüse putzen, waschen und fein würfeln. Knoblauch schälen und fein hacken. 1/2 l (500 ml) Wasser erhitzen, Hühner-Kraftbouillon zufügen und auflösen.
2. 1–2 EL Olivenöl in einem flachen Topf erhitzen, Gemüse und Knoblauch zugeben und andünsten. Reis zufügen und glasig andünsten. Mit einer Tasse heißer Bouillon ablöschen.
3. Sobald die Flüssigkeit fast verdampft ist, nach und nach unter ständigem Rühren die restliche Bouillon zugießen. Den Reis offen 18–20 Minuten garen, bis die Körner weich sind, aber noch etwas Biss haben.
4. Putenbrustfilet in Scheiben schneiden und in einer beschichteten Pfanne im restlichen Olivenöl von beiden Seiten braten. Herausnehmen, mit Pfeffer und wenig Salz bestreuen und warm stellen.
5. 150 ml Wasser und Tomatensaft in die Pfanne gießen und aufkochen. Soße zu Geflügel und Fünf-Gewürz-Pulver einrühren. Bei schwacher Hitze 1 Minute kochen. Gemüserisotto mit Petersilienblättchen garnieren, Sauce und Putenbrust dazu servieren.

BLITZ-PAELLA MIT SAFRAN UND MEERESFRÜCHTEN

1. Knoblauchzehe schälen, fein würfeln und in einer tiefen Pfanne oder in einer speziellen Paellapfanne im heißen Olivenöl kurz andünsten.
2. 350 ml Wasser zugießen und aufkochen, Delikatess-Brühe und den Safran zugeben und darin auflösen. Reis ebenfalls zufügen und zugedeckt 3 Minuten garen.
3. Tiefgekühltes Gemüse und die Meeresfrüchte auf den Reis geben und alles zusammen weitere 7 Minuten zugedeckt garen. Dafür die Hitze zunächst etwas hochschalten, damit der Kochvorgang nicht unterbrochen wird.
4. Gemüse und Meeresfrüchte unter den Reis heben und vor dem Servieren nach Belieben mit etwas Salz und Pfeffer abschmecken.

TIPP: Wer lieber eine vegetarische Paella isst, lässt die Meeresfrüchte weg und verwendet stattdessen die ganze Packung Farmers-Gemüse. Bei anderen Tiefkühlmischungen die empfohlene Garzeit beachten. Weil das Gemüse im Dampf gart, braucht es meist ein paar Minuten länger als auf der Packung angegeben. Sehr lecker zur vegetarischen Paella: 1 EL in der Pfanne angeröstete Sonnenblumenkerne.

PRO PORTION

1973 kJ/470 kcal, 29 g Eiweiß, 8 g Fett, 71 g Kohlenhydrate

ca. 20 Minuten

ZUTATEN

FÜR 2 PORTIONEN

1 Knoblauchzehe
1 EL Olivenöl
2–3 TL KNORR Delikatess-Brühe
1 Tüte Safran (0,1 g)
150 g 10-Minuten-Reis
1/2 Packung (225 g) tiefgekühlte Gemüsemischung, z.B. Farmers Gemüse
1 Packung (275 g) tiefgekühlte gegarte Meeresfrüchte
evtl. Salz, Pfeffer

SAFRAN

Die feinen roten Fäden verleihen Gerichten eine gelbe Farbe und ein unvergessliches Aroma. In Frankreich gehört das kostbare Gewürz aus den Blüten des Safrankrokus traditionell in die Fischsuppe. Spanier geben ihrer Paella damit den typischen Geschmack und die leuchtende Farbe. Schon wenige Safranfäden genügen.

PRO PORTION

1115 kJ/266 kcal, 15 g Eiweiß,
9 g Fett, 28 g Kohlenhydrate

35 Minuten + Abkühlzeit

KARTOFFEL-BOHNEN-SALAT MIT FRISCHEM MEERRETTICH

ZUTATEN

FÜR 3 PORTIONEN

750 g fest kochende Kartoffeln
Salz
2 Zwiebeln
250 g grüne Bohnen
1 Würfel KNORR Fleisch-Suppe
5 EL Weißweinessig
2 EL Keimöl
40 g frischer Meerrettich
150 g Kasseler Aufschnitt

MEERRETTICH

Im Herbst findet man die würzige Wurzel auf vielen Wochenmärkten. Beim Reiben kommen schnell die Tränen, weil die scharfen ätherischen Öle des Meerrettichs frei werden. Doch gerade sie gelten als Fitmacher für Atmungsorgane und Magen, weil sie die Durchblutung der Atemwege fördern und Verdauungssäfte besser fließen lassen.

1. Ungeschälte Kartoffeln in Salzwasser 20–25 Minuten kochen.
2. In der Zwischenzeit die Zwiebeln schälen und fein würfeln. Die Bohnen waschen, putzen und in mundgerechte Stücke schneiden.
3. 200 ml Wasser aufkochen, Suppenwürfel, Bohnen und Zwiebeln zugeben und zugedeckt 8–12 Minuten garen, bis die Bohnen bissfest sind. Alles in eine Schüssel geben, Essig und Keimöl in die Brühe rühren.
4. Kartoffeln abgießen, pellen, in Scheiben schneiden und noch heiß in die Marinade geben. Den Kartoffel-Bohnen-Salat abkühlen lassen.
5. Meerrettich schälen und grob raspeln. Kasselerscheiben in Streifen schneiden und zusammen mit dem Meerrettich unter den Salat heben.

TIPP: Ist keine frische Meerrettichwurzel auf dem Markt zu bekommen, gelingt der Salat auch mit geriebenem Meerrettich aus dem Glas oder der Tube. Die Paste einfach zusammen mit Essig und Öl unter die Brühe rühren.

CURRY-KARTOFFEL-SALAT MIT LAUCH

PRO PORTION

1066 kJ/255 kcal, 7 g Eiweiß, 6 g Fett, 37 g Kohlenhydrate

40 Minuten + Abkühlzeit

ZUTATEN

FÜR 2 PORTIONEN

500 g fest kochende Kartoffeln
Salz
200 g Lauch (Porree)
1/2–1 TL KNORR Delikatess-Brühe
1 Beutel KNORR Salatkrönung »Paprika-Kräuter«
1 EL Keimöl
2 TL Currypulver
150 g Joghurt (1,5 % Fett)
1 rosa Grapefruit

1. Ungeschälte Kartoffeln in Salzwasser 20–25 Minuten kochen.
2. Lauchstangen putzen, waschen und in feine Ringe schneiden. 1/8 l (125 ml) Wasser erhitzen und Delikatess-Brühe einrühren.
3. Salatkrönung mit Keimöl, Curry und der Brühe verrühren. Kartoffeln abgießen, noch heiß pellen und direkt in die Sauce schneiden. Lauchringe zugeben, alles einmal umrühren, in eine Schüssel geben und erkalten lassen.
4. Joghurt glatt rühren. Die Grapefruit so dick schälen, dass die weiße Haut mit entfernt wird. Aus jedem Fruchtsegment die Filets herausschneiden. Die Filets eventuell einmal durchschneiden.
5. Grapefruitfilets mit dem Kartoffelsalat anrichten. Den Joghurt darauf verteilen und sofort servieren.

TIPP: Kartoffeln nehmen unterschiedlich viel Flüssigkeit auf. Bei frühen Kartoffelsorten die Flüssigkeitsmenge deshalb vorsichtshalber nicht auf einmal zufügen. Späte Sorten saugen erheblich mehr auf; gerät der Salat zu fest, noch etwas Brühe unterrühren.

CURRYPULVER

In Indien besitzt fast jede Familie ihr eigenes Curry-Rezept. Im Durchschnitt werden dafür rund 15 Gewürze gemischt. Meist gehören Kardamom, Koriander, Pfeffer, Dillsamen, Ingwer, Nelken, Muskat, Chili und Zimt dazu. Kurkuma verleiht Curry die typisch gelbe Farbe. Wer gern scharf isst, kauft Madras-Curry.

PRO PORTION

373 kJ/88 kcal, 2 g Eiweiß, 4 g Fett, 10 g Kohlenhydrate

ca. 15 Minuten

ZUTATEN

FÜR 3 PORTIONEN
600 g Tomaten
2 rote Zwiebeln
1–2 Frühlingszwiebeln
1/4 TL gemahlener Koriander
1 TL Honig
1 Beutel KNORR Salatkrönung »Küchenkräuter«
1 EL Olivenöl
3 Stiele Koriander (ersatzweise Petersilie)

KORIANDER

Die hellbraunen, fein gestreiften Körnchen geben Fischmarinaden, Wild- und Fleischbeizen besonderen Charakter. Gemahlen oder im Mörser zerstoßen würzt Koriander Brot und Weihnachtsgebäck. Sehr gut schmecken auch Geflügelfüllungen, gedünstete Möhren, Weißkohleintöpfe und Kartoffelpuffer mit einer Prise Koriander.

TOMATEN-ZWIEBEL-SALAT MIT KORIANDER

1. Tomaten waschen und die Stielansätze herausschneiden. Tomaten in Spalten oder Scheiben schneiden.
2. Zwiebeln schälen, halbieren und in feine Streifen schneiden. Die Frühlingszwiebeln waschen, putzen und in dünne Ringe schneiden.
3. Koriander in einem kleinen Topf ohne Zugabe von Fett anrösten. 6 EL Wasser und Honig zugeben und erhitzen, bis sich der Honig auflöst. Salatkrönung und Olivenöl unterrühren.
4. Tomaten, Zwiebeln und Salatdressing mischen. Koriander waschen, trockenschütteln und die Blättchen abzupfen. Den Salat mit Korianderblättchen bestreuen und lauwarm servieren.

TIPP: Wer den nussigen Geschmack von Koriander liebt und das Gewürz oft verwendet, kauft die kleinen, runden Körner unzerkleinert. Sie gewinnen noch an Aroma, wenn man sie kurz vor der Verwendung ohne Zugabe von Fett in einer Pfanne kurz erhitzt, bis das Gewürz zu duften beginnt. Dann entfalten sich die ätherischen Öle besonders gut. Anschließend im Mörser zerstoßen oder im Blitzhacker zerkleinern.

MÖHREN-SCHALOTTEN-SALAT MIT KURKUMA

PRO PORTION

622 kJ/148 kcal, 3 g Eiweiß, 5 g Fett, 19 g Kohlenhydrate

25 Minuten + Abkühlzeit

ZUTATEN

FÜR 2 PORTIONEN
500 g Möhren
100 g Schalotten
1 EL Keimöl
2 TL gemahlener Kurkuma
1 TL Zucker
5 EL Zitronensaft
1 1/2 TL KNORR Bio Gemüse-Bouillon
1–2 Frühlingszwiebeln
Pfeffer
evtl. 20 g Sonnenblumenkerne

1. Die Möhren schälen und in längliche dicke Stifte schneiden. Schalotten schälen und je nach Größe halbieren oder vierteln.
2. Keimöl in einem Topf erhitzen, Kurkuma und Zucker zugeben und kurz anrösten. Möhrenstifte und Schalotten zufügen und kurz mitrösten.
3. 5 EL Wasser, Zitronensaft und Gemüse-Bouillon zum Gemüse geben und zugedeckt bei mittlerer Hitze in 8–10 Minuten bissfest garen.
4. Das Gemüse abkühlen lassen. Frühlingszwiebeln waschen, putzen und der Länge nach in feine Streifen schneiden. Frühlingszwiebelstreifen unter den Salat mischen, mit Pfeffer abschmecken und nach Belieben mit Sonnenblumenkernen bestreuen.

TIPP: Gemüsesalate wie diesen kann man schon Stunden vor dem Essen zubereiten, aber auch sofort, noch warm servieren. Mit einem Stück Brot oder Kartoffeln wird ein sättigendes vegetarisches Essen daraus. Fein dazu: ein weich gekochtes Ei. Wie hier, in hübschen kleinen Schalen angerichtet, macht sich der Salat gut als Vorspeise.

KURKUMA

Das Pulver besticht durch seine goldgelbe Farbe und sein warmes Aroma. In Asien gilt Kurkuma als Heilmittel gegen Rheuma, Entzündungen und Hautkrankheiten. Die westliche Naturmedizin schätzt das Gewürz als Mittel gegen Verdauungsbeschwerden.

SCHWEINEMEDAILLONS MIT ZITRONEN-PFEFFER-KRUSTE

1. Paprikaschoten halbieren, entkernen, waschen und in Streifen schneiden. Pilze putzen, evtl. klein schneiden.
2. Rapsöl in einer beschichteten Pfanne erhitzen und die Medaillons von jeder Seite 1 Minute anbraten. Mit etwas Salz würzen und aus der Pfanne nehmen.
3. Paprikastreifen und Pilze in die Pfanne geben und im Bratfett anbraten. 300 ml Wasser zugießen und Fix für Schnitzeltopf »Räuber Art« einrühren. Das Gemüse bei mittlerer Hitze ohne Deckel ca. 5 Minuten garen, dabei ab und zu umrühren.
4. Inzwischen Petersilie waschen, trockenschütteln und hacken. Butter schmelzen und mit Semmelbröseln, Petersilie und Zitronenpfeffer verrühren.
5. Paprikastreifen und Pilze mit der Sauce in eine flache Auflaufform füllen. Die Schweinefilets daraufsetzen und auf jedes Medaillon 1 TL von der Semmelbröselmischung geben.
6. Im vorgeheizten Backofen bei 225 °C (Umluft: 200 °C) 10–13 Minuten auf der 2. Schiene von oben garen.

Dazu passen Schupfnudeln.

TIPP: Einige Tropfen Zitronensaft verleihen dem Gericht zusätzliche Frische. Die fruchtige Säure des an Vitamin C reichen Safts passt gut zu gebratenem Schweinefleisch. Einfach beim Anrichten einige Zitronenspalten dazulegen und die Medaillons damit beträufeln.

PRO PORTION

1307 kJ/312 kcal, 31 g Eiweiß, 12 g Fett, 17 g Kohlenhydrate

ca. 35 Minuten

ZUTATEN

FÜR 3 PORTIONEN
je 1 gelbe und rote Paprikaschote
150 g Pilze, z. B. Champignons, Austern- oder Shiitake-Pilze
1 EL Rapsöl
6 Schweinefiletmedaillons à 60 g, Salz
1 Beutel KNORR Fix für Schnitzeltopf »Räuber Art«
1/2 Bund glatte Petersilie
20 g Halbfettbutter
30 g Semmelbrösel (Paniermehl)
1–2 TL Zitronenpfeffer (Fertiggewürz oder selbst gemacht)

ZITRONENPFEFFER

Er gibt dem Gericht die ganz besondere Note. Den Würzpfeffer auf Vorrat zuzubereiten lohnt, wenn man gerade Zitronensaft braucht, aber nicht die Schale. 2 unbehandelte Zitronen heiß abwaschen und abtrocknen. Die Schale fein abreiben und bei schwacher Hitze (60–70 °C) im Backofen kurz trocknen. Mit 1 EL frisch gemahlenem grobem Pfeffer mischen und in ein Gewürzglas füllen.

KIDNEYBOHNEN-PILZ-PFANNE MIT GRÜNEM PFEFFER

PRO PORTION

1877 kJ/448 kcal, 25 g Eiweiß, 19 g Fett, 43 g Kohlenhydrate

ca. 15 Minuten

ZUTATEN

FÜR 2 PORTIONEN

1 Dose Kidneybohnen (Abtropfgewicht 380 g)
350 g kleine weiße Champignons
1 EL Rapsöl
1 Beutel KNORR Fix für Geschnetzeltes »Züricher Art«
1–2 EL grüner Pfeffer
1/2 Bund Petersilie

GRÜNER PFEFFER

Unreif geerntete Pfefferbeeren werden nach dem Pflücken in Salzlake oder Essiglösung eingelegt. Getrocknet gehört der frisch-würzige grüne Pfeffer in bunte Pfeffermischungen.

1. Die Kidneybohnen in einem Sieb abgießen, mit kaltem Wasser abspülen und abtropfen lassen. Die kleinen Champignons putzen.
2. Rapsöl in einer beschichteten Pfanne erhitzen und die Champignons darin ca. 5 Minuten goldgelb braten, bis die Flüssigkeit verdampft ist.
3. Die Pilze zur Seite schieben und 1/4 l (250 ml) kaltes Wasser zugießen. Fix für Geschnetzeltes »Züricher Art« einrühren und aufkochen. Kidneybohnen zugeben und erhitzen.
4. Die grünen Pfefferkörner grob hacken und in die Sauce geben. Petersilie waschen, trockenschütteln, fein hacken und zum Schluss untermischen.

TIPP: Zu dieser nachhaltig sättigenden Bohnenpfanne entweder Pellkartoffeln oder herzhaftes Bauernbrot servieren. Auch ohne Beilage eine runde Mahlzeit!

BRATREIS MIT CHINAKOHL, MÖHREN UND INGWER

1. Den Reis ca. 20 Minuten in Salzwasser garen. Abgießen und abtropfen lassen.
2. Den Chinakohl putzen, waschen und in breite Streifen schneiden. Die Möhren schälen und in dünne Stifte schneiden. Die Knoblauchzehe schälen und fein hacken. Den Ingwer schälen und in hauchfeine Scheibchen schneiden.
3. Keimöl in einer großen Pfanne oder einem Wok erhitzen und das Gemüse darin ca. 5 Minuten unter Rühren braten. Ingwer und Knoblauch zugeben und kurz andünsten. Den Reis zugeben und unter Rühren erhitzen.
4. Eier und 5 EL Schlemmersauce »Asia süß-sauer« verquirlen und über die Reis-Gemüse-Mischung gießen. Die Eier stocken lassen, dabei ständig weiterrühren. Mit Salz und Pfeffer herzhaft abschmecken.
5. Cashewkerne grob hacken, nach Belieben in einer Pfanne ohne Zugabe von Fett goldgelb rösten und den Reis damit bestreuen.
6. Die restliche Schlemmersauce »Asia süß-sauer« extra dazu servieren.

PRO PORTION

1820 kJ/430 kcal, 11 g Eiweiß, 13 g Fett, 64 g Kohlenhydrate

ca. 35 Minuten

ZUTATEN

FÜR 4 PORTIONEN

200 g Langkornreis, Salz
300 g Chinakohl
300 g Möhren
1 Knoblauchzehe
1 Stück Ingwer (ca. 20 g)
2 EL Keimöl
3 Eier
1 Flasche KNORR Schlemmersauce »Asia süß-sauer«
Pfeffer
30 g Cashewkerne

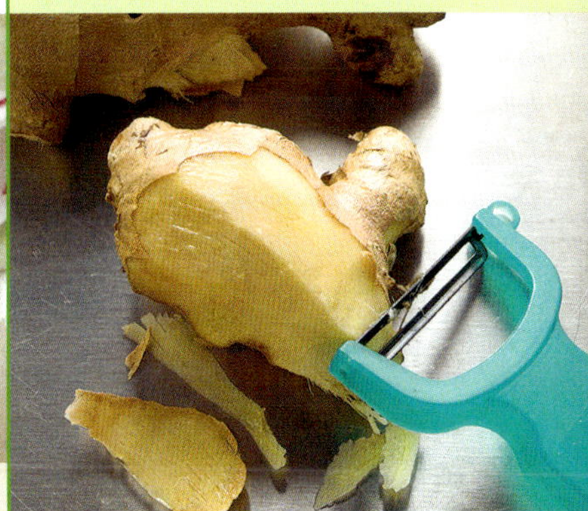

INGWER

Zum Würzen ein Stück von der geschälten fruchtig scharfen Wurzel durch die Knoblauchpresse drücken. Oder fein gehackt oder in Scheiben geschnitten für Fleisch-, Fisch- und Gemüsegerichte verwenden.

PRO PORTION

1923 kJ/459 kcal, 16 g Eiweiß, 14 g Fett, 63 g Kohlenhydrate

ca. 35 Minuten

ZUTATEN

FÜR 3 PORTIONEN

500 g Gnocchi, z.B. von Pfanni
Salz
1 Zwiebel
1 Knoblauchzehe
2 EL Olivenöl
450 g tiefgekühlter Blattspinat
Muskat, Pfeffer
1 Beutel KNORR Feinschmecker Kräuter-Käse-Sauce
50 g Käseraspel (30 % Fett i. Tr.)

GNOCCHI-SPINAT-GRATIN

1. Gnocchi in kochendes Salzwasser geben, einmal aufkochen lassen, abgießen und kalt abschrecken.
2. Zwiebel und Knoblauchzehe schälen und würfeln. Olivenöl in einem Topf erhitzen und Zwiebel- und Knoblauchwürfel einige Minuten glasig dünsten.
3. Tiefgekühlten Spinat und 5 EL Wasser zugeben und zugedeckt bei mittlerer Hitze 10 Minuten dünsten. Mit Muskat und Pfeffer herzhaft abschmecken.
4. Feinschmecker Kräuter-Käse-Sauce mit 300 ml kaltem Wasser verrühren und einmal aufkochen. Spinat und Gnocchi in eine flache Auflaufform füllen und die Sauce darübergießen. Mit geriebenem Käse bestreuen.
5. Im vorgeheizten Backofen bei 200 °C (Umluft: 175 °C) etwa 20 Minuten backen. Am Tisch nach Geschmack noch mit etwas Muskat bestreuen.

TIPP: Spinat möglichst erst beim Garen auftauen. So bleiben die wertvollen Vitamine und Aktivstoffe am besten erhalten.

QUATRE ÉPICES

Mit dem Mix aus weißem Pfeffer, Nelken, Ingwerpulver und Muskat wird zum Beispiel in der französischen Küche bereits seit dem 18. Jahrhundert gewürzt. Die Mischung macht vor allem Wildgerichte, Pflaumen- und Apfelkompott noch aromatischer. Küchenpfeffer nennt man eine Mischung aus weißem Pfeffer, Ingwer, Macis, Nelken, Muskat und Salz, die vor allem zu hellen Fleischgerichten passt.

SPITZKOHL-LASAGNE MIT KÜMMEL

PRO PORTION

1712 kJ/409 kcal, 24 g Eiweiß, 15 g Fett, 42 g Kohlenhydrate

ca. 50 Minuten

ZUTATEN

FÜR 3 PORTIONEN

1 Spitzkohl (ca. 600 g)
2 EL Keimöl
1–2 TL Kümmelkörner
200 ml Milch (1,5 % Fett)
1 Beutel KNORR Fix für Nudel-Schinken-Gratin
1 Scheibe (125 g) Kochschinken
9 Lasagneplatten (ohne Vorkochen)
50 g Käseraspel (30 % Fett i.Tr.)

1. Spitzkohl waschen, vierteln und den Strunk entfernen. Die Kohlviertel in Streifen schneiden.
2. Keimöl in einem Topf erhitzen und den Spitzkohl darin zusammen mit dem Kümmel ca. 5 Minuten andünsten.
3. Milch und 300 ml Wasser zugießen, den Kohl etwas an die Seite schieben und Fix für Nudel-Schinken-Gratin einrühren. Einmal aufkochen lassen.
4. Schinken würfeln. Lasagneplatten, Kohl und Schinkenwürfel in eine flache Auflaufform schichten, die letzte Schicht sollte Kohl sein.
5. Käse darüberstreuen und im vorgeheizten Backofen bei 200 °C (Umluft: 175 °C) ca. 30 Minuten backen.

TIPP: Kümmel fördert die Produktion von Verdauungssäften und macht vor allem Kohlgerichte leicht verdaulich. Wer nicht gern auf die länglichen Körnchen beißen möchte, füllt Kümmel in eine Pfeffermühle mit Keramikmahlwerk. Frisch gemahlen entwickelt das gesunde Gewürz sein volles Aroma. Auch gut zum Würzen: Einen Aufgussbeutel Kümmel-Anis-Fencheltee im Gemüse kurz mitkochen.

KÜMMEL

Er ist typisch europäisch. Holländer, Skandinavier, Engländer und Deutsche mögen ihn gern, auch in Osteuropa nutzt man die verdauungsfördernde Wirkung des Kümmels für Kohlgerichte, Brot und Schweinebraten. Fein gemahlen verleiht er süßem Gebäck einen delikaten, warmen Geschmack.

PRO PORTION

1017 kJ/243 kcal, 10 g Eiweiß, 8 g Fett, 27 g Kohlenhydrate

ca. 15 Minuten

KARTOFFEL-ERBSEN-SUPPE MIT MILDEM CURRY

ZUTATEN

FÜR 4 PORTIONEN

2 Zwiebeln
1 EL Keimöl
2–3 TL mildes Currypulver
200 ml klarer Apfelsaft
1 Beutel KNORR Suppenliebe Kartoffel Suppe mit Kresse
200 g tiefgekühlte Erbsen
evtl. Pfeffer
Salz
100 g gekochter Schinken

GUTER PLATZ

Lichtgeschützt an einer kühlen Stelle der Küche aufgehoben, bleiben Gewürze monate- oder sogar jahrelang frisch. Wärme und Sonnenstrahlen setzen ihnen dagegen schnell zu. Selten gebrauchte Sorten beim Kauf mit einem Datum versehen. Vor Gebrauch schnuppern, ob das Gewürz noch typisch und appetitlich riecht.

1. Die Zwiebeln schälen, halbieren und in dünne Streifen schneiden.
2. Keimöl in einem Topf erhitzen. Zwiebelstreifen darin einige Minuten glasig dünsten, Curry darüberstreuen und kurz andünsten.
3. Apfelsaft und 800 ml Wasser zugießen und aufkochen. Suppenliebe Kartoffel Suppe mit Kresse einrühren. Die tiefgekühlten Erbsen zugeben und alles bei schwacher Hitze 5 Minuten kochen, dabei ab und zu umrühren.
4. Die Suppe eventuell mit Curry, Pfeffer und Salz nachwürzen. Den Schinken in schmale Streifen schneiden und auf die Suppe geben.

TIPP: Beim Andünsten in Öl entwickelt Curry ein besonders feines warmes Aroma. Zu große Hitze mag er jedoch nicht. Deshalb vorsichtshalber den Topf mit dem heißen Öl von der Kochstelle ziehen, bevor man das Currypulver zufügt. Oder das gelbe Gewürz – wie in diesem Rezept – einfach zusammen mit Zwiebeln oder anderen Gemüsen andünsten. Dann sorgt der Wassergehalt des Gemüses dafür, dass die Temperatur nicht über 100 Grad steigt.

HOT TACOS MIT MAIS-HACK-FÜLLUNG

PRO STÜCK

476 kJ/114 kcal, 7 g Eiweiß, 4 g Fett, 10 g Kohlenhydrate

ca. 30 Minuten

ZUTATEN

FÜR 12 STÜCK

1 Gemüsezwiebel
je 1 kleine rote und grüne Chilischote
1 EL Keimöl
250 g Beefsteakhack (Tatar)
1 Beutel KNORR Fix für Chili con Carne
1 kleine Dose Mais (Abtropfgewicht 140 g)
12 Tacoschalen
250 g Tomaten
1 Römersalatherz
200 g Joghurt (1,5 % Fett)

1. Die Zwiebel schälen und würfeln. Chilischoten entkernen, waschen und in dünne Ringe schneiden.

2. Keimöl in einer beschichteten Pfanne erhitzen und das Hackfleisch darin krümelig anbraten. Zwiebel und Chilischoten zugeben und bei mittlerer Hitze glasig dünsten.

3. 1/4 l (250 ml) kaltes Wasser zum Hackfleisch in die Pfanne gießen, Fix für Chili con Carne einrühren und aufkochen. Mais abtropfen lassen und untermischen. Bei schwacher Hitze 5 Minuten garen, ab und zu umrühren.

4. Tacoschalen nach Packungsanweisung im Ofen erhitzen. Tomaten waschen und würfeln. Den Salat waschen, trockenschleudern und in Streifen schneiden. Joghurt cremig rühren. Alles einzeln in Schüsseln füllen.

5. Die Mais-Hack-Mischung ebenfalls in eine Schüssel füllen und alles zusammen mit den Tacos servieren.

6. Zuerst die Mais-Hack-Mischung, dann Tomatenwürfel und Salatstreifen in die Tacoschalen einfüllen. Zum Schluss 1 Klecks Joghurt daraufgeben und die Tacos aus der Hand essen.

CHILISCHOTEN

Sie wachsen in allen tropischen und subtropischen Zonen. Es gibt unzählige Sorten, deren Schärfe enorm variiert. Genaue Mengenangaben sind in Rezepten deshalb schwer möglich. Als Faustregel könnte man sagen: Kleine Chilischoten sind schärfer als große, rote sind schärfer als grüne. Also anfangs lieber sparsam dosieren.

Alles in Grün

Kräuter

Riechen, schmecken und genießen:
Mit ihrer unglaublichen Aromafülle
machen frische Kräuter die vitale
Küche einfach unwiderstehlich.

PRO PORTION

1104 kJ/263 kcal, 10 g Eiweiß, 12 g Fett, 26 g Kohlenhydrate

ca. 15 Minuten

SPARGELCREMESUPPE MIT SCHNITTLAUCHRÖLLCHEN

ZUTATEN

FÜR 4 PORTIONEN

1/4 l (250 ml) Milch (1,5 % Fett)
2 Beutel KNORR Feinschmecker Spargelcreme Suppe
2–3 Bund Schnittlauch
50 g magerer roher Schinken
Pfeffer
2 große Scheiben Mischbrot (Graubrot)
50 g Buttermilch-Frischkäse (8 % Fett)

GESUNDE WAHL

Rund 30 verschiedene Kräuter werden hierzulande angeboten. Ihren guten Geschmack verdanken sie leicht flüchtigen ätherischen Ölen, ihren Gesundheitswert den enthaltenen Biostoffen, die in der Naturmedizin eine große Rolle spielen. Damit diese Schätze nicht verloren gehen, Kräuter immer erst in letzter Minute zerkleinern und sofort verwenden. Langes Herumstehen bekommt ihnen nicht.

1. 3/4 l (750 ml) Wasser und Milch aufkochen. Feinschmecker Spargelcreme Suppe einrühren und bei schwacher Hitze 5 Minuten kochen lassen.
2. Schnittlauch waschen, trockenschütteln und in feine Röllchen schneiden. Den Schinken in Streifen schneiden.
3. Schnittlauchröllchen und Schinkenstreifen zur Suppe geben und darin heiß werden lassen. Die Suppe mit Pfeffer abschmecken.
4. Die Brotscheiben mit Frischkäse bestreichen, in breite Streifen schneiden und zur Suppe servieren.

TIPP: Anstelle von Schnittlauch passt auch der würzige Schnittknoblauch in die Suppe. Diese aus Ostasien stammende Lauchart besticht durch ihren milden Knoblauchgeschmack. Das winterharte Kraut wächst problemlos im Garten und auf der Fensterbank.

PILZ-QUICHE MIT SCHNITTLAUCHSCHAUM

1. Für den Hefeteig das Mehl in eine Schüssel sieben. Zucker, Salz und Hefe zufügen. 150 ml lauwarmes Wasser zugeben und alles mit den Knethaken zu einem geschmeidigen Teig kneten. Zugedeckt an einem warmen Ort gehen lassen, bis sich das Volumen des Teigs etwa verdoppelt hat.
2. Den Teig durchkneten und in eine gefettete Spring- oder Quicheform (28 cm ∅) drücken, dabei einen kleinen Rand formen.
3. Pilze putzen und in Scheiben schneiden. Rapsöl in einer beschichteten Pfanne erhitzen. Pilze bei mittlerer Hitze ca. 5 Minuten braten, bis die Flüssigkeit verdampft ist.
4. 150 ml Wasser mit dem Ei und Fix für Zwiebel-Rahm-Schnitzel verquirlen. Pilze unterheben. Die Masse auf dem Hefeteig verteilen und die Quiche im vorgeheizten Backofen bei 225 °C (Umluft: 200 °C) auf der 2. Schiene von unten 20–25 Minuten backen.
5. Für den Schaum Schnittlauch waschen, trockenschütteln und in feine Röllchen schneiden. Saure Sahne und Joghurt verrühren, die Schnittlauchröllchen unterheben. Mit wenig Salz und Pfeffer abschmecken.

PRO PORTION

1464 kJ/350 kcal, 13 g Eiweiß, 11 g Fett, 47 g Kohlenhydrate

40 Minuten + Gehzeit

ZUTATEN

FÜR 4 PORTIONEN

200 g Mehl
je 1 TL Zucker und Salz
1 Beutel Trockenhefe (7 g)
500 g Champignons
2 EL Rapsöl
1 Ei
1 Beutel KNORR Fix für Zwiebel-Rahm-Schnitzel
1–2 Bund Schnittlauch
100 g saure Sahne (10 % Fett)
100 g Joghurt (1,5 % Fett)
Pfeffer

SCHNITTLAUCH

Er ist milder in Geschmack und Geruch als seine Verwandten Zwiebeln, Bärlauch und Knoblauch. In den feinen Blattröhren stecken schwefelhaltige ätherische Öle, die zart nach Zwiebel duften, und beträchtliche Mengen Vitamine.

PRO PORTION

1686 kJ/402 kcal, 13 g Eiweiß, 10 g Fett, 63 g Kohlenhydrate

ca. 40 Minuten

SPAGHETTI-NESTER MIT PILZSAUCE UND GREMOLATA

ZUTATEN

FÜR 3 PORTIONEN

1 Knoblauchzehe
1 Bund Petersilie
1 unbehandelte Zitrone
250 g Spaghetti
Salz
400 g Champignons
1 EL Keimöl
Pfeffer
1 Beutel KNORR Feinschmecker Pfifferling Sauce

1. Für die Gremolata die Knoblauchzehe schälen. Petersilie waschen, trockenschütteln und zusammen mit dem Knoblauch fein hacken. Die Zitrone heiß waschen, abtrocknen, die Schale abreiben und zugeben. Alles gut mischen und beiseite stellen.
2. Spaghetti in reichlich kochendem Salzwasser bissfest garen. Die Champignons putzen, größere Pilze halbieren oder vierteln. Keimöl in einer beschichteten Pfanne erhitzen und die Pilze darin anbraten. Mit Pfeffer würzen.
3. Pilze an den Rand der Pfanne schieben, 300 ml kaltes Wasser zugießen, Feinschmecker Pfifferling Sauce einrühren, aufkochen und bei schwacher Hitze mit etwas geöffnetem Deckel 5 Minuten kochen, dabei ab und zu umrühren.
4. Die Nudeln in einem Sieb abgießen und abtropfen lassen. Mit einer Fleischgabel portionsweise zu Nestern aufrollen und auf Teller setzen. Pilzsauce zu den Spaghetti-Nestern geben und mit der Gremolata bestreut servieren.

GREMOLATA

Für diese in Italien und Frankreich beliebte Mixtur mischt man gehackte Petersilie, Knoblauch und die abgeriebene Schale unbehandelter Zitronen und/oder Orangen. Einfach ein Schälchen zum Selbstbedienen auf den Tisch stellen – stilecht zu geschmorter Kalbshaxe (Ossobuco) und als Beilage ein Tipp zu Suppen und Gemüsegerichten.

GEMÜSE-SCHICHTSALAT MIT PETERSILIE

PRO PORTION

441 kJ/105 kcal, 3 g Eiweiß, 6 g Fett, 7 g Kohlenhydrate

ca. 15 Minuten

ZUTATEN

FÜR 4 PORTIONEN

1 Fenchelknolle (ca. 250 g)
je 1 gelbe und rote Paprikaschote
2–3 Bund glatte Petersilie
30 g grüne Oliven (ohne Stein)
2 Beutel KNORR Salatkrönung »Italienische Art«
2 EL Olivenöl
1/8 l (125 ml) Tomatensaft

1. Fenchelknolle putzen und waschen. Paprikaschoten halbieren, entkernen und waschen. Beides in sehr dünne Streifen schneiden.
2. Die Petersilie waschen, trockenschütteln und die Blättchen abzupfen. Oliven hacken und mit Salatkrönung »Italienische Art«, Olivenöl und Tomatensaft verrühren.
3. Fenchel- und Paprikastreifen, Petersilienblätter und Salatdressing abwechselnd in eine Schüssel oder Gläser schichten.

Als Ersatz für Tomatensaft 2 TL Tomatenmark mit 125 ml Wasser verrühren.

TIPP: Im Sommer lohnt es sich, frische Petersilie nicht nur blättchen-, sondern am besten gleich bundweise zu verwenden. Denn erst wenn man das Traditionskraut wie in diesem Salat in größerer Menge nutzt, kommt sein frisch-würziger Geschmack richtig zur Geltung. Und dann spielt auch sein hoher Gehalt an Vitaminen und Mineralstoffen eine wichtige Rolle.

PETERSILIE

Glatte Petersilie schmeckt etwas intensiver als krause, die sich dafür länger frisch hält. Beide Sorten vertragen sich gut mit anderen frischen und getrockneten Kräutern.

EISBERGSALAT MIT EIER-KERBEL-DRESSING

PRO PORTION

486 kJ/116 kcal, 6 g Eiweiß, 4 g Fett, 13 g Kohlenhydrate

ca. 20 Minuten

1. Das Ei in 8–9 Minuten hart kochen, abschrecken, abkühlen lassen und pellen. Das Toastbrot zweimal nacheinander im Toaster toasten, zwischendurch abkühlen lassen. Toastbrot in kleine Würfel schneiden.
2. Eisbergsalat putzen, waschen, trockenschleudern und in Streifen schneiden. Den Kerbel vorsichtig waschen, trockenschütteln und die Blättchen abzupfen.
3. Das Eigelb mit Senf, Joghurt und Salatkrönung cremig rühren. Das Eiweiß hacken und zusammen mit den Kerbelblättchen unterheben.
4. Den Eisbergsalat mit Dressing beträufelt anrichten, Brotwürfel darüberstreuen und sofort servieren.

TIPP: Sehr lecker zum Salat sind knusprige Brotcroûtons. Für eine besonders fettsparende Version einfach Toastbrot zweimal toasten und klein würfeln. Wichtig: Die Scheiben zwischendurch einmal abkühlen lassen, sonst gerät das Brot leicht zu dunkel. Für ein vegetarisches Gericht wie dieses sind auch Eier eine gute Ergänzung. Sie bieten hochwertiges Protein, denn die Grundbausteine des Eierproteins, die Aminosäuren, sind in der Zusammensetzung günstiger als die jedes anderen einzelnen Nahrungsmittels – ausgenommen Muttermilch. Eier sind außerdem eine Quelle für die Mineralstoffe Calcium und Eisen sowie die Vitamine A, D, E und der Gruppe der B-Vitamine.

ZUTATEN

FÜR 3 PORTIONEN

1 Ei
2 Scheiben Toastbrot
1 kleiner Eisbergsalat
(200–250 g) oder
1/2 großer Kopf
1 Topf Kerbel
1–2 TL mittelscharfer Senf
150 g Joghurt (1,5 % Fett)
1 Beutel KNORR Salatkrönung
»Frühlingskräuter«

DRESSING

Die kleinen Blätter des duftenden Kerbels geben dem Dressing aus Ei, Senf, Joghurt und Salatkrönung die raffinierte Note. Geschmacklich erinnert Kerbel ein bisschen an Anis und Fenchel. Rühreier, Käse-Omeletts, Quarkdips und Rohkostsalate profitieren von seiner Frische. In der Naturheilkunde gilt Kerbel als gutes Mittel gegen Frühjahrsmüdigkeit.

PRO PORTION

2114 kJ/504 kcal, 29 g Eiweiß, 15 g Fett, 60 g Kohlenhydrate

ca. 20 Minuten

RUCOLA-PASTA MIT FRISCHKÄSESAUCE

ZUTATEN

FÜR 3 PORTIONEN

200 g Spaghetti
Salz
80 g Rucola (Rauke)
12 Kirschtomaten
1 Knoblauchzehe
150 g Putenbrustfilet
2 EL Olivenöl
3/8 l (375 ml) Milch (1,5 % Fett)
1 Beutel KNORR Fix für Spaghetti alla Carbonara
50 g Frischkäse (0,2 % Fett)

RUCOLA

Das unverkennbar nussig schmeckende Kraut wird auch unter seinem deutschen Namen Rauke verkauft und – in größeren Mengen – gern als Salatgemüse serviert. Im Frühling die zarten Blätter im Ganzen verwenden, später große Blätter einfach klein schneiden.

1. Spaghetti in reichlich kochendem Salzwasser bissfest kochen, in einem Sieb abgießen und abtropfen lassen.
2. Rucola putzen, waschen, trockenschleudern und grob zerschneiden. Kirschtomaten waschen und je nach Größe halbieren oder vierteln.
3. Knoblauch schälen und fein hacken. Putenfleisch in kleine Würfel oder feine Streifen schneiden und in heißem Olivenöl rundum braten. Knoblauch zugeben und kurz mitbraten.
4. Die kalte Milch zugießen, Fix für Spaghetti alla Carbonara einrühren, unter Rühren aufkochen und bei schwacher Hitze 2–3 Minuten kochen lassen. Frischkäse einrühren und die Kirschtomaten zugeben.
5. Spaghetti mit der Sauce und dem Rucola mischen, auf Tellern anrichten und sofort servieren.

TIPP: Fettarme Frischkäse liefern hochwertiges Milchprotein.

GEMÜSEKUCHEN MIT BRUNNENKRESSE

1. Für den Hefeteig das Mehl in eine Schüssel sieben. Zucker, Salz und Hefe zufügen. 1/8 l (125 ml) lauwarmes Wasser und Rapsöl zugeben und mit den Knethaken eines Handrührers zu einem geschmeidigen Teig kneten.
2. Den Teig zugedeckt an einem warmen Ort etwa 1 Stunde gehen lassen, bis sich das Volumen verdoppelt hat.
3. Den Teig in eine gefettete Spring- oder Quicheform (32 cm ∅) drücken, dabei einen kleinen Rand formen.
4. Zucchini waschen, putzen und in Scheiben schneiden oder hobeln. Fix für Broccoli-Gratin in einem Topf in 1/4 l (250 ml) kaltes Wasser einrühren und aufkochen. Quark und Ei unterrühren.
5. Brunnenkresse waschen, trockenschütteln, grob hacken und zusammen mit den Zucchinischeiben und den Erbsen unter die Masse heben.
6. Die Gemüsemischung auf dem Teig verteilen und im vorgeheizten Backofen bei 200 °C (Umluft: 175 °C) 40 Minuten backen.

TIPP: Gemüsekuchen lauwarm servieren. Reste lassen sich gut einfrieren.

PRO PORTION

1773 kJ/423 kcal, 21 g Eiweiß, 13 g Fett, 54 g Kohlenhydrate

ca. 60 Minuten + Gehzeit

ZUTATEN

FÜR 4 PORTIONEN
200 g Mehl
1 TL Zucker, 1 TL Salz
1 Beutel Trockenhefe (7 g)
2 EL Rapsöl
300 g kleine Zucchini
1 Beutel KNORR Fix für Broccoli-Gratin
200 g Magerquark
1 Ei
50 g Brunnenkresse
300 g tiefgekühlte Erbsen

BRUNNENKRESSE

Die runden Blättchen schmecken scharf, etwas rettichartig wie Gartenkresse, aber aromatischer. Brunnenkresse enthält verdauungsfördernde Stoffe, Vitamine und Mineralstoffe. Sie wird im Frühling gern für Salate, Kräuterquark und Eiergerichte verwendet und macht sich hübsch als Garnitur für gebratenes Fleisch.

PRO PORTION

2100 kJ/500 kcal, 40 g Eiweiß, 14 g Fett, 51 g Kohlenhydrate

ca. 30 Minuten

SEELACHSWÜRFEL IN ZITRONENMELISSE-HÜLLE

ZUTATEN

FÜR 2 PORTIONEN

300 g Kartoffeln
Salz
1 unbehandelte Zitrone
300 g Seelachsfilet
1 Bund oder Topf Zitronenmelisse
1 Beutel KNORR Fix für knuspriges Wiener Schnitzel
2 EL Keimöl
100 g Salatgurke
150 g Joghurt (1,5 % Fett)

ZITRONEN

Die würzigen Früchte passen zu fast allen Kräutern: Ihre abgeriebene Schale ergänzt das Aroma von Thymian und Rosmarin und der Saft verstärkt das Bouquet von Dill, Basilikum, Schnittlauch und Petersilie. Ideal für helle Saucen und Schmorgerichte ist die Kombination von frischen Lorbeerblättern mit Zitronensaft und -schale.

1. Die Kartoffeln schälen und in Salzwasser etwa 20 Minuten garen.
2. Zitrone heiß waschen, trockentupfen, die Schale abreiben und den Saft auspressen. Fischfilet in Würfel schneiden und mit etwas Zitronensaft beträufeln.
3. Zitronenmelisse waschen, trockenschütteln und in feine Streifen schneiden. Melisseblättchen mit Fix für knuspriges Wiener Schnitzel in einer Schüssel mischen. Die Fischwürfel in der Panade wenden, dabei von allen Seiten gut andrücken
4. 1 EL Keimöl in einer beschichteten Pfanne erhitzen und die Fischwürfel darin bei mittlerer Hitze 3 Minuten braten. Dann die Stückchen wenden und das restliche Öl in die Zwischenräume träufeln. Sofort danach die Pfanne einmal gut rütteln, damit sich das Öl verteilt, und weiterbraten.
5. Salatgurke waschen, eventuell schälen und entkernen. Das Gurkenfleisch raspeln. Joghurt mit Gurken verrühren, mit Salz, restlichem Zitronensaft und -schale abschmecken.

WILDKRÄUTERSUPPE MIT GÄNSEBLÜMCHEN

PRO PORTION

722 kJ/172 kcal, 5 g Eiweiß, 8 g Fett, 17 g Kohlenhydrate

ca. 20 Minuten

ZUTATEN

FÜR 2 PORTIONEN

ca. 100 g Wildkräuter, z.B. Brennnessel, Löwenzahn, Giersch, Süßdolde
Salz
1–2 Frühlingszwiebeln
1 EL Rapsöl
100 ml Milch (1,5 % Fett)
1 Beutel KNORR Feinschmecker Bärlauchcreme Suppe
Muskat
Gänseblümchen zum Garnieren

1. Die Wildkräuter waschen und gut trockenschütteln, harte Stiele entfernen. Brennnesseln für 15 Sekunden in kochendes Salzwasser geben (blanchieren). Danach sofort für 2 Sekunden in Eiswasser tauchen und gut abtropfen lassen. Alle Kräuter hacken, dabei einige besonders schöne Blätter für die Garnitur beiseite legen.
2. Frühlingszwiebeln waschen, putzen und in Ringe schneiden. Einige grüne Zwiebelringe ebenfalls zum Garnieren beiseite stellen, den Rest in einem Topf in heißem Rapsöl andünsten. Kräuter zufügen und 1 Minute mitdünsten.
3. 400 ml Wasser und Milch zugießen und aufkochen. Feinschmecker Bärlauchcreme Suppe einrühren und bei schwacher Hitze 3 Minuten kochen.
4. Die Suppe mit Muskat abschmecken und mit Kräuterblättchen, Frühlingszwiebelgrün und mit Gänseblümchen garniert servieren.

Dazu passt Knoblauchbrot.

WILDKRÄUTER

Sie wachsen auf der Wiese, sind essbar und bemerkenswert vielfältig in Aussehen und Geschmack. Im Foto oben, von links: Löwenzahn mit leicht bitterer Note, an Petersilie erinnernder Girsch und säuerlicher Sauerampfer. Darunter: die anisartige Süßdolde, das herbfrische Gänseblümchen und die scharf-würzige Gundelrebe.

PRO PORTION

1918 kJ/458 kcal, 30 g Eiweiß, 13 g Fett, 53 g Kohlenhydrate

ca. 40 Minuten

ZUTATEN

FÜR 3 PORTIONEN

150 g Naturreis oder Naturreis-Wildreis-Mischung
Salz
1 Bund Suppengrün (ca. 400 g)
150 g Zuckerschoten
300 g Hähnchenbrustfilet
2 EL Rapsöl
Pfeffer
1 Bund Bärlauch
100 ml Orangensaft
1 Beutel KNORR Feinschmecker Zitronen-Butter-Sauce

BÄRLAUCH

Die lanzenförmigen Blätter der Gewürz- und Heilpflanze schmecken nach Knoblauch, allerdings ist ihr Aroma milder. Bärlauch gehört wie Zwiebeln und Lauch zur Familie der Liliengewächse und kommt nur im Frühling auf den Markt. Seine weißen, sternförmigen Blüten eignen sich als Dekoration; in der Küche werden nur die Blätter genutzt.

REISPFANNE MIT HÄHNCHEN UND BÄRLAUCH

1. Den Reis in kochendes Salzwasser geben und nach Packungsanweisung garen. Anschließend abgießen und abtropfen lassen.
2. Das Gemüse putzen, waschen und in feine Streifen schneiden. Die Hähnchenbrust schnetzeln.
3. 1 EL Rapsöl in einer beschichteten Pfanne erhitzen und die Hähnchenstücke rundherum ca. 4 Minuten braten. Fleisch mit Pfeffer würzen, herausnehmen und beiseite stellen.
4. Das restliche Öl in derselben Pfanne erhitzen, die feinen Gemüsestreifen darin unter ständigem Rühren 6–8 Minuten braten.
5. Den Reis zusammen mit dem Fleisch zum Gemüse geben und erhitzen. Mit Salz und Pfeffer abschmecken. Bärlauch waschen, trockenschütteln, in Streifen schneiden und unterheben.
6. Orangensaft und 150 ml kaltes Wasser in einen Topf geben, Feinschmecker Zitronen-Butter-Sauce einrühren und unter Rühren aufkochen. Bei schwacher Hitze 1 Minute kochen. Die Sauce zur Reispfanne servieren.

BIRNEN, BOHNEN UND KASSELER MIT SALBEI

PRO PORTION

1374 kJ/328 kcal, 24 g Eiweiß, 9 g Fett, 35 g Kohlenhydrate

ca. 45 Minuten

ZUTATEN

FÜR 4 PORTIONEN
600 g grüne Bohnen
750 g Kartoffeln
1 Bund oder Topf Salbei
4 kleine harte Birnen
1–2 EL KNORR Fleisch-Suppe
2 Scheiben Kasseler Rücken ohne Knochen (400 g)
1–2 EL Essig, z.B. Weißweinessig
Zucker
evtl. Salz, Pfeffer

1. Die Bohnen waschen, putzen und halbieren. Kartoffeln schälen und würfeln. Salbei waschen, trockenschütteln, einige Salbeiblättchen in Streifen schneiden, die restlichen Blätter zusammenbinden. Birnen waschen und die Blütenansätze herausschneiden.
2. 1 1/2 l (1500 ml) Wasser aufkochen und Fleisch-Suppe einrühren. Kartoffeln, Kasseler und die ganzen Salbeiblätter zufügen und alles 20 Minuten garen, dabei nach 5 Minuten Bohnen und Birnen zugeben.
3. Die Salbeiblätter entfernen, Kasseler aus der Suppe nehmen und würfeln. Salbeistreifen und Fleischwürfel in die Suppe geben und einmal aufkochen. Mit Essig, Zucker und nach Belieben mit Salz und Pfeffer abschmecken.

TIPP: Viele Gemüse sind umso gesünder, je knapper sie gegart werden. Bohnen machen eine Ausnahme: Sie sind nur bekömmlich, wenn sie mindestens 8–10 Minuten kochen.

SALBEI

Er passt gut zu Lamm- und Schweinefleisch und ist als Salbeitee ein beliebtes Hausmittel gegen Halsschmerzen. Dafür 4 Blätter hacken, mit 1 Tasse kochendem Wasser aufbrühen und 5 Minuten ziehen lassen.

PRO PORTION

359 kJ/85 kcal, 1 g Eiweiß, 3 g Fett, 10 g Kohlenhydrate

ca. 20 Minuten

TOMATEN-GURKEN-SALAT MIT ANANAS UND KORIANDER

ZUTATEN

FÜR 3 PORTIONEN

1/2 Salatgurke (ca. 250 g)
300 g Tomaten
1/2 Ananas (ca. 400 g)
1 Bund oder Topf Koriander
1 Beutel KNORR Salatkrönung »Paprika-Kräuter«
1 EL Keimöl

KORIANDER

Oft nennt man das frische Kraut auch Cilantro, um es von den getrockneten Samen des Gewürzes zu unterscheiden. In Mexiko ist es so beliebt wie bei uns die Petersilie.

1. Die Gurke schälen, halbieren, die Kerne herauskratzen, das Fruchtfleisch in Scheiben schneiden.
2. Die Tomaten waschen, Stielansätze herausschneiden und das Fruchtfleisch würfeln. Die Schale der Ananas abschneiden, Strunk entfernen. Ananas ebenfalls würfeln.
3. Koriander waschen, trockenschütteln, die Blättchen von den Stielen zupfen und etwa die Hälfte der Korianderblättchen hacken.
4. Salatkrönung mit 1 EL Wasser, Keimöl und dem gehackten Koriander verrühren. Gurken, Tomaten- und Ananaswürfel unterheben und mit den Korianderblättchen bestreut servieren.

TIPP: Kräftige, intensiv schmeckende Korianderbüschel bekommt man in Asia-Läden auch im Winter. Das Würzkraut wird mit anderen Kräutern z.B. aus Thailand oder Vietnam frisch eingeflogen. In Folie verpackt in das Gemüsefach des Kühlschranks legen. Haltbarkeit: bis zu 3 Tage. Beim Erhitzen verliert Koriandergrün schnell an Geschmack, deshalb sollte man es vorzugsweise für Salate verwenden.

NUDELN MIT KOHLRABI IN KERBELSAUCE

1. Kohlrabi schälen, vierteln und in Spalten schneiden. Rapsöl in einem Topf erhitzen und die Kohlrabispalten darin kurz andünsten.
2. 100 ml Wasser und etwas Salz zugeben und zugedeckt 15–20 Minuten garen. Für die letzten 5 Minuten die tiefgekühlten Erbsen zugeben und mitgaren.
3. Nudeln in reichlich kochendem Salzwasser bissfest garen, in einem Sieb abgießen und abtropfen lassen.
4. Das Gemüse abgießen, das Kochwasser dabei auffangen. Das Gemüsewasser mit kaltem Wasser auf 1/4 l (250 ml) auffüllen und in den Topf zurückgeben. Soße nach Art Hollandaise einrühren und einmal aufkochen. Butter zugeben und die Sauce mit einem Stabmixer schaumig aufschlagen.
5. Das Gemüse zugeben und erhitzen. Kerbel vorsichtig waschen, trockenschütteln und die Blättchen abzupfen. Kerbelblättchen über den Kohlrabi streuen und mit den abgetropften Nudeln servieren.

TIPP: Junge, zarte Kohlrabiblätter fein gehackt mitverwenden.

PRO PORTION

1982 kJ/474 kcal, 15 g Eiweiß, 15 g Fett, 67 g Kohlenhydrate

ca. 35 Minuten

ZUTATEN

FÜR 2 PORTIONEN

1 kleiner Kohlrabi (ca. 200 g)
1 EL Rapsöl
Salz
100 g tiefgekühlte Erbsen
150 g Nudeln, z.B. Radiatori
1 Päckchen KNORR Soße nach Art Hollandaise (aus dem 3er-Pack)
20 g Halbfettbutter
1 Bund oder Topf Kerbel

KRÄUTERHARMONIE

Welche Kräuter passen zusammen? Kerbel, Koriander und Estragon sind gern Solisten. Auch Bohnenkraut mit seinem pfeffrigen Aroma spielt gern eine Hauptrolle. Dagegen fügen sich Schnittlauch, Schnittknoblauch und Petersilie in fast jede Mischung ein. Gut harmonieren auch Mittelmeerkräuter wie Thymian, Rosmarin, Fenchel und Lorbeer miteinander.

WIRSINGRÖLLCHEN MIT KRÄUTERN DER PROVENCE

1. Die Linsen mit 1/4 l (250 ml) Wasser aufkochen, Gemüse-Bouillon einrühren und die Linsen ca. 8 Minuten garen. Linsen in einem Sieb abgießen und abtropfen lassen.

2. Die Champignons putzen und je nach Größe halbieren oder vierteln. Rapsöl in einer beschichteten Pfanne erhitzen, die Pilze darin etwa 5 Minuten braten, bis die Flüssigkeit verdampft ist.

3. Die Wirsingblätter in kochendem Salzwasser 1 Minute garen (blanchieren), abtropfen lassen und die dicken Mittelrippen herausschneiden.

4. Linsen und Champignons mischen und mit Salz, Pfeffer und Kräutern der Provence herzhaft abschmecken. Ei und Magerquark unter die Masse rühren, gleichmäßig auf die Wirsingblätter verteilen und fest aufrollen.

5. Feinschmecker Edelpilz Sauce in 300 ml kaltes Wasser einrühren und aufkochen. Die Sauce in eine flache Auflaufform gießen und die Wirsingröllchen hineinsetzen. Im vorgeheizten Backofen bei 200 °C (Umluft: 175 °C) etwa 25 Minuten garen.

TIPP: Den Rest des Wirsings für ein Gemüsegericht verwenden. Oder gleich die doppelte Menge Wirsingröllchen zubereiten und die Hälfte davon auf Vorrat einfrieren. Als Beilage eine Wildreis-Mischung oder knusprige Blechkartoffeln servieren. Die Wirsingröllchen sind reich am sonst oft knappen B-Vitamin Folsäure.

PRO PORTION

1602 kJ/383 kcal, 22 g Eiweiß, 17 g Fett, 34 g Kohlenhydrate

ca. 50 Minuten

ZUTATEN

FÜR 2 PORTIONEN

100 g rote Linsen
1 TL KNORR Gemüse-Bouillon
200 g Champignons
1 EL Rapsöl
8 Wirsingblätter
Salz
Pfeffer
1–2 TL Kräuter der Provence (getrocknet oder tiefgekühlt)
1 Ei
50 g Magerquark
1 Beutel KNORR Feinschmecker Edelpilz Sauce

PROVENCEKRÄUTER

Die berühmten »Herbes provençales« werden als fertige Mischung getrocknet oder tiefgekühlt angeboten. In der Provence muss man die Kräuter selten kaufen. Sie wachsen gewöhnlich wild in der Umgebung. Fertige Kräutermischungen enthalten meist Rosmarin, Thymian, Sarriett (Bergbohnenkraut), Orangenschale, Fenchel und Lavendelblüten.

PRO PORTION

258 kJ/62 kcal, 2 g Eiweiß,
3 g Fett, 5 g Kohlenhydrate

ca. 15 Minuten

KALTE TOMATEN-PORTULAK-SAUCE

ZUTATEN

FÜR 4 PORTIONEN

3–4 Stangen Staudensellerie
1 Packung (500 g) KNORR Tomato al Gusto »Tomaten Stückchen«
50 g Winterportulak
20 g Pinienkerne
Salz
Pfeffer
1 Prise Zucker

WINTERPORTULAK

Das schnell wachsende Kraut wird im Gewächshaus gezogen und im Vorfrühling angeboten. Die zarten Blätter gelten als heilkräftig, beispielsweise in der traditionellen chinesischen Medizin. Der nussige Geschmack passt gut in gemischte Salate.

1. Den Staudensellerie putzen, waschen, die Stangen auf der äußeren Seite eventuell schälen, um die Fäden zu entfernen. Den Staudensellerie fein würfeln. Tomato al Gusto in einem Sieb gut abtropfen lassen.
2. Portulak waschen, trockenschütteln und bis auf ein paar schöne Blättchen in feine Streifen schneiden. Die Pinienkerne in einer beschichteten Pfanne ohne Zugabe von Fett goldgelb rösten.
3. Die Tomaten- und Staudenselleriestückchen mischen, mit Salz, Pfeffer und 1 Prise Zucker würzen. Portulakstreifen unterheben und mit Pinienkernen bestreuen. Die restlichen Portulakblättchen darauflegen und sofort servieren.

Dazu passen Hackspießchen.

TIPP: Winterportulak ist mild im Geschmack, deshalb ruhig reichlich verwenden. Den dickblättrigen Vitamin-C-reichen Sommerportulak dagegen sparsam dosieren, denn er besitzt eine kräftig säuerliche Note.

ZWIEBELSALAT MIT LIEBSTÖCKEL

PRO PORTION

609 kJ/146 kcal, 2 g Eiweiß, 5 g Fett, 19 g Kohlenhydrate

ca. 15 Minuten

ZUTATEN

FÜR 2 PORTIONEN

1 Gemüsezwiebel (300 g)
1 EL Rapsöl
1 Beutel KNORR Salatkrönung »Französische Art«
1–2 TL Zucker
1 rosa Grapefruit
einige Stiele frischer Liebstöckel, ersatzweise Estragon

1. Die Zwiebel schälen und in Streifen schneiden. Rapsöl in einer beschichteten Pfanne erhitzen und die Zwiebelstreifen 3 Minuten glasig dünsten.
2. Salatkrönung mit Zucker und 4 EL Wasser verrühren und zu den Zwiebelstreifen geben, einmal aufkochen, dann in einer Schüssel abkühlen lassen.
3. Die Grapefruit bis zum Fruchtfleisch schälen, in dicke Scheiben und diese in Stücke schneiden. Liebstöckel waschen, trockenschütteln und fein schneiden. Grapefruit und fein geschnittene Liebstöckelblätter unter die abgekühlten Zwiebeln heben.

TIPP: Der herzhafte Geschmack des Zwiebelsalats passt ideal zu gegrilltem Fleisch und gebratenem Geflügel. Raffinesse bekommt er durch das Aroma des zartgefiederten hellgrünen Liebstöckels. Einsteiger nehmen erst einmal nur wenige Blättchen, Freunde des intensiven, ein wenig an Sellerie erinnernden Krauts würzen den Salat mit etwa 1/2 EL der in Streifen geschnittenen Blätter.

LIEBSTÖCKEL

Die frischen Blätter würzen Blattsalate, Gemüsegerichte wie etwa Möhren oder Kohlrabi und auch herzhafte Eintöpfe. Der Geschmack erinnert an Sellerie, ist aber wärmer und runder. Wegen seiner entwässernden Wirkung nutzten Benediktinermönche Liebstöckel bereits im Mittelalter. In heiße Milch gegeben soll er Heiserkeit lindern.

PRO PORTION

1563 kJ/373 kcal, 27 g Eiweiß, 10 g Fett, 41 g Kohlenhydrate

ca. 40 Minuten

ASIA-HACKBÄLLCHEN MIT THAI-BASILIKUM

ZUTATEN

FÜR 4 PORTIONEN

1 Flasche KNORR Schlemmersauce »Asia süß-sauer«
1 Beutel KNORR Fix für Hackbraten
400 g Beefsteakhack (Tatar)
1 Dose Mais (Abtropfgewicht 285 g)
250 g Möhren
1 Stange Lauch (Porree)
2 EL Keimöl
Salz, Pfeffer
1 Bund oder Topf Thai-Basilikum

THAI-BASILIKUM

Freunde der asiatischen Küche lieben diese köstlich duftende Basilikumart. Sie wird frisch eingeflogen und in Asialäden verkauft. Die extra großen Blätter ähneln der Minze, besitzen aber ein etwas an Lakritz erinnerndes weiches Aroma.

1. 75 ml lauwarmes Wasser und 4 EL Schlemmersauce »Asia süß-sauer« mit Fix für Hackbraten verrühren. Hackfleisch und 100 g abgetropften Mais zugeben und alles gut mischen. Aus der Masse etwa 20 Hackbällchen formen. Möhren und Lauch putzen, waschen und in Streifen schneiden.

2. 1 EL Keimöl in einer beschichteten Pfanne erhitzen und die Hackbällchen darin rundherum bei mittlerer Hitze ca. 10 Minuten braten. Herausnehmen und beiseite stellen.

3. Das restliche Öl in der Pfanne erhitzen, die Möhrenstreifen zugeben und kurz andünsten. Restliche Schlemmersauce und 100 ml Wasser unterrühren und zugedeckt 3–5 Minuten garen.

4. Mais, Lauchstreifen und Hackbällchen zugeben und erhitzen. Mit Salz und Pfeffer abschmecken. Thai-Basilikum waschen, trockenschütteln, in Streifen schneiden und darüber verteilen.

TIPP: Statt Tatar im Blitzhacker zerkleinertes Putenfleisch verwenden.

KARTOFFELSALAT MIT KRÄUTER-DRESSING

1. Die Kartoffeln mit Schale in Salzwasser etwa 20 Minuten kochen.

2. Zwiebeln schälen und fein würfeln. Keimöl in einem Topf erhitzen und die Zwiebeln darin glasig dünsten. 200 ml Wasser, Gemüse-Bouillon und Essig zugeben und einmal aufkochen.

3. Die Kartoffeln abgießen, pellen, halbieren und noch heiß in die Marinade geben. Anschließend den Kartoffelsalat abkühlen lassen.

4. Makrele in mundgerechte Stücke schneiden. Die Kräuter waschen, trockenschütteln und hacken. Alles vorsichtig unter die Kartoffeln heben. Mit Blüten garniert servieren.

TIPP: Im Frühling findet man in der Frankfurter Gegend die Kräuterbündel für »Grie' Soos« fast in jedem Laden. Die Mischung passt nicht nur zur berühmten »Grünen Sauce« wunderbar, sondern neben Kartoffelsalat auch zu Salaten aus knapp gegarten Gemüsen wie Möhren und grünen Bohnen. Ist die Saison vorbei, einfach je ein Bund Petersilie, Dill und Schnittlauch als Ersatz verwenden.

PRO PORTION

1080 kJ/258 kcal, 14 g Eiweiß, 10 g Fett, 26 g Kohlenhydrate

35 Minuten + Abkühlzeit

ZUTATEN

FÜR 3 PORTIONEN

750 g kleine fest kochende Kartoffeln, Salz
2 Zwiebeln, 1 EL Keimöl
1–2 TL KNORR Gemüse-Bouillon
5 EL Weißweinessig
150 g geräucherte Makrele, z. B. Pfeffermakrele
1 Bund Kräuter für Frankfurter grüne Sauce
essbare Blüten, z. B. Schnittlauchknospen oder -blüten, zum Garnieren

GRÜNE SAUCE

Neben Petersilie und Schnittlauch gehören Kerbel, Sauerampfer, Dill, Borretsch, Estragon und Liebstöckel in die Frühlingsmischung. Besonders typisch sind die hellen, zart behaarten Blätter des Borretschs (großes Blatt in der Mitte des Fotos), der im Garten und auf dem Balkon gut gedeiht, aber im hohen Norden und im Süden eher selten angeboten wird.

PRO PORTION

1315 kJ/314 kcal, 22 g Eiweiß, 10 g Fett, 32 g Kohlenhydrate

ca. 15 Minuten

ZUTATEN

FÜR 2 PORTIONEN

1 TL KNORR Delikatess-Brühe
1 kleine Dose Thunfisch ohne Öl (Abtropfgewicht 56 g)
1 EL Olivenöl
1–2 EL Kapern
75 g saure Sahne (10 % Fett)
Pfeffer, Salz
1 Topf rotes Basilikum
2 Baguettebrötchen
75 g dünn geschnittener Putenbrustaufschnitt

BASILIKUM

Es gibt wohl 40 verschiedene Basilikumsorten: Mal schimmern die Blätter rötlich (Foto), mal sind sie winzig, mal groß und glänzend. Sie können nach Nelken duften, nach Zitrone oder Minze. Doch immer verzaubert der frische Geschmack Tomatensalate, Sommersuppen und -saucen. Wird Basilikum mitgegart, gerät das Aroma pfeffriger.

PUTENBRUSTBAGUETTES MIT ROTEM BASILIKUM

1. 1/8 l (125 ml) Wasser aufkochen, Delikatess-Brühe darin auflösen. Die Brühe abkühlen lassen.
2. Thunfisch abtropfen lassen und in ein schmales, hohes Gefäß geben. Olivenöl, Kapern, saure Sahne und die Hälfte der Brühe zufügen. Mit einem Stabmixer pürieren, eventuell noch etwas Brühe zugeben, bis eine glatte Creme entsteht. Mit Pfeffer und Salz würzen.
3. Basilikum waschen, trockenschütteln und die Blätter abzupfen. Baguettebrötchen eventuell toasten und aufschneiden. Die Hälften mit Thunfischcreme bestreichen, die unteren Hälften mit Putenbrust und Basilikumblättern belegen. Nach Belieben zusätzlich mit ein paar Kapern bestreuen, zusammenklappen und sofort servieren.

TIPP: Wer Kapern nicht so gern mag, ersetzt sie durch gewürfelte Gewürzgurke. Anstelle von Thunfisch zur Abwechslung Ölsardinen aus der Dose verwenden. Dabei den Fisch gut abtropfen lassen und verbliebenes Öl mit Küchenpapier abtupfen.

NUDELSALAT MIT BASILIKUM-JOGHURT-SAUCE

PRO PORTION

1272 kJ/303 kcal, 10 g Eiweiß, 10 g Fett, 40 g Kohlenhydrate

ca. 25 Minuten

ZUTATEN

FÜR 4 PORTIONEN
200 g kurze Nudeln
Salz
1 EL Keimöl
1 Topf Basilikum
200 g Joghurt (1,5 % Fett)
50 g saure Sahne (10 % Fett)
2 Beutel KNORR Salatkrönung »Gartenkräuter mit Knoblauch«
1 Dose Artischockenböden (Abtropfgewicht 240 g)
250 g Kirschtomaten
50 g schwarze Oliven

Der intensive Duft macht Basilikum, das beliebte Sommerkraut, appetitanregend. Und sein hoher Gehalt an ätherischen Ölen wirkt beruhigend auf den Magen.

1. Die Nudeln in reichlich kochendem Salzwasser bissfest garen. In einem Sieb abgießen, abtropfen lassen und mit Keimöl mischen.
2. Basilikum waschen und trockenschütteln. Einige Basilikumblättchen beiseite legen, restliches Basilikum in feine Streifen schneiden. Mit Joghurt, saurer Sahne und Salatkrönung verrühren.
3. Die Artischocken abtropfen lassen und in dicke Scheiben schneiden. Tomaten waschen und je nach Größe halbieren oder vierteln. Oliven halbieren und die Steine entfernen.
4. Alle Zutaten in einer Schüssel vorsichtig mischen und mit den Basilikumblättchen garnieren.

TIPP: Schwarze Oliven sind mit 35 Gramm Fett und 353 Kalorien pro 100 Gramm erheblich fett- und kalorienreicher als grüne Oliven, die nur mit 12 Gramm Fett und 130 Kalorien zu Buche schlagen.

BOLLITO MISTO MIT KAPERN-SARDELLEN-SAUCE

1. Möhren und Staudensellerie putzen, waschen und in mundgerechte Stücke schneiden. Die Frühlingszwiebeln putzen, waschen und in 4–5 cm lange Stücke schneiden.
2. 1 l (1000 ml) Wasser aufkochen, und die Hühner-Kraftbouillon darin auflösen. Schweinefilet, Hähnchenbrust und die Gemüsestücke in die Bouillon geben und – je nach Größe der Stücke – bei schwacher Hitze in 15–17 Minuten gar ziehen lassen.
3. Für die Kapern-Sardellen-Sauce (»Salsa verde«) Petersilie waschen, trockenschütteln und die Blätter abzupfen.
4. Knoblauchzehe schälen. Petersilienblätter zusammen mit dem Knoblauch, den Kapern und den Sardellenfilets pürieren. Olivenöl mit einer Gabel unterschlagen. Mit Salz und Essig abschmecken.
5. Das Fleisch herausnehmen, in Scheiben schneiden und zusammen mit dem Gemüse und wenig Bouillon auf Portionstellern anrichten. Die Sauce getrennt dazu reichen.

TIPP: Wer wenig Zeit hat, kann die tiefgrüne kalte Kapernsauce zu Bollito misto schon am Tag zuvor anmischen, denn sie schmeckt besonders gut, wenn man sie einige Stunden durchziehen lässt. Am besten zugedeckt im Kühlschrank lagern und rechtzeitig vor dem Servieren herausholen, damit sich ihr feines Aroma entwickeln kann. Zu diesem leichten Gericht passen als Beilage Pellkartoffeln oder einfach ein Stück kräftiges Weizenmischbrot.

PRO PORTION

1224 kJ/293 kcal, 37 g Eiweiß, 10 g Fett, 11 g Kohlenhydrate

ca. 35 Minuten

ZUTATEN

FÜR 4 PORTIONEN

300 g Möhren
300 g Staudensellerie
2 Bund Frühlingszwiebeln
4 TL KNORR Hühner-Kraftbouillon
300 g Schweinefilet
300 g Hähnchenbrustfilet
2 Bund glatte Petersilie
1 Knoblauchzehe
1–2 EL Kapern
3 Sardellenfilets
3 EL Olivenöl
Salz
1–2 TL Essig, z. B. Kräuteressig

BOLLITO MISTO

Zu gekochtem Fleisch und Gemüse, dem berühmten italienischen »Bollisto misto«, gehört die »Salsa verde«, eine grüne Sauce aus Kapern, Petersilie, Knoblauch, Sardellenfilets, Olivenöl und manchmal auch Zwiebeln. Hier eine besonders leichte Variante, die mit weniger Öl auskommt und vorzüglich zu Schweinefilet und gekochter Hähnchenbrust passt.

PRO PORTION

380 kJ/91 kcal, 3 g Eiweiß, 2 g Fett, 12 g Kohlenhydrate

15 Minuten + Marinierzeit

ZUTATEN

FÜR 4 PORTIONEN

400 g Rotkohl
2–3 Orangen
1 Beutel KNORR Salatkrönung »Dill-Kräuter«
150 g Joghurt (1,5 % Fett)
1 TL mittelscharfer Senf
6 EL Orangensaft
2 Bund Dill
Pfeffer
Zucker
2 TL Sesamsaat

DILL

Die uralte Küchen- und Arzneipflanze ist in Skandinavien und Norddeutschland beliebt. Den aromatischen Freilanddill im Sommer für Fischsaucen, Schwarzwurzeln, Steckrüben und dicke Bohnen bundweise verwenden. Eine Prise Zucker verstärkt sein Aroma.

ROTKOHL-COLE-SLAW MIT ORANGEN-DILL-DRESSING

1. Rotkohl putzen und waschen, dabei die äußeren Blätter entfernen. Den Kohl in feine Streifen schneiden oder hobeln.
2. Die Orangen so dick schälen, dass keine weiße Haut mehr zu sehen ist. Mit einem scharfen Messer die einzelnen Fruchtsegmente als Filets herauslösen und zweimal durchschneiden.
3. Salatkrönung mit Joghurt, Senf und Orangensaft verrühren. Dill waschen und trockenschütteln. Einige Stiele beiseite legen. Von den restlichen Stielen die Fähnchen abzupfen und unter das Dressing rühren.
4. Dressing mit etwas Pfeffer und Zucker herzhaft abschmecken. Rotkohl und Orangen unterheben und ca. 20 Minuten durchziehen lassen.
5. Den Salat auf Tellern anrichten, mit dem restlichen Dill garnieren und mit Sesamsaat bestreut servieren.

TIPP: Ein roher Kohlsalat wie dieser liefert reichlich Vitamine und Ballaststoffe. Er ist ideal als Vorspeise, weil er den Magen auf leichte Art füllt und es einfacher macht, bei einem gehaltvollen Hauptgericht Maß zu halten.

SCHNITZELPFANNE MIT CORNICHON-DILL-SAUCE

PRO PORTION

1827 kJ/436 kcal, 31 g Eiweiß, 9 g Fett, 54 g Kohlenhydrate

ca. 25 Minuten

ZUTATEN

FÜR 3 PORTIONEN

125 g Langkornreis
Salz
100 g tiefgekühlte Erbsen
2 Schweineschnitzel à 150 g
50 g Cornichons
1 Bund Dill
1 EL Rapsöl
Pfeffer
200 ml Milch (1,5 % Fett)
1 Beutel KNORR Fix für Schwedische Hackbällchen
50 g saure Sahne (10 % Fett)

1. Den Reis in Salzwasser aufkochen und bei schwacher Hitze 20 Minuten ausquellen lassen. In den letzten 5 Minuten die tiefgekühlten Erbsen mitgaren, dafür die Hitze kurz erhöhen, damit das Wasser wieder aufkocht.
2. Die Schweineschnitzel in schmale Streifen, Cornichons in Scheiben schneiden. Den Dill waschen, trockentupfen und einige Stiele beiseite legen.
3. Öl in einer beschichteten Pfanne erhitzen und das Fleisch darin rundherum ca. 5 Minuten braten. Mit etwas Salz und Pfeffer würzen, aus der Pfanne nehmen und beiseite stellen.
4. Milch, 200 ml Wasser und 5 EL von dem Gurkenaufguss in die Pfanne gießen. Fix für Schwedische Hackbällchen einrühren, unter Rühren einmal aufkochen und bei schwacher Hitze ca. 2 Minuten kochen lassen, dabei mehrmals umrühren.
5. Das Fleisch in der Sauce erhitzen. Saure Sahne, Cornichons und fein geschnittenen Dill unterheben. Die Sauce nicht mehr kochen lassen. Den Erbsenreis abgießen und zusammen mit dem Fleisch und der Sauce servieren. Nach Belieben mit einigen Dillfähnchen garnieren.

KRÄUTERGARTEN

Wer gern mit frischen Kräutern kocht, pflanzt Thymian, Basilikum & Co. nach dem Kauf in einen größeren Topf um und stellt die jungen Pflanzen an einen sonnigen Ort. In Gärtnereien und Baumärkten gibt es dafür spezielle Kräutererde. Gefällt es der Pflanze an ihrem Standort, liefert sie monate- oder sogar jahrelang würzige Blättchen, die viele Gerichte veredeln.

PRO PORTION

770 kJ/184 kcal, 4 g Eiweiß, 9 g Fett, 20 g Kohlenhydrate

ca. 20 Minuten

LINSEN-MÖHREN-SUPPE MIT BOHNENKRAUT

ZUTATEN

FÜR 3 PORTIONEN

1 große Möhre
1 kleine Dose Linsen (Abtropfgewicht 265 g)
1/2 Bund Bohnenkraut
1 EL Rapsöl
1 Beutel KNORR Suppenliebe Deftiger Kartoffeltopf mit Röstzwiebeln und Speck
1–2 EL Essig, z.B. Apfelessig
evtl. Salz
Pfeffer

1. Die Möhre schälen und grob raspeln. Die Linsen in einem Sieb abgießen, gut abspülen und abtropfen lassen.
2. Das Bohnenkraut waschen, trockenschütteln und die Blättchen abzupfen. Einige Blättchen davon zum Garnieren beiseite legen, den Rest in möglichst feine Streifen schneiden.
3. Rapsöl in einem Topf erhitzen und die Möhrenraspel 2 Minuten dünsten. 700 ml kaltes Wasser zugießen, aufkochen und Suppenliebe Deftiger Kartoffeltopf einrühren. Das Bohnenkraut zugeben und alles bei schwacher Hitze 5 Minuten kochen lassen; dabei ab und zu umrühren.
4. Die Linsen zugeben und erhitzen. Die Suppe mit Essig und nach Belieben etwas Salz und Pfeffer abschmecken. Suppe in vorgewärmte Teller verteilen und mit Bohnenkrautblättchen bestreut servieren.

KRÄUTERKÄSE

Mit frischen Kräutern eingelegter Käse ergibt mit Pellkartoffeln und Salat dazu einen leckeren Imbiss. Dafür 1 Rolle Ziegenkäse (500 g) in Scheiben schneiden und mit 2 EL Thymian-, Rosmarin- und Bohnenkrautblättchen sowie einigen Pfefferkörnern in ein Glasgefäß mit Deckel schichten. Mit Olivenöl bedecken und einige Tage ziehen lassen. Vor dem Servieren auf Küchenpapier abtropfen lassen.

RISOTTO MIT GRÜNEN BOHNENKERNEN

1. 1/2 l (500 ml) Wasser aufkochen und die Gemüse-Bouillon darin auflösen. Zwiebeln schälen und achteln. Das Bohnenkraut waschen, trockenschütteln, die Bohnenkrautblättchen von den Stielen zupfen und eventuell in feine Streifen schneiden.
2. 1 EL Olivenöl in einem flachen Topf erhitzen und den Reis darin glasig andünsten. Die Hälfte der heißen Bouillon und das Bohnenkraut zugeben und unter Rühren aufkochen.
3. Den Reis offen bei mittlerer Hitze garen. Sobald die Flüssigkeit fast verdampft ist, die restliche Bouillon zugießen. Den Reis insgesamt etwa 20 Minuten garen, bis die Körner weich sind, aber noch etwas »Biss« haben.
4. Inzwischen das restliche Öl in einer Pfanne erhitzen und die Zwiebeln bei mittlerer Hitze ca. 5 Minuten braten.
5. Die Hälfte des Parmesans fein reiben, den Rest in Späne hobeln. Die abgetropften Bohnen und geriebenen Parmesan unter das Risotto mischen und erhitzen. Risotto mit den gebratenen Zwiebeln und dem gehobelten Parmesan anrichten.

PRO PORTION

1560 kJ/372 kcal, 13 g Eiweiß, 11 g Fett, 54 g Kohlenhydrate

ca. 30 Minuten

ZUTATEN

FÜR 2 PORTIONEN

2 TL KNORR Gemüse-Bouillon
2 kleine rote Zwiebeln
1/2 Bund Bohnenkraut
2 EL Olivenöl
180 g Risottoreis
30 g Parmesan im Stück
1 Dose Flageolets (feine grüne Bohnenkerne, Abtropfgewicht 265 g)

BOHNENKRAUT

Das würzige, sonnenliebende Kraut schmeckt leicht pfeffrig, etwas scharf und riecht ein wenig nach Thymian. Wie der Namen sagt, passt es gut zu Bohnen, aber auch zu Eintöpfen mit Schweinefleisch und Hülsenfrüchten. Als kleiner Digestif Bohnenkraut mit Wasser als Tee aufgießen und nach dem Essen servieren.

PRO PORTION

998 kJ/239 kcal, 30 g Eiweiß, 7 g Fett, 9 g Kohlenhydrate

ca. 45 Minuten

HÄHNCHEN-PÄCKCHEN MIT BOUQUET GARNI

ZUTATEN

FÜR 4 PORTIONEN

4 kleine Hähnchenbrustfilets à ca. 125 g
Salz, Pfeffer
1 unbehandelte Zitrone
8 Stiele Petersilie
8 Stiele Thymian
4 kleine Lorbeerblätter
2 EL Knoblauchöl
2 Bund Frühlingszwiebeln
1 Päckchen KNORR Tomaten Soße (aus dem 3er-Pack)

BOUQUET GARNI

Brühen und Schmorgerichten gibt das klassische Kräutersträußchen beim Garen seine Würze. Es besteht meist aus einem Lorbeerblatt, Thymian und einigen Petersilienstielen, die mit einem Faden zusammengebunden werden. So kann man das Bündel am Schluss leicht wieder herausfischen. Wer mag, nimmt noch Rosmarin oder Bohnenkraut hinzu.

1. Hähnchenbrustfilets mit wenig Salz und Pfeffer würzen und je 3–4-mal einschneiden. Zitrone heiß waschen, trockentupfen und die Schale abreiben.
2. Kräuter waschen und trockenschütteln, je 2 Petersilien- und Thymianstiele mit je 1 Lorbeerblatt zu Sträußchen (Bouquet garni) zusammenfassen und mit Küchengarn binden.
3. Je 1 Hähnchenbrust auf ein doppelt gelegtes Stück Alufolie setzen, mit Zitronenschale einreiben und mit je 1 TL Knoblauchöl beträufeln. Kräutersträußchen darauflegen, Folie gut verschließen. Im vorgeheizten Backofen bei 200 °C (Umluft: 175 °C) ca. 25 Minuten garen.
4. Frühlingszwiebeln waschen, putzen und in 3 cm lange Stücke schneiden. Restliches Öl in einer Pfanne erhitzen und die Frühlingszwiebeln kurz anbraten. 1/4 l (250 ml) Wasser zugeben und aufkochen. Tomaten Soße einrühren und bei schwacher Hitze 1 Minute kochen lassen.
5. Die Hähnchen-Päckchen öffnen und die Kochflüssigkeit zur Sauce gießen und unterrühren. Hähnchenbrust mit Frühlingszwiebelsauce servieren.

LORBEER-LACHS-SPIESSE MIT LAUWARMER VINAIGRETTE

PRO PORTION

719 kJ/172 kcal, 18 g Eiweiß, 9 g Fett, 3 g Kohlenhydrate

ca. 20 Minuten

ZUTATEN

FÜR 4 PORTIONEN

400 g Lachsfilet, frisch oder tiefgekühlt
2 unbehandelte Zitronen
16 frische kleine Lorbeerblätter
1 EL Olivenöl
Salz
Pfeffer
1–2 TL süßer Senf
1 Beutel KNORR Salatkrönung »Balsamico-Kräuter«

1. Das Lachsfilet würfeln. Tiefgekühlten Fisch vorher auftauen lassen. Die Zitronen heiß waschen, trockentupfen und in je 8 Stücke schneiden. Lorbeerblätter waschen und trockentupfen.
2. Lachswürfel, Zitronenstücke und Lorbeerblätter abwechselnd auf 8 Holzspieße stecken.
3. Olivenöl in einer beschichteten Pfanne erhitzen. Spieße darin von allen Seiten bei mittlerer Hitze insgesamt etwa 5 Minuten braten. Salzen, pfeffern.
4. Spieße herausnehmen. 6 EL Wasser, Senf und Salatkrönung »Balsamico-Kräuter« in der Pfanne verrühren, kurz erwärmen. Über die Spieße träufeln.

Dazu Reis mit gehacktem Rosmarin.

TIPP: Wer für Gäste größere Mengen zubereiten möchte, verzichtet vielleicht auf Spieße und legt stattdessen die Lachsfilets im Ganzen auf ein gefettetes Backblech. Dafür eignen sich auch andere Fischsorten wie etwa Lachsforelle, Seelachs oder Rotbarsch. Die Zitronenachtel und Lorbeerblätter um den Fisch herum verteilen. Alles salzen, pfeffern und mit Öl beträufeln. Garzeit: ca. 20 Minuten bei 200 °C.

LORBEERBLÄTTER

Ihr herbes, etwas harziges Aroma würzt Fleischsuppen, dunkle Saucen und geschmortes Fleisch. Vor allem säuerliche Gerichte wie eingelegte Heringe und Marinaden profitieren von dem appetitanregenden Gewürz. Frische Lorbeerblätter besitzen ein weicheres, volles Aroma, das in Tomatensuppen und Pastasaucen gut zur Geltung kommt.

Farbenfroh & saftig frisch

Früchte

Zwischendurch sind sie als Vitamin-
snack eine gute Wahl, und beim Kochen
herzhafter Gerichte setzen sie
das raffinierte kleine Tüpfelchen aufs i.

PRO PORTION

566 kJ/135 kcal, 4 g Eiweiß, 4 g Fett, 18 g Kohlenhydrate

15 Minuten + Kühlzeit

ZUTATEN

FÜR 4 PORTIONEN

1 Honigmelone (ca. 800 g)
2 TL KNORR Hühner-Kraftbouillon
150 g Joghurt (1,5 % Fett)
Cayennepfeffer
evtl. Salz
2 Scheiben Mischbrot
1–2 EL Olivenöl
1/2 Salatgurke
Minzblättchen zum Garnieren

GEEISTE HONIGMELONENSUPPE

1. Die Melone halbieren und die Kerne entfernen. Mit einem Kugelausstecher ca. 12 Kugeln aus dem Fruchtfleisch schneiden und zur Seite stellen. Restliches Fruchtfleisch mit einem Löffel herauskratzen.
2. 100 ml Wasser aufkochen und Hühner-Kraftbouillon darin auflösen. Fruchtfleisch und Bouillon in ein hohes Gefäß geben und fein pürieren.
3. Joghurt und ca. 1/4 l (250 ml) kaltes Wasser unter das Fruchtpüree rühren. Die Suppe mit Cayennepfeffer und eventuell etwas Salz abschmecken, anschließend für 2–3 Stunden im Kühlschrank gut durchkühlen lassen. Gelegentlich umrühren.
4. Brotscheiben entrinden und würfeln. Olivenöl in einer Pfanne erhitzen und die Brotwürfel darin knusprig braten.
5. Die Gurke waschen und die Kerne herausschneiden. Gurke in kleine Würfel schneiden und mit den Brotwürfeln und Melonenkugeln zu der eisgekühlten Suppe servieren. Mit Minzblättchen garnieren.

MELONEN

Die großen, saftreichen Früchte gehören zur vielfältigen Familie der Kürbisgewächse. Der rote Farbstoff der Wassermelone, Lycopin, schützt Zellen und stärkt die Abwehrkräfte. Reife Wassermelonen klingen beim Klopfen hohl und dumpf. Beim Einkauf von Zuckermelonen lohnt es sich, zu schnuppern: Sie duften süß, wenn sie reif sind.

SPAGHETTI MIT MELONEN-LACHS-SAUCE

PRO PORTION

1568 kJ/374 kcal, 19 g Eiweiß, 7 g Fett, 56 g Kohlenhydrate

ca. 20 Minuten

ZUTATEN

FÜR 3 PORTIONEN

200 g Spaghetti
Salz
1/2 Cantaloup- oder Netzmelone (ca. 500 g)
2–3 Stiele Dill
1 Päckchen KNORR Helle Soße (aus dem 3er-Pack)
150 g Räucherlachs in Scheiben
Zitronensaft
Pfeffer

Nichts schmeckt an heißen Sommertagen besser als ein Stück leicht gekühlte Honigmelone. Mit mehr als 90 Prozent Wasser, viel Geschmack und wertvollen Nährstoffen ein leichter, gesunder Genuss.

1. Die Nudeln in reichlich kochendem Salzwasser bissfest garen, in einem Sieb abgießen und abtropfen lassen.
2. Kerne aus der Melone schaben. Die Melone in Spalten schneiden, die Schale abschneiden und das Fruchtfleisch würfeln. Dill waschen, trockenschütteln und die Spitzen abzupfen.
3. 300 ml Wasser aufkochen, Helle Soße einrühren und die Melonenwürfel zugeben. Bei schwacher Hitze 2–3 Minuten kochen, dann mit einem Stabmixer fein pürieren.
4. Räucherlachsscheiben in Streifen schneiden und in der Sauce erhitzen. Mit Zitronensaft, Pfeffer und etwas Salz abschmecken. Nudeln mit der Sauce auf Tellern anrichten. Mit Dillspitzen bestreuen.

TIPP: Zur Abwechslung anstelle von Räucherlachs gehackte, in der Pfanne ohne Zugabe von Fett leicht angeröstete Walnüsse über die Spaghetti streuen. Durch ihre wertvollen Fettsäuren sind die Nusskerne ähnlich gesund wie der Fisch.

PRO PORTION

520 kJ/124 kcal, 3 g Eiweiß, 7 g Fett, 11 g Kohlenhydrate

ca. 15 Minuten

ZUTATEN

FÜR 2 PORTIONEN
125 g Rucola (Rauke)
125 g Erdbeeren
1 Beutel KNORR Salatkrönung »Italienische Art«
1 EL Keimöl
1 TL Sesamsaat

ERDBEEREN

Voll ausgereifte Früchte schmecken wunderbar süß, liefern mehr Vitamin C als Orangen und dazu blutbildendes Eisen, das der Körper zusammen mit Vitamin C besonders gut verwerten kann.

RUCOLASALAT MIT ERDBEEREN

1. Den Salat putzen, waschen und trockenschleudern. Die Erdbeeren vorsichtig waschen, putzen und in dünne Scheiben schneiden.
2. Erdbeerscheiben und Rucolablätter auf einer großen Platte oder auf Portionstellern anrichten.
3. Salatkrönung »Italienische Art« mit Keimöl und 5 EL Wasser verrühren und über die Salatzutaten träufeln. Mit Sesamsaat bestreut servieren.

Dazu frisch geröstetes Sonnenblumen- oder Leinsamenbrot servieren.

TIPP: Dieser raffinierte Salat ist wunderbar wandelbar. Garniert mit einigen Scheiben Lachsschinken oder hauchdünn geschnittener geräucherter Putenbrust wird er zur feinen Vorspeise oder zum delikaten leichten Abendbrot. Auch frischer Ziegenkäse harmoniert vorzüglich mit dem süß-herben Kontrast von Erdbeeren und Rucola. Eine ultraleichte Version: Den Salat mit kleinen, aus körnigem Frischkäse geformten Nocken servieren. Sie gelingen am besten mit zwei Teelöffeln.

NUDELSALAT MIT HIMBEEREN

PRO PORTION

1452 kJ/346 kcal, 15 g Eiweiß, 13 g Fett, 40 g Kohlenhydrate

20 Minuten + Abkühlzeit

1. Die Nudeln in kochendem Salzwasser bissfest garen, in einem Sieb abgießen und abtropfen lassen.
2. Den Feldsalat waschen, putzen und trockenschleudern. Salatkrönung mit 100 ml Wasser und Olivenöl verrühren.
3. Nudeln und Feldsalat in eine Schüssel geben, das Dressing vorsichtig untermischen. Den Salat auf einer Platte oder auf Tellern anrichten. Das Bündner Fleisch und die Himbeeren auf dem Salat verteilen.
4. Pinienkerne in einer Pfanne ohne Zugabe von Fett goldgelb rösten und über den Salat streuen.

TIPP: Wer im Spätsommer reife, aromatisch duftende Brombeeren im Garten hat oder auf dem Markt angeboten bekommt, kann sie anstelle der Himbeeren in diesem Salat gut zur Geltung bringen. Um ihren säuerlichen Geschmack abzurunden, das Salatdressing mit einer Prise Zucker oder einer Löffelspitze Honig würzen. Oder das Wasser durch roten Traubensaft ersetzen. Auch die herb-säuerlichen Kultur-Heidelbeeren schmecken gut in diesem Salat. Ihr Fruchtfleisch ist im Gegensatz zur wilden Heidelbeere hell und ihr Saft färbt nicht.

ZUTATEN

FÜR 3 PORTIONEN

150 g kurze Nudeln, z.B. Gnocchetti
Salz
100 g Feldsalat
2 Beutel KNORR Salatkrönung »Französische Art«
2 EL Olivenöl
100 g hauchdünn geschnittenes Bündner Fleisch
150 g Himbeeren
20 g Pinienkerne

HIMBEEREN

Die weichen, druckempfindlichen Beeren am besten gleich nach dem Kauf essen. Himbeeren halten sich im Kühlschrank nur kurz, lassen sich aber gut einfrieren. Wie alle Beeren sind Himbeeren reich an sekundären Pflanzenstoffen. Verschmutzte Früchte nur leicht abbrausen, intensives Waschen verwässert das Aroma.

PRO PORTION

431 kJ/103 kcal, 1 g Eiweiß,
3 g Fett, 16 g Kohlenhydrate

30 Minuten + Abkühlzeit

KIRSCH-CHUTNEY MIT MINZE

ZUTATEN

FÜR 4 PORTIONEN

2 rote Zwiebeln
400 g Sauerkirschen
1 walnussgroßes Stück Ingwerwurzel
1 EL Keimöl
1 EL Zucker
1 TL KNORR Gemüse-Bouillon
2–3 Stiele Minze
Salz, Pfeffer
1–2 EL Zitronensaft

KIRSCHEN

Je frischer, desto besser: Ab Ende Juni reifen bei uns die ersten Kirschen. Es lohnt, die saftigen Früchte vor dem Einkauf auf ihr Aroma hin zu probieren, denn helles oder dunkles Rot sagt nichts über die Reife. Noch ein Tipp: Nach dem Essen nicht gleich Wasser trinken, weil Kirschen im Magen aufquellen können.

1. Die Zwiebeln schälen und würfeln. Die Kirschen waschen, entsteinen und grob hacken. Den Ingwer schälen und in feine Scheibchen schneiden.

2. Keimöl in einem Topf erhitzen und die Zwiebelwürfel darin glasig dünsten. Den Zucker über die Zwiebeln streuen und bei mittlerer bis starker Hitze hellbraun werden lassen. Sofort von der Kochstelle nehmen.

3. Ingwer, Kirschen und 1/4 l (250 ml) Wasser zugeben, aufkochen und Gemüse-Bouillon einrühren. Offen ca. 10 Minuten einkochen lassen.

4. Chutney abkühlen lassen. Die Minze waschen und trockenschütteln. Die Blättchen abzupfen und in Streifen schneiden. Chutney mit Salz, Pfeffer und Zitronensaft abschmecken. Minzestreifen darunterheben.

TIPP: Das Chutney schmeckt vorzüglich zu kurz gebratenem dunklem Fleisch wie Lammsteak, Rinderfilet oder Entenbrust. Das Aroma der Gewürze entwickelt sich beim Zubereiten erst allmählich. Deshalb die Mischung – wie in Punkt 4 beschrieben – vor dem Abschmecken abkühlen lassen.

KANINCHENKEULEN MIT SAUERKIRSCHSAUCE

PRO PORTION

1378 kJ/ 331 kcal, 43 g Eiweiß, 12 g Fett, 12 g Kohlenhydrate

ca. 60 Minuten

ZUTATEN

FÜR 4 PORTIONEN

200 g Sauerkirschen
4 Kaninchenkeulen (ca. 1 kg)
Salz
Pfeffer
2 EL Keimöl
2 Päckchen KNORR Braten Soße Extra (aus dem 3er-Pack)
2 TL Kakaopulver

1. Die Kirschen waschen und die Steine entfernen. Kaninchenkeulen mit Salz und Pfeffer würzen und im heißen Keimöl von allen Seiten anbraten.
2. 1/4 l (250 ml) Wasser zum Fleisch gießen und bei mittlerer Hitze zugedeckt 30–40 Minuten garen.
3. Kaninchenkeulen mit einer Schaumkelle aus dem Topf heben. Die Flüssigkeit in einen Messbecher gießen und mit Wasser auf 1/2 l (500 ml) auffüllen.
4. Die Flüssigkeit zurück in den Topf gießen und aufkochen. Braten Soße mit Kakaopulver mischen und einrühren.
5. Die Kirschen zugeben und unter gelegentlichem Rühren ca. 3 Minuten kochen; bei Bedarf etwas Wasser nachgießen. Die Kaninchenkeulen kurz in der Kirschsauce erhitzen.

Dazu passen Kartoffel- oder Semmelknödel und Wirsingkohl.

TIPP: Zuckerhaltige Kakao- oder Schoko-Getränkepulver sind für dieses Rezept nicht geeignet, hier muss es purer, schwach entölter Kakao sein.

SAUERKIRSCHEN

Die dunkelroten Weichseln schmecken wegen ihres ausgewogenen Zucker-Säure-Verhältnisses in herzhaften Saucen und Schmorgerichten köstlich. Zu dieser aromatischen Sorte Sauerkirschen gehören auch die schwarz-rot-glänzenden Schattenmorellen, die als Konserve in Gläsern angeboten werden. Hellrote Amarellen wachsen überwiegend in Privatgärten.

HÄHNCHENRAGOUT MIT JOHANNISBEEREN

PRO PORTION

2057 kJ/492 kcal, 33 g Eiweiß, 13 g Fett, 58 g Kohlenhydrate

ca. 20 Minuten

1. Die Nudeln in kochendem Salzwasser bissfest garen, in einem Sieb abgießen und abtropfen lassen.
2. Das Hähnchenbrustfilet in Streifen schneiden und im heißen Keimöl 3–4 Minuten braten. Mit Salz und Pfeffer würzen und aus der Pfanne nehmen.
3. Die Zwiebel schälen und in Streifen schneiden. Zwiebelstreifen und Rosmarin im Bratfett einige Minuten glasig dünsten, mit 1/4 l (250 ml) Wasser ablöschen und aufkochen. Rahmsoße einrühren und bei schwacher Hitze 1 Minute kochen.
4. Johannisbeeren waschen, trockentupfen und von den Rispen streifen. Saure Sahne unter die Sauce rühren. Hähnchenfleisch und Johannisbeeren in der Sauce erhitzen. Nudeln mit dem Ragout servieren.

Dazu passt ein grüner Salat.

TIPP: Johannisbeeren liefern viel Vitamin C, eine dicke Portion Mineralstoffe, vor allem Kalzium, Kalium und Magnesium, und wertvolle Spurenelemente wie Mangan und Kupfer. Grund genug, in der Saison öfter mal herzhafte Gerichte mit einer Handvoll der gesunden säuerlichen Beeren zu garnieren. Besonders hübsch machen sie sich auf Salaten, frisch gekochtem Reis, Bratensaucen und als Einlage in cremigen Suppen. Wer sie mag, sorgt im Juli und August vor und friert besonders hübsche Johannisbeerrispen zum späteren Garnieren einzeln ein.

ZUTATEN

FÜR 2 PORTIONEN

125 g Nudeln, z.B. breite Bandnudeln
Salz
200 g Hähnchenbrustfilet
1 EL Keimöl
Pfeffer
1 Zwiebel
1 TL frische Rosmarinnadeln (gehackt) oder 1/4 TL getrockneter Rosmarin
1 Päckchen KNORR Rahmsoße (aus dem 3er-Pack)
100 g rote Johannisbeeren
1 EL saure Sahne (10 % Fett)

JOHANNISBEEREN

In der Hauptsaison von Ende Juni bis Ende August werden die süß-säuerlichen Beeren in kleinen Schalen verkauft. Ganz billig sind sie nie, denn die Träubchen werden von Hand gepflückt. Rote und schwarze Sorten schmecken roh und als Kompott. Die nur selten angebotenen weißen Johannisbeeren am besten roh essen.

PRO PORTION

1070 kJ/256 kcal, 18 g Eiweiß, 9 g Fett, 23 g Kohlenhydrate

ca. 25 Minuten

APFEL-ROTE-BETE-SALAT MIT PUTENBRUST

ZUTATEN

FÜR 3 PORTIONEN

je 1 roter und grüner Apfel
2 EL Zitronensaft
200 g gekochte Rote Bete (vakuumverpackt)
1 kleiner Kopfsalat
150 g geräucherte Putenbrust in dünnen Scheiben
1 Beutel KNORR Salatkrönung »7-Kräuter«
1 EL Keimöl
30 g Erdnusskerne

ÄPFEL

Sie sind ausgesprochen kalorienarm und durch ihre Ballaststoffe auch sättigend. Gründlich waschen und möglichst mitsamt Kerngehäuse und Schale essen.

1. Die Äpfel waschen, halbieren und die Kerngehäuse entfernen. Äpfel in Spalten schneiden, in eine Schüssel geben und mit Zitronensaft beträufeln.
2. Die Rote Bete würfeln. Den Salat putzen, waschen, trockenschleudern und in mundgerechte Stücke zupfen. Salat, Rote Bete, Putenbrust und Apfelspalten auf einer Platte oder in einer großen Schüssel anrichten. Dabei die Salatzutaten nicht zu heftig mischen, sonst wird alles rot.
3. Salatkrönung »7-Kräuter« mit Keimöl und 5–6 EL Wasser verrühren und darüberträufeln. Erdnüsse hacken und den Salat damit bestreuen.

TIPP: Erdnusskerne werden in vielen Variationen angeboten, mit und ohne Fett geröstet, natur, mit und ohne Salz. Wer noch mehr Abwechslung möchte, kann auf Cashewkerne, Mandeln oder Sojakerne umsteigen. Sehr lecker: Die Kerne vorher in der Pfanne anrösten.

BEEFSTEAKBULETTEN MIT APFELRAHMSAUCE

1. Ca. 20 g getrocknete Äpfel im Blitzhacker grob zerkleinern. Zwiebeln schälen und fein würfeln; die Hälfte der Zwiebelwürfel beiseite stellen.
2. Fix für Hackbraten in 1/8 l (125 ml) lauwarmes Wasser einrühren. Tatar, Quark, zerkleinerte Äpfel, Zwiebelwürfel und Zimt zugeben und alles gut mischen. Aus dem Teig mit feuchten Händen 8 flache Frikadellen formen.
3. Keimöl in einer beschichteten Pfanne erhitzen und die Buletten darin bei mittlerer Hitze von jeder Seite ca. 7 Minuten braten. Herausnehmen und beiseite stellen.
4. Beiseite gestellte Zwiebeln, restliche Apfelscheiben und Rosmarin in das Bratfett geben und ca. 3 Minuten dünsten. Apfelsaft und 200 ml kaltes Wasser zugießen.
5. Feinschmecker Rahmbraten Sauce einrühren, unter Rühren aufkochen und die Sauce bei schwacher Hitze 1–2 Minuten kochen lassen. Eventuell noch etwas Wasser nachgießen, da die Äpfel aufquellen. Die Sauce zu den Buletten reichen.

Als Beilage Kartoffel-Möhren-Püree servieren.

PRO PORTION

1335 kJ/318 kcal, 27 g Eiweiß, 10 g Fett, 29 g Kohlenhydrate

ca. 30 Minuten

ZUTATEN

FÜR 4 PORTIONEN

50 g getrocknete Apfelscheiben
2 Zwiebeln
1 Beutel KNORR Fix für Hackbraten
400 g Beefsteakhack (Tatar)
2 EL Magerquark
1/2 TL Zimt
1 EL Keimöl
1 EL frische Rosmarinnadeln (gehackt) oder 1/2 TL getrockneter Rosmarin
100 ml Apfelsaft
1 Beutel KNORR Feinschmecker Rahmbraten Sauce

APFELRINGE

Nach dem Schälen und Trocknen bleiben von 1 kg frischen Äpfeln nur rund 100 g übrig. Apfelringe sind ideal als Snack für unterwegs. Zum Trocknen werden oft Sorten wie Morgenduft oder Golden Delicious gewählt.

HERZHAFTE BRATÄPFEL AUF SAUERKRAUT

1. Die Äpfel waschen, jeweils einen Deckel abschneiden und die Kerngehäuse mit einem Apfelausstecher oder einem spitzen Messer großzügig herausschneiden. Alle Schnittflächen mit Zitronensaft beträufeln.
2. Die Zwiebel schälen und würfeln. Keimöl erhitzen und die Zwiebelwürfel darin in 3 Minuten glasig dünsten. Den frischen Salbei in Streifen schneiden, zusammen mit den Mandelstiften zugeben und kurz anrösten. 1 TL Gemüse-Bouillon untermischen.
3. Das Sauerkraut abtropfen lassen und grob hacken. 1/4 des Krauts zu der Zwiebelmischung geben, gut mischen, nach Belieben mit Zucker abschmecken und in die Äpfel füllen. Das restliche Sauerkraut in eine Auflaufform geben und die gefüllten Äpfel daraufsetzen.
4. 150 ml Wasser erhitzen, die restliche Gemüse-Bouillon darin auflösen. Cremefine unterrühren und die Mischung in die Auflaufform gießen.
5. Im vorgeheizten Backofen bei 200 °C (Umluft: 175 °C) ca. 30 Minuten backen, dabei die Deckel nach 15 Minuten auf die Äpfel setzen.

TIPP: Säuerliche feste Äpfel wie Jonagold und Boskop sind nicht nur zum Kochen am besten geeignet, sie gehören auch zu den nährstoffreichsten Sorten. Vor allem, wenn die Schale, durchs Garen zart geworden, mitgegessen wird, profitiert der Körper von wichtigen zellschützenden Aktivstoffen.

PRO PORTION

1060 kJ/254 kcal, 4 g Eiweiß, 15 g Fett, 24 g Kohlenhydrate

ca. 50 Minuten

ZUTATEN

FÜR 2 PORTIONEN

2 Äpfel, z.B. Boskop oder Jonagold
1 EL Zitronensaft
1 Zwiebel
1 EL Keimöl
1–2 Stiele Salbei oder
1 TL getrockneter Salbei
20 g Mandelstifte
2 TL KNORR Bio Gemüse-Bouillon
1 Dose Sauerkraut (Abtropfgewicht 385 g)
evtl. Zucker
50 ml RAMA Cremefine zum Kochen

BRATÄPFEL

Zwei kleine Werkzeuge erleichtern die Arbeit, wenn Äpfel zum Füllen ausgehöhlt werden sollen. Zum Entfernen des Kerngehäuses einen Apfelausstecher (heißt auch Fruchtentkerner, im Foto links) verwenden. Mit einem Kugelausstecher (im Foto rechts) das Fruchtfleisch großzügig herausschneiden. Damit sie hell bleiben, die Schnittflächen mit Zitronensaft beträufeln.

PRO PORTION:

1915 kJ/458 kcal, 26 g Eiweiß, 17 g Fett, 48 g Kohlenhydrate

ca. 40 Minuten

LAMMRÜCKENFILET MIT CRANBERRY-PFEFFER-SAUCE

ZUTATEN

FÜR 3 PORTIONEN

125 g Naturreis, Salz
50 g kleine Schalotten
300 g Lammlachse
(filetierter Lammrücken)
Pfeffer
2 EL Keimöl
40 g getrocknete Cranberries
1 Beutel KNORR Feinschmecker
3-Pfeffer-Sauce
1 Dose Mais mit Kidneybohnen
(Abtropfgewicht 140 g)

CRANBERRIES

Die herb-süßen roten Beeren kommen aus den USA. Bei den Indianern waren Cranberries wegen ihres Nährwertes schon immer hoch geschätzt. Sie sind gute Ballaststoffquellen, liefern Kalium, Eisen und Vitamin C.

1. Den Reis in kochendes Salzwasser geben und je nach Sorte 20–30 Minuten garen.
2. Schalotten schälen und halbieren. Das Lammfleisch mit Salz und Pfeffer würzen. Keimöl in einer Pfanne erhitzen und das Fleisch darin von jeder Seite 1 Minute scharf anbraten. Die Hitze herunterstellen und von jeder Seite weitere 3 Minuten braten. Das Fleisch in Alufolie wickeln und beiseite legen.
3. Schalotten in das Bratfett geben und 5 Minuten glasig dünsten. Cranberries und 1/4 l (250 ml) kaltes Wasser zugeben und Feinschmecker 3-Pfeffer-Sauce einrühren. Unter Rühren aufkochen und bei schwacher Hitze 1 Minute kochen.
4. Die Mais-Kidneybohnen-Mischung abtropfen lassen, in der letzten Minute zum Reis geben und erhitzen. Reis und Gemüse abtropfen lassen.
5. Das Fleisch schräg in Scheiben schneiden und mit der Reis-Gemüse-Mischung und der Sauce servieren.

RINDERGULASCH MIT PREISELBEEREN

1. Rapsöl in einem Topf erhitzen und das Fleisch darin anbraten. 1/2 l (500 ml) Wasser zugießen und Fix für Gulasch einrühren. Einmal aufkochen und zugedeckt bei schwacher Hitze ca. 1 1/2 Stunden schmoren, dabei ab und zu umrühren.
2. Preiselbeeren und grünen Pfeffer in die Sauce geben, unterrühren und heiß werden lassen.
3. Petersilie waschen, trockenschütteln, Blättchen abzupfen und das Gulasch damit bestreuen.

TIPP: Wenn Preiselbeeren im Spätsommer Saison haben, lohnt es sich, anstelle von eingeweckten frische Früchte zu nehmen. Cranberries, die amerikanischen Verwandten der Preiselbeere, kommen im Winter auf den Markt. Sie sind luftig verpackt in perforierten Beuteln oder Klarsichtschalen erhältlich. Beide Sorten, Preiselbeeren und Cranberries, schmecken gut im Gulasch. Einfach waschen und abgetropft 10 Minuten mitgaren. Die Sauce mit Zucker abschmecken.

PRO PORTION

1076 kJ/257 kcal, 26 g Eiweiß, 11 g Fett, 10 g Kohlenhydrate

ca. 100 Minuten

ZUTATEN

FÜR 4 PORTIONEN

1–2 EL Rapsöl
500 g mageres Rindergulasch
1 Beutel KNORR Fix für Gulasch
150 g Preiselbeeren (Glas)
1–2 EL grüner Pfeffer (Glas)
1/2 Bund Petersilie

PREISELBEEREN

Aufgrund ihrer Vitamine und natürlichen Farbstoffe gehören sie zu den gesündesten Beeren. Frisch vom Strauch schmecken sie zwar nicht, aber sie geraten ganz köstlich, wenn man sie roh püriert und mit Zucker im Verhältnis 1:2 eine halbe Stunde rührt. So entsteht ohne Kochen eine kalt gerührte Konfitüre, die sich wochenlang im Kühlschrank hält.

DICKE-BOHNEN-SUPPE MIT QUITTEN

1. Die Quitte waschen, vierteln und schälen. Das Kerngehäuse entfernen, das Fruchtfleisch würfeln.
2. 2 l (2000 ml) Wasser aufkochen und die Suppenwürfel darin auflösen. Quittenwürfel zugeben und bei mittlerer Hitze 45 Minuten garen.
3. Inzwischen die Kartoffeln schälen und würfeln. Bohnenkraut waschen und trockenschütteln. Nach 25 Minuten Kartoffeln und 2 Stiele Bohnenkraut zu den Quittenwürfeln geben.
4. Die Bohnen in einem Sieb abgießen, abtropfen lassen und 2 Minuten vor Ende der Garzeit zu den Kartoffeln und Quitten geben.
5. Die Schweineschnitzel in Streifen schneiden und mit Salz und Pfeffer würzen. Keimöl in einer Pfanne erhitzen und die Fleischstreifen darin rundherum 3–4 Minuten braten.
6. Bohnenkraut aus der Suppe nehmen. Die gebratenen Fleischstreifen in die Suppe geben. Restliches Bohnenkraut fein schneiden und als Garnitur auf die Suppe streuen.

TIPP: Das mildfruchtige, leicht zitronige Aroma der Quitte ergänzt mageres Schweinefleisch vorzüglich. Einige Quittensorten besitzen einen feinen Flaum auf der Schale, den man vor der Verarbeitung mit einem Tuch abreiben kann. Beim Schälen, Entkernen und Zerkleinern verfärbt sich das helle Fruchtfleisch ziemlich schnell bräunlich. Aber das ist kein Grund zur Sorge, denn die Verfärbung geht durchs Kochen wieder zurück.

PRO PORTION

1186 kJ/282 kcal, 25 g Eiweiß, 8 g Fett, 25 g Kohlenhydrate

ca. 50 Minuten

ZUTATEN

FÜR 4 PORTIONEN

1 Quitte (400 g)
4 Würfel KNORR Fleisch-Suppe
400 g Kartoffeln
3 Stiele Bohnenkraut
1 Glas dicke Bohnen (Abtropfgewicht 360 g)
300 g Schweineschnitzel
Salz
Pfeffer
2 EL Keimöl

QUITTEN SCHÄLEN

Genau wie Äpfel und Birnen gehören die aromatischen gelben Früchte zu den preiswerten einheimischen Obstsorten. Quitten schmecken nicht nur in süßen Gelees und Desserts, sondern ergänzen auch herzhafte Schmorgerichte. Am schnellsten und einfachsten putzt man sie so: Die Schale mit einem Sparschäler entfernen und das Fruchtfleisch mit senkrechten Schnitten vom harten Kerngehäuse schneiden.

PRO PORTION

1515 kJ/362 kcal, 27 g Eiweiß, 12 g Fett, 33 g Kohlenhydrate

ca. 15 Minuten

ZUTATEN

FÜR 2 PORTIONEN

200 g helle kernlose Weintrauben
1 Knoblauchzehe
2 Stiele Salbei
1 EL Mehl
2 Scheiben Kalbsleber à 125 g
1 EL Rapsöl
Salz
Pfeffer
2 EL KNORR Klarer Bratensaft
2 TL dunkler Soßenbinder

TAFELTRAUBEN

Der eine isst gern dunkle, der andere lieber helle Sorten. Die großbeerige gelbe »Italia-Traube« ist wegen ihrer würzigen Muskatnote beliebt, die helle »Thompson Seedles« hat keine Kerne und schmeckt intensiv süß. Blaue Trauben besitzen oft ein würziges, an Wein erinnerndes Aroma. Sorten ohne Kerne werden selten angeboten.

SALBEILEBER MIT TRAUBENSAUCE

1. Die Trauben waschen und halbieren. Knoblauchzehe schälen und in dünne Scheiben schneiden. Salbei waschen, trockenschütteln und die Blätter abzupfen; die Hälfte davon in feine Streifen schneiden.

2. Das Mehl und die Salbeistreifen auf einen flachen Teller geben. Die Leber darin wenden und das überschüssige Mehl abschütteln.

3. Rapsöl in einer Pfanne erhitzen und die Leber von jeder Seite 1–2 Minuten braten, dann mit Salz und Pfeffer würzen und in Alufolie wickeln.

4. Die Knoblauchscheiben in derselben Pfanne kurz glasig dünsten. 1/4 l (250 ml) Wasser zugießen und einmal aufkochen. Bratensaft und Soßenbinder einrühren.

5. Weintrauben zugeben und heiß werden lassen. Leber darauflegen, mit Salbei bestreuen und sofort servieren.

TIPP: Zur Leber passt Kartoffel-Sellerie-Püree sehr gut. Dafür ca. 300 g Kartoffeln und ca. 200 g Sellerieknolle schälen, in Salzwasser gar kochen, abgießen und mit 8 EL fettarmer Milch pürieren.

GEMISCHTER BLATTSALAT MIT WEINTRAUBEN

PRO PORTION

1024 kJ/244 kcal, 16 g Eiweiß, 9 g Fett, 22 g Kohlenhydrate

ca. 15 Minuten

ZUTATEN

FÜR 3 PORTIONEN

1 kleiner Kopf Lollo bionda oder Friséesalat
1 kleiner Kopf Radicchiosalat
150 g Weintrauben
125 g Harzer Käse
3 Schalotten
1 Beutel KNORR Salatkrönung »Küchenkräuter«
1 EL Walnussöl
1 TL milder Senf
3 Scheiben Vollkorntoastbrot
1 Knoblauchzehe
20 g Walnusskerne

1. Den Salat putzen, waschen, trockenschleudern und die Blätter in mundgerechte Stücke zupfen.
2. Weintrauben waschen, halbieren und eventuell entkernen. Die Käserollen voneinander trennen, längs halbieren und dann in Stücke schneiden. Schalotten schälen und in Ringe schneiden.
3. Salatkrönung »Küchenkräuter« mit 5 EL Wasser, Walnussöl und Senf in eine große Schüssel geben und verrühren. Die Salatzutaten unterheben.
4. Das Brot im Toaster rösten und mit halbierter Knoblauchzehe abreiben. Die Brotscheiben würfeln und mit grob gehackten Walnusskernen über den Salat streuen.

TIPP: Beim Einkauf von Weintrauben lohnt es sich, ein, zwei Beeren zu probieren. Je nach Jahreszeit werden Tafeltrauben aus allen Teilen der Erde importiert und sie schmecken immer anders. Die kernlosen Sorten machen weniger Mühe.

SÜSSE FRÜCHTE

Kein anderer, noch so delikater Nachtisch ist leichter, aromatischer und reicher an nützlichen Biostoffen als reifes, frisches Obst. Je nach Geschmack und Sorte mit oder ohne Schale essen, als Obstsalat, Kompott oder fruchtige Sauce servieren. Dafür reife Früchte pürieren und als Sauce zu Pudding, Joghurt, Quark oder Eis reichen.

PRO PORTION

934 kJ/223 kcal, 10 g Eiweiß, 7 g Fett, 28 g Kohlenhydrate

ca. 25 Minuten

GLASNUDELSALAT MIT GEGRILLTER BABYANANAS

ZUTATEN

FÜR 2 PORTIONEN

100 g Glasnudeln (Asialaden oder großer Supermarkt)
1 TL KNORR Gemüse-Bouillon
100 g Zuckerschoten
1 Babyananas
2 TL Zitronen- oder Limettensaft
1 EL KNORR Tomaten-Ketchup
1 TL Sojasauce
1 TL dunkles Sesamöl
100 g Nordseekrabben
1 EL Rapsöl

Immer gut für zwischendurch: ein Griff in die Obstschale. Wer wenig Zeit fürs Schnippeln hat, kauft essfertig geschälte Ananas oder greift zu vorbereitetem Obstsalat aus dem Kühlregal des Supermarkts.

1. Die Glasnudeln und die Gemüse-Bouillon in eine Schüssel geben und mit 1/4 l (250 ml) kochendem Wasser übergießen. 10 Minuten quellen lassen. Die Nudeln in einem Sieb abgießen, dabei etwas Flüssigkeit auffangen. Nudeln abtropfen und abkühlen lassen.
2. Zuckerschoten putzen, waschen und schräg in dünne Streifen schneiden. Die Ananas unter fließendem Wasser waschen und abbürsten. Aus der Mitte dünne Scheiben zum Grillen schneiden. Den Rest schälen und würfeln.
3. 5 EL von der abgetropften Nudelbrühe mit Zitronen- oder Limettensaft, Ketchup, Sojasauce und Sesamöl verrühren.
4. Nudeln klein schneiden und mit Ananaswürfeln, Zuckerschoten und Krabben unter das Dressing heben.
5. Rapsöl in einer Grillpfanne erhitzen und die Ananasscheiben darin von jeder Seite 1–2 Minuten braten. Ananasscheiben zum Glasnudelsalat servieren.

ANANASKOMPOTT MIT MEERRETTICH

PRO PORTION

323 kJ/77 kcal, 0 g Eiweiß,
2 g Fett, 12 g Kohlenhydrate

20 Minuten + Abkühlzeit

1. Die Ananas schälen, den harten mittleren Strunk entfernen und das Fruchtfleisch würfeln.

2. Die Schalotten schälen und ebenfalls in Würfel schneiden. Keimöl in einem Topf erhitzen, die Schalotten darin 5 Minuten glasig dünsten.

3. Ananas, Zucker und 100 ml Wasser zu den Schalotten geben und weitere 5 Minuten dünsten.

4. Meerrettichwurzel schälen und reiben. Salatkrönung »Zwiebel-Kräuter« und geriebenen Meerrettich unter das Ananaskompott heben und abkühlen lassen. Nach Belieben mit etwas Salz und Chilipulver abschmecken.

5. Petersilie waschen, trockenschütteln, grob hacken und unterheben.

Passt zu Kasseler und Schupfnudeln.

TIPP: Ist die Ananas vollständig reif, lassen sich die inneren Blätter des »Schopfes« leicht auszupfen. Die Früchte sind wie fast alle Exoten empfindlich gegen Druck und Kälte. Deshalb frische Ananas vor Stößen schützen und später im Kühlschrank nicht kühler als 7 °C lagern, sonst verfärbt sich das Fruchtfleisch.

ZUTATEN

FÜR 4 PORTIONEN

1 kleine oder 1/2 Ananas (ca. 500 g)
50 g Schalotten
1 EL Keimöl
1 EL Zucker
50 g frische Meerrettichwurzel
1 Beutel KNORR Salatkrönung »Zwiebel-Kräuter«
evtl. Salz
Chilipulver
1/2 Bund Petersilie

ANANAS

Duften sie intensiv, sind die saftigen Früchte reif und reich an wertvollen Inhaltsstoffen. Zum Essen Blattschopf und Stielansatz abtrennen, das Fleisch in Scheiben oder Spalten teilen, den holzigen Kern und die Schale abschneiden. Babyananas sind nur etwa faustgroß. Sie bestechen durch süßes und hocharomatisches Fruchtfleisch.

PRO PORTION

2064 kJ/494 kcal, 33 g Eiweiß, 16 g Fett, 54 g Kohlenhydrate

ca. 35 Minuten

MANGO-SCHASCHLIK MIT TOMATENDIP

ZUTATEN

FÜR 4 PORTIONEN

200 g Zartweizen
Salz
1 große Mango
8 dünne Scheiben magerer Schinkenspeck
3 rote Zwiebeln
400 g Schweineschnitzel oder Schweinerückenfilet
1 EL Rapsöl
1 Packung (370 g) KNORR Tomato al Gusto »Kräuter«
2 EL Limettensaft
Cayennepfeffer
1/2 Bund Petersilie
40 g Cashewkerne

ALLERGISCH?

Wer auf Pollen von blühenden Bäumen verschnupft reagiert, leidet oft auch unter Allergien gegen Äpfel, Birnen und Steinobst. Diese so genannten Kreuzallergien gelten jedoch nur für rohes Obst, denn Hitze zerstört meist die allergenen Bestandteile. Frische Früchte mit wenig Flüssigkeit sanft erhitzen oder Dosenobst essen.

1. Zartweizen nach Packungsanweisung in Salzwasser garen und abgießen.
2. Die Mango schälen und aus dem Fruchtfleisch 16 etwa gleich große Würfel schneiden; das restliche Mangofleisch fein würfeln.
3. Die Speckscheiben halbieren und je 1 großen Mangowürfel darin einrollen. Zwiebeln schälen, 2 Zwiebeln achteln, die 3. fein hacken. Das Fleisch in 1–2 cm dicke Scheiben schneiden, aufrollen und in der Mitte durchschneiden.
4. Fleisch, grobe Zwiebelstückchen und die eingerollten Mangowürfel auf 8 Holzspieße stecken. Rapsöl in einer beschichteten Pfanne erhitzen und die Spieße darin bei mittlerer Hitze rundherum 10–12 Minuten braten.
5. Tomato al Gusto »Kräuter« mit Limettensaft und den feinen Zwiebel- und Mangowürfeln verrühren, mit Salz und Cayennepfeffer pikant abschmecken.
6. Petersilie waschen, trockenschütteln und die Blättchen abzupfen. Cashewkerne und Petersilienblätter hacken und unter den Weizen mischen. Zu Schaschlik und Tomatendip servieren.

EISBERGSALAT MIT MANGOSPALTEN

PRO PORTION

658 kJ/157 kcal, 5 g Eiweiß, 5 g Fett, 19 g Kohlenhydrate

30 Minuten + Kühlzeit

ZUTATEN

FÜR 3 PORTIONEN

300 g Joghurt (1,5 % Fett)
20 g getrocknete Tomaten (ohne Öl)
Cayennepfeffer, Salz
1 kleiner Eisbergsalat
1 Mango, 250 g Tomaten
1 Beutel KNORR Salatkrönung »Gartenkräuter«
5 EL Orangensaft
1 EL Olivenöl

1. Ein Sieb mit Küchenpapier auslegen und den Joghurt im Kühlschrank abtropfen lassen.
2. Die getrockneten Tomaten fein hacken und mit dem Joghurt verrühren. Mit Cayennepfeffer und wenig Salz abschmecken.
3. Eisbergsalat putzen, waschen, trockenschleudern und in 1 cm breite Streifen schneiden. Die Mango schälen und in dünnen Spalten vom Stein schneiden. Tomaten waschen und sechsteln. Salat, Mangospalten und Tomaten in einer Schüssel mischen.
4. Salatkrönung »Gartenkräuter« mit Orangensaft und Olivenöl verrühren und unter den Salat heben.
5. Den Salat in eine Schüssel oder auf eine Platte geben, mit 2 Teelöffeln aus der Joghurtmasse Nocken (ca. 9 Stück) formen und auf dem Salat anrichten.

Dazu passt gegrillte Hähnchenbrust.

TIPP: Statt Küchenpapier kann man zum Auslegen des Siebs auch Kaffeefiltertüten verwenden. Den Joghurt nicht zu lange abtropfen lassen, sonst gerät er zu fest.

MANGO

Trotz langer Transportwege kommen die empfindlichen Früchte heute meist in Topqualität bei uns an. Richtig ausgereift sind sie wunderbar saftig und voll von ihrem typisch exotischen, unverwechselbaren Aroma. Mangos am besten mit einem Sparschäler schälen und das Fruchtfleisch mit einem scharfen Messer in Scheiben oder Spalten vom Kern schneiden.

Unterwegs & zwischendurch

Zum Mitnehmen

Köstlich ausgewogene Kleinigkeiten, die, wohl verpackt, immer gern mitkommen. Sie halten wunderbar fit und stillen den kleinen Hunger.

PRO PORTION

1244 kJ/298 kcal, 12 g Eiweiß, 7 g Fett, 44 g Kohlenhydrate

ca. 10 Minuten

ZUTATEN

FÜR 4 PORTIONEN

250 g Krautsalat (Kühltheke)
100 ml KNORR Schlemmersauce »Mexikanische Salsa«
1 kleiner roter Apfel
1 Baguette (250 g)
150 g Kasseler Aufschnitt

FOLIENVIELFALT

Gefrier- und Frischhaltebeutel, Alu- und Klarsichtfolie halten kleine Mahlzeiten frisch und machen sie transportfähig. Klarsichtfolie haftet gut, sie eignet sich zum Einwickeln und zum Abdecken von Gefäßen und Schnittflächen. Kunststofftragetaschen und Mülltüten besser nicht zum Verpacken von Lebensmitteln verwenden.

BAGUETTE MIT KRAUTSALAT UND KASSELER

1. Den Krautsalat in einem Sieb abgießen, gut abtropfen lassen und in eine Schüssel geben. Schlemmersauce »Mexikanische Salsa« unter den Krautsalat heben.

2. Den Apfel waschen, vierteln und das Kerngehäuse herausschneiden. Den ungeschälten Apfel in ganz dünne Scheiben schneiden.

3. Baguette in 4 Stücke schneiden. Jedes Stück quer halbieren. Apfelscheiben, Krautsalat und Kasseler auf die Unterhälften verteilen und die oberen Hälften daraufsetzen.

TIPP: Krautsalat bietet sich als preiswerter, würziger und ballaststoffreicher Belag an, der Brote auch bei längeren Transportzeiten frisch hält. Entweder den Salat direkt an der Salattheke kaufen oder abgepackt im Kühlregal, wo er in klarer Marinade in Plastikdosen angeboten wird. Damit das Baguette nicht zu schnell durchweicht, den Salat gut abtropfen lassen und, wenn nötig, etwas ausdrücken. Reste halten sich, gut verpackt, mehrere Tage im Kühlschrank frisch. Man kann sie klein schneiden und unter Tomaten- oder Gurkensalate mischen.

LAUGENSTANGEN MIT KÄSE UND ZWIEBELN

PRO PORTION

1674 kJ/400 kcal, 18 g Eiweiß, 13 g Fett, 51 g Kohlenhydrate

ca. 10 Minuten

ZUTATEN

FÜR 2 PORTIONEN

2 Zwiebeln
1 EL Rapsöl
2 Tomaten
2 Laugenstangen oder
4 Scheiben Mischbrot
(ca. 180 g)
4 EL KNORR Schlemmersauce
»Steak Sauce«
4 Scheiben (ca. 80 g)
Gouda (30 % Fett i.Tr.)

Das Beste gegen den Durst: frisches Wasser! Kinder benötigen mehr Flüssigkeit als Erwachsene. Ihnen tut es gut, wenn sie auch zwischen den Mahlzeiten häufiger eine kleine Menge (1/2–1 Glas) trinken.

1. Die Zwiebeln schälen und in dicke Ringe schneiden. Rapsöl in einer beschichteten Pfanne erhitzen und die Zwiebelringe darin kurz goldgelb rösten.
2. Die Tomaten waschen, die Stielansätze entfernen und das Fruchtfleisch in Scheiben schneiden.
3. Laugenstangen der Länge nach aufschneiden und alle Hälften mit je 1 EL Schlemmersauce »Steak Sauce« bestreichen.
4. Die Unterseiten der Laugenstangen mit Käse, Tomatenscheiben und Zwiebelringen belegen. Die oberen Hälften wieder aufsetzen.

TIPP: Wer die Brotstangen auf längere Touren, zur Arbeit oder zur Schule mitnehmen möchte, wählt anstelle von Laugenstangen besser eine andere Brötchen- oder Brotsorte. Durch die Salzkörner auf der Oberfläche zieht die Kruste Feuchtigkeit an; das macht verpacktes Laugengebäck schnell zäh.

PRO PORTION

1002 kJ/239 kcal, 11 g Eiweiß, 9 g Fett, 26 g Kohlenhydrate

ca. 20 Minuten

CHICORÉE-FELDSALAT MIT CAMEMBERT

ZUTATEN

FÜR 4 PORTIONEN

150 g Chicorée
150 g Feldsalat
2 kleine rote Äpfel
125 g Camembert (30 % Fett i. Tr.)
30 g Walnusskerne
2 Beutel KNORR Salatkrönung »Französische Art«
8–10 EL Apfelsaft
1 EL Honig
2 Scheiben Roggenmischbrot
1 Knoblauchzehe

GEEISTE SUPPE

Ideal für lange Autotouren an heißen Tagen: Gekühlte Tomatensuppe mit Eiswürfeln in einen Isolierbehälter füllen. Um sie auf Eis zu servieren, zerstoßene Eiswürfel in einer zweiten Thermoskanne mitnehmen.

1. Chicorée und Feldsalat putzen, dabei die Wurzelansätze entfernen. Beide waschen und trockenschleudern. Chicoréeblätter in mundgerechte Stücke zupfen oder schneiden.
2. Die Äpfel waschen, entkernen und würfeln. Den Camembert halbieren und in Scheiben schneiden. Die Walnüsse grob hacken.
3. Salatkrönung »Französische Art« mit Apfelsaft und Honig verrühren und in eine gut schließende Transportbox geben. Apfelwürfel und Camembertscheiben zufügen, Nüsse, Feldsalat und Chicorée locker daraufschichten.
4. Für die Croûtons das Brot im Toaster zweimal knusprig toasten, dabei die Scheiben nach dem ersten Toasten abkühlen lassen. Brotscheiben mit der Schnittfläche der halbierten Knoblauchzehe kräftig abreiben. Würfeln und getrennt verpacken.
5. Zum Genießen die Salatzutaten gut mischen und die knusprigen Brotwürfel darüberstreuen.

ASIA-FLEISCHSALAT MIT RADIESCHENDRESSING

1. 6 EL Wasser aufkochen, Delikatess-Brühe darin auflösen. Die Brühe mit Limettensaft, Sojasauce und Cayennepfeffer verrühren.
2. Das Fleisch in dünne Streifen schneiden. Keimöl in einer Pfanne erhitzen und die Fleischstreifen darin 2–3 Minuten braten. Das Fleisch in eine Schüssel geben, die Salatsauce darübergießen und abkühlen lassen.
3. Radieschen waschen, putzen, würfeln und unter das Fleisch heben. Die Kresse vom Beet schneiden und auf die Fleischstreifen streuen oder getrennt verpackt mitnehmen.

TIPP: Das Stichwort »Asia« steht fast immer für leichte, aber intensiv gewürzte Gerichte. Hier ist es die Mischung aus Limettensaft, Sojasauce und scharfem Cayennepfeffer, der dem Salat eine raffiniert exotische Note verleiht. Wer Zeit sparen möchte, verzichtet darauf, die Radieschen ordentlich zu würfeln, und zerkleinert sie sekundenschnell im Blitzhacker.

PRO PORTION

613 kJ/147 kcal, 15 g Eiweiß, 7 g Fett, 4 g Kohlenhydrate

25 Minuten + Abkühlzeit

ZUTATEN

FÜR 3 PORTIONEN

1 gestrichener TL KNORR Delikatess-Brühe
4 EL Limettensaft
3 EL Sojasauce
1 Msp. Cayennepfeffer
1 Rinderhuftsteak (ca. 200 g)
1 EL Keimöl
1 Bund Radieschen
1 Kästchen Kresse (sehr hübsch: rote Kresse)

SCHNELL & FRISCH

Zu Fleisch- oder Gemüsesalaten, aber auch zu belegten Broten schmecken die zarten Blättchen frischer Kresse wunderbar. Neben der üblichen Gartenkresse, die Supermärkte in kleinen Kästchen (»Beeten«) verkaufen, wird neuerdings oft auch rote Kresse angeboten. Das Würzkraut ist mit unseren einheimischen Kressearten nicht verwandt, heißt eigentlich »Shiso« und hat seinen Ursprung in der japanischen Küche.

PRO PORTION

1148 kJ/274 kcal, 23 g Eiweiß, 10 g Fett, 20 g Kohlenhydrate

40 Minuten + Abkühlzeit

PFANNKUCHENROULADEN MIT RÄUCHERLACHS

ZUTATEN

FÜR 4 PORTIONEN

2 Eier
200 ml Milch (1,5 % Fett)
80 g Mehl, Salz
1 Bund glatte Petersilie
4 TL Keimöl
200 g Magerquark
1 Beutel KNORR Salatkrönung »Küchenkräuter«
1–2 EL geriebener Meerrettich (Glas oder Tube)
200 g Räucherlachsscheiben

MUNDGERECHT

Die gerollten Pfannkuchen mit der würzigen Füllung aus Meerrettichquark und Räucherlachs vor dem Transport in passende Stücke schneiden und nebeneinander in eine flache Kunststoffbox legen. Oder die Rolle in Klarsichtfolie verpackt in eine Dose geben und erst kurz vor dem Essen schneiden. Mit Holzspießchen servieren.

1. Aus Eiern, Milch, Mehl und 1 Prise Salz einen glatten Teig rühren. Die Petersilie waschen, trockenschütteln, Blättchen abzupfen und fein hacken. Petersilie unter den Teig rühren.
2. Aus dem Teig in einer beschichteten Pfanne in je 1 TL Keimöl nacheinander 4 dünne Pfannkuchen backen. Die Pfannkuchen nebeneinander auf einer Arbeitsplatte abkühlen lassen.
3. Den Quark in ein Sieb geben und abtropfen lassen. Abgetropften Quark mit Salatkrönung »Küchenkräuter« und Meerrettich verrühren.
4. Meerrettichquark auf die abgekühlten Pfannkuchen streichen, dabei rundherum einen Rand freilassen, damit die Füllung beim Zusammenrollen nicht herausquillt. Räucherlachsscheiben auf den Quark legen und die Pfannkuchen vorsichtig aufrollen.

TIPP: Schneller geht's, wenn man einen großen Pfannkuchen im Backofen zubereitet: Ofen und Blech auf 225 °C vorheizen. Öl auf das Blech geben, den Teig daraufgießen und ca. 7 Minuten backen. Nach dem Abkühlen füllen und verpacken.

KNUSPRIGE BAGELS MIT EIER-MAIS-SALAT

PRO PORTION

1180 kJ/282 kcal, 12 g Eiweiß, 10 g Fett, 34 g Kohlenhydrate

ca. 20 Minuten

ZUTATEN

FÜR 4 PORTIONEN
3 Eier
1 kleine Dose Mais (Abtropfgewicht 140 g)
1 Becher KNORR Salatkrönung Joghurt-Dressing »Dill-Kräuter«
4 Bagels
einige Salatblätter, z.B. Lollo bionda oder Mini-Romanasalat
nach Belieben Kräuter zum Garnieren

1. Die Eier in kochendes Wasser legen und in 8–10 Minuten hart kochen. Eier abschrecken, abkühlen lassen, pellen und fein hacken.
2. Den Mais in einem Sieb abgießen und abtropfen lassen. Gehackte Eier und Mais unter das Salatkrönung Joghurt-Dressing »Dill-Kräuter« heben.
3. Die Bagels aufschneiden und jede Hälfte im Toaster aufbacken. Eiersalat mit einigen Salatblättchen auf die unteren Bagelhälften verteilen, die oberen Hälften daraufsetzen. Nach Belieben mit Kräutern bestreuen.

TIPP: Typisch für Bagels ist das Loch in der Mitte und der fettarme Hefeteig. Amerikanische Bäcker kneten ihn meist aus einer Mischung von Roggen- und Weizenmehl. Im Geschmack sind Bagels sehr zurückhaltend, was einen Teil ihrer Beliebtheit ausmacht, denn das Gebäck passt sowohl zu süßem als auch zu herzhaftem Belag. Wie unsere einheimischen Laugenbrezeln nehmen Bagels vor dem Backen ein kurzes Bad in kochendem Wasser. So entsteht ihre appetitlich glatte, glänzende Oberfläche.

POWER-ELIXIERE

Wer unterwegs gern etwas Heißes trinkt und nach neuen Geschmacksrichtungen sucht, probiert vielleicht einmal eine Kombination aus Kräutertee und Fruchtsaft. Besonders lecker: Minztee mit heißem Apfelsaft, Lindenblütentee mit Orangensaft oder Roibostee mit Kirschsaft.

NUDEL-CHAMPIGNON-SALAT MIT PINIENKERNEN

1. Die Nudeln in reichlich kochendem Salzwasser bissfest garen, anschließend in einem Sieb abgießen, abtropfen und abkühlen lassen.
2. Champignons putzen und je nach Größe halbieren oder vierteln. Frühlingszwiebeln waschen, putzen und in 3–4 cm lange Stücke schneiden. Die Knoblauchzehe schälen und in dünne Scheiben schneiden.
3. Olivenöl in einer Pfanne erhitzen, die Champignons darin braten, bis die Flüssigkeit komplett verdampft ist. Frühlingszwiebeln und Knoblauch zugeben und weitere 2 Minuten braten.
4. Joghurt mit Paprikamark und Salatkrönung »Italienische Art« verrühren. Nudeln, Champignons und Frühlingszwiebeln unterheben.
5. Die Pinienkerne in einer beschichteten Pfanne ohne Zugabe von Fett goldgelb rösten. Abkühlen lassen, getrennt verpacken und erst kurz vor dem Essen über den Salat streuen.

TIPP: Nudeln für Salate zum Mitnehmen bleiben al dente, wenn man sie gleich nach dem Abgießen mit einigen Tropfen Speiseöl vermischt und erst dann abkühlen lässt. Das Öl bildet einen Film rund um die Nudeln und schirmt sie gegen Flüssigkeit aus dem Dressing oder den übrigen Zutaten ab. Ist der Salat dennoch etwas zu fest, hilft ein Schuss Mineralwasser.

PRO PORTION

1549 kJ/370 kcal, 14 g Eiweiß, 13 g Fett, 47 g Kohlenhydrate

25 Minuten + Abkühlzeit

ZUTATEN

FÜR 2 PORTIONEN

100 g kurze Nudeln, z.B. Hörnchen
Salz
150 g Champignons
1 Bund Frühlingszwiebeln
1 Knoblauchzehe
1 EL Olivenöl
150 g Joghurt (1,5 % Fett)
1 EL Paprikamark (Tube)
1 Beutel KNORR Salatkrönung »Italienische Art«
20 g Pinienkerne

SALATTRANSPORT

Zum Mitnehmen das Paprika-Joghurt-Dressing in ein Schraubglas und die übrigen Salatzutaten in eine Plastikdose füllen. Der Aufwand lohnt sich, denn Salate sind ideal als Starthilfe in den zweiten Teil des Tages.

PRO STÜCK

100 kJ/24 kcal, 2 g Eiweiß, 1 g Fett, 1 g Kohlenhydrate

ca. 20 Minuten

RÄUCHERFISCH-HÄCKERLE MIT GRÜNEM PFEFFER

ZUTATEN

FÜR 20 STÜCK

1 Ei
1 große rote Zwiebel
1 Beutel KNORR Salatkrönung »Paprika-Kräuter«
1 EL saure Sahne (10 % Fett)
150 g geräucherte Makrele ohne Haut
1 Gewürzgurke (ca. 60 g)
1 EL grüner Pfeffer
1/2 Salatgurke (250 g)

Unterwegs ist ein geruhsames Picknick am Wegesrand oder auf der Wiese ein großer Genuss. Selbst vorbereitete Verpflegung spart Geld, und man schafft es viel leichter, gesund und ausgewogen zu essen.

1. Das Ei in kochendes Wasser legen und in 8–10 Minuten hart kochen. Das Ei abgießen, kalt abspülen, schälen und abkühlen lassen. Die Zwiebel schälen.
2. Salatkrönung »Paprika-Kräuter« mit saurer Sahne und 3 EL Wasser in einer Schüssel verrühren.
3. Makrelenfilet, Ei, Zwiebel und Gewürzgurke in gleich große Würfelchen schneiden oder hacken. Zusammen mit dem grünen Pfeffer vorsichtig unter die Salatsauce heben.
4. Die Salatgurke waschen, eventuell schälen und in 1 cm dicke Scheiben schneiden. Das Räucherfisch-Häckerle mit einem Teelöffel auf die Gurkenscheiben verteilen.

TIPP: Das Häckerle eignet sich ideal als leichter, aber gehaltvoller Mittagsimbiss auf langen Autoreisen und im Beruf. Zum Mitnehmen Gurkenstücke und Räucherfisch separat in Gefrierbeutel füllen und alles in einer Kühltasche transportieren.

BOHNENBULETTEN MIT JOGHURTDRESSING

1. Die Frühlingszwiebeln waschen, putzen und in feine Ringe schneiden. Knoblauchzehe schälen und klein hacken.

2. Die Bohnen in einem Sieb abgießen und abtropfen lassen. Bohnen zusammen mit der Milch mit einem Stabmixer pürieren.

3. Fix für knuspriges Wiener Schnitzel, Knoblauch und Frühlingszwiebeln zu den pürierten Bohnen geben und gut untermischen. Mit Kreuzkümmel würzen und 16–20 kleine Buletten formen. Sesamsaat auf einen Teller geben und die Buletten darin wenden.

4. Keimöl in einer beschichteten Pfanne erhitzen und die Bohnenbuletten darin bei mittlerer Hitze von jeder Seite 3–4 Minuten knusprig braten.

5. Den Eisbergsalat waschen, trockenschleudern, in Streifen schneiden und auf eine Platte legen. Salatkrönung Joghurt-Dressing darüberträufeln und die Buletten daraufsetzen

TIPP: Zur Abwechslung anstelle von Kreuzkümmel Curry, Koriander oder Paprikapulver verwenden. Auch gut: Den Teig mit einer kräftigen Prise Kardamom würzen.

PRO PORTION

1073 kJ/257 kcal, 9 g Eiweiß, 11 g Fett, 27 g Kohlenhydrate

ca. 30 Minuten

ZUTATEN

FÜR 4 PORTIONEN

1 Bund Frühlingszwiebeln
1 Knoblauchzehe
1 Dose weiße Bohnen (Abtropfgewicht 240 g)
2 EL Milch (1,5 % Fett)
1 Beutel KNORR Fix für knuspriges Wiener Schnitzel
1/2 TL gem. Kreuzkümmel
20 g Sesamsaat, 2 EL Keimöl
150 g Eisbergsalat
1 Becher KNORR Salatkrönung Joghurt-Dressing »Würzige Gartenkräuter«

LEICHT & STABIL

Im Sommer gibt es viele Gelegenheiten für ein Essen im Freien. Mal trifft man sich mit Freunden im Park, mal geht man zu einem Freiluftkonzert. Ideal fürs Picknick: Plastikbestecke und Plastikgeschirr. Sie sind bruchsicher und leicht zu transportieren.

TORTILLA-ROLLEN MIT HÄHNCHENFILET

PRO PORTION

930 kJ/222 kcal, 15 g Eiweiß, 6 g Fett, 25 g Kohlenhydrate

ca. 15 Minuten

ZUTATEN

FÜR 2 PORTIONEN

100 g Eisbergsalat
1 rote Zwiebel
50 ml KNORR Schlemmersauce »Zigeuner Sauce«
2 TL Knoblauchöl
2 Weizentortillas (Fertigprodukt)
80 g Hähnchenbrustfilet in hauchdünnen Scheiben

HANDLICH

Perfekt verpackt schmecken Wraps auch am Schreibtisch. Dafür die Tortillas auf je einen großen Bogen Pergament- oder auf Backpapier legen. Die Füllung daraufgeben und die Tortillas aufrollen. Dann fest ins Papier wickeln. Zum Essen die leckeren Rollen mitsamt dem Papier durchschneiden. So bleiben die Hände sauber.

1. Den Eisbergsalat putzen, waschen, trockenschleudern und in feine Streifen schneiden. Die Zwiebel schälen und ebenfalls in Streifen schneiden.
2. Schlemmersauce »Zigeuner Sauce« mit Knoblauchöl verrühren und auf die Tortillas streichen. Mit Hähnchenfiletscheiben, Eisbergsalat- und Zwiebelstreifen belegen und aufrollen.
3. Die Rollen fest in Backpapier oder doppeltes Butterbrotpapier einrollen, die Enden wie bei einem Bonbon zudrehen. Die Rollen durchschneiden und direkt aus dem Papier essen.

TIPP: Tortillas für Wraps kann man auch selbst machen: 125 g Weizenmehl mit je 1/2 TL Salz und Backpulver mischen. 2 EL Öl und 6–7 EL Wasser zufügen und mit den Händen zu einem festen Teig verkneten; dabei eventuell etwas Wasser zufügen. In Folie ca. 20 Minuten ruhen lassen. 4 Bällchen formen, zu runden Tortillas von ca. 20 cm ∅ ausrollen. In einer beschichteten Pfanne ohne Fett auf jeder Seite ca. 1 Minute backen, bis sie leicht gebräunt sind. Es lohnt, die Tortillas auf Vorrat zu backen und mit Folie dazwischen einzufrieren.

THUNFISCH-BOHNEN-SALAT IM ROGGENBRÖTCHEN

PRO PORTION

904 kJ/216 kcal, 15 g Eiweiß, 1 g Fett, 34 g Kohlenhydrate

ca. 15 Minuten

ZUTATEN

FÜR 4 PORTIONEN

1 Dose weiße Bohnen (Abtropfgewicht 240 g)
1 Dose Thunfisch ohne Öl (Abtropfgewicht 140 g)
40 g Kapern
100 g rote und gelbe Kirschtomaten
1/2 Bund Schnittlauch
4 große Roggenbrötchen
100 ml KNORR Schlemmersauce »Chili«

1. Die Bohnen in einem Sieb abgießen und unter fließendem Wasser abspülen, bis das Wasser klar bleibt.
2. Den Thunfisch mit einer Gabel etwas auseinanderteilen und zusammen mit den Kapern in einem Sieb gut abtropfen lassen.
3. Die Tomaten waschen und vierteln. Schnittlauch waschen, trockenschütteln und in Röllchen schneiden.
4. Den Deckel der Brötchen abschneiden und das Innere bis auf einen ca. 2 cm dicken Rand herauslösen.
5. Thunfisch, Bohnen, Tomaten und Kapern unter die Schlemmersauce heben und in die Brötchen füllen. Mit Schnittlauch bestreuen. Deckel daraufsetzen und in Alufolie wickeln oder mit einem Bogen Pergamentpapier in eine verschließbare Plastikdose legen.

TIPP: Manchem ist die Vorstellung von einem gefüllten Brötchen mit Thunfisch und Bohnen vielleicht etwas ungewohnt. Doch Probieren lohnt. Die Kombination schmeckt saftig und durch die Kapern sehr würzig.

VERPACKEN

Für ein belegtes Brot und einen Apfel findet sich sicher in jeder Tasche noch ein Plätzchen, wenn man zum Verpacken einfache Gefrierbeutel benutzt. Eine stabile Plastikbox schützt den Inhalt jedoch zusätzlich vor Druck. Weiches Obst, üppig gefüllte Baguettes oder Salate sind darin bestens aufgehoben.

PRO PORTION

1374 kJ/326 kcal, 18 g Eiweiß, 12 g Fett, 35 g Kohlenhydrate

ca. 10 Minuten

CIABATTABRÖTCHEN MIT TOMATEN UND SCHINKEN

ZUTATEN

FÜR 2 PORTIONEN

1 EL KNORR Salat-Mayonnaise
1 EL Joghurt (1,5 % Fett)
1–2 TL mittelscharfer Senf
2 Ciabattabrötchen
2 Tomaten
40 g Rucola (Rauke)
20 g Parmesan im Stück
80 g Rindersaftschinken

JUNGE GENIESSER

Ein gutes Frühstück zu Hause und in den Pausen ein ausgewogener Snack, das verhindert Leistungstiefs in der Schule. Die meisten Kinder mögen gern Abwechslung. Können sie mitentscheiden, was in die Schultasche kommt, steigert das auch ihren Appetit auf gesunde Zutaten wie zum Beispiel Joghurt, Obst und Rohkost.

1. Salat-Mayonnaise mit Joghurt und Senf verrühren. Die Ciabattabrötchen halbieren und jede Hälfte mit der Senfcreme bestreichen.
2. Die Tomaten waschen, Stielansätze entfernen und das Fruchtfleisch in dünne Scheiben schneiden. Rucola putzen, waschen und trockenschleudern. Parmesan mit einem Sparschäler in dünne Scheiben hobeln.
3. Die unteren Brötchenhälften mit Rucola, Tomatenscheiben, Rindersaftschinken und Parmesan belegen. Die oberen Hälften daraufsetzen.

TIPP: Schnell, fettarm, reich an wichtigen Nährstoffen und lecker – so soll ein idealer Snack sein. Dann liefert er den benötigten Nachschub an Kohlenhydraten und hält den Blutzuckerspiegel für eine Weile stabil. Wie hier mit Tomaten, Rucola und Parmesan kombiniert, ist das gute alte Schinkenbrötchen kaum wiederzuerkennen. Eine gute Alternative zu Rucola: Das Brötchen mit in feine Streifen geschnittenen Salatblättern belegen. Wer es als Proviant mitnehmen möchte, wickelt es ganz straff in Frischhaltefolie ein, damit nichts herausfällt.

GEMÜSE-DÖNER MIT FETA

1. Das Fladenbrot im vorgeheizten Backofen bei 200 °C (Umluft: 175 °C) 4–5 Minuten erwärmen.
2. Zucchini und Tomaten waschen. Die Paprikaschote halbieren, entkernen und ebenfalls waschen. Zucchini, Tomaten und Paprikaschote in kleine Würfel schneiden. Dill waschen, trockenschütteln und das Grün von den Stielen zupfen.
3. Feta abtropfen lassen und würfeln. Zusammen mit Dill, Tomaten-, Zucchini- und Paprikastückchen unter die Schlemmersauce »Tzatziki« heben.
4. Das Fladenbrot vierteln und jeweils 1 Tasche einschneiden. Die Gemüse-Feta-Mischung mit einem Löffel einfüllen und sofort servieren.

TIPP: Ursprünglich wurde für Dönerkebab nur Hammel- oder Lammfleisch verwendet. Heute sind neben Kalb-, Rind- und Geflügel-Döner auch vegetarische Varianten wie diese en vogue. Für den Transport die eingeschnittenen Brotviertel und die Gemüsemischung getrennt verpacken. Erst direkt vor dem Essen füllen.

PRO PORTION

1680 kJ/400 kcal, 16 g Eiweiß, 12 g Fett, 55 g Kohlenhydrate

ca. 20 Minuten

ZUTATEN

FÜR 4 PORTIONEN

1 Fladenbrot (ca. 400 g)
1 Zucchini (200 g)
250 g Tomaten
1 gelbe Paprikaschote
1 Bund Dill
150 g Feta leicht (fettarmer Schafskäse)
150 g KNORR Schlemmersauce »Tzatziki«

KLASSIKER

Butterbrotpapier ist preiswert und fettdicht. Es hält Frühstücksbrote und ungeschälte Früchte, die nicht allzu saftig sind, frisch. Ebenso ist Backpapier geeignet. Sein Vorteil: Das feste Papier kann unterwegs als Unterlage beim Essen dienen – fast wie ein Teller.

SANDWICH SPREAD MIT MIXED PICKLES

1. Die Schale der Eier anstechen und die Eier in kochendem Wasser in 8–10 Minuten hart kochen. Abgießen, in kaltes Wasser legen, abkühlen lassen, schälen und fein würfeln.
2. Feinschmecker Sauce Hollandaise »fettarm« in 1/8 l (125 ml) kaltes Wasser einrühren und aufkochen. Bei schwacher Hitze 2–3 Minuten kochen, dabei ständig rühren. Die Sauce in eine Schüssel füllen und abkühlen lassen.
3. Mixed Pickles in einem Sieb abgießen, abtropfen lassen und mit dem Schinken hacken. Schnittlauch waschen, trockenschütteln und in Röllchen schneiden.
4. Joghurt, Salat-Mayonnaise und Senf unter die Sauce Hollandaise rühren, Mixed Pickles, Schinken, Eiwürfel und Schnittlauchröllchen unterheben. Mit Pfeffer abschmecken.
5. 4 Scheiben Vollkornbrot mit dem Sandwich Spread bestreichen und mit den restlichen Brotscheiben abdecken.

TIPP: Der pikante selbst gemachte Brotaufstrich schmeckt unterwegs besonders gut, weil die säuerliche Frische der Mixed Pickles belebend wirkt. Bei der Zubereitung übrig gebliebene Pickles abgießen, in einen Gefrierbeutel verpacken und separat mitnehmen. Statt Mixed Pickles kann man auch kleine Gewürzgurken, sauer eingelegte Paprikaschoten oder Silberzwiebeln verwenden. Im Frühjahr gibt fein geschnittener Bärlauch dem Rezept einen zusätzlichen Kick.

PRO PORTION

1329 kJ/318 kcal, 14 g Eiweiß, 8 g Fett, 45 g Kohlenhydrate

ca. 25 Minuten

ZUTATEN

FÜR 4 PORTIONEN

2 Eier
1 Beutel KNORR Feinschmecker Sauce Hollandaise »fettarm«
80 g Mixed Pickles (Glas)
2 Scheiben gekochter Schinken (60 g)
1 Bund Schnittlauch
3 EL Joghurt (1,5 % Fett)
1 EL KNORR Salat-Mayonnaise
2 TL mittelscharfer Senf
Pfeffer
8 Scheiben Vollkornbrot

IM BRÖTCHEN

Ein Trick, den pikanten Brotaufstrich transportfähig zu machen: Brötchen durchschneiden, etwas aushöhlen und die leckere Mischung in eine Hälfte häufen. Die zweite Hälfte auflegen und das Brötchen fest in Klarsichtfolie einwickeln.

PRO PORTION

642 kJ/153 kcal, 14 g Eiweiß, 5 g Fett, 10 g Kohlenhydrate

ca. 20 Minuten

WACHSBOHNENSALAT MIT MORTADELLA

ZUTATEN

FÜR 2 PORTIONEN

300 g frische Wachsbohnen (alternativ aus dem Glas)
Salz
100 g Kirschtomaten
1 Beutel KNORR Salatkrönung »Gartenkräuter mit Knoblauch«
6 EL Tomatensaft, Zucker
100 g Geflügelmortadella in hauchdünnen Scheiben
Petersilie zum Garnieren

DRESSINGS

Wer beim Anrühren einer Salatsauce Kalorien sparen möchte, lässt einfach einen Teil des Öls weg und nimmt stattdessen Brühe, Gemüse- oder Fruchtsaft.

1. Die Wachsbohnen waschen, putzen und in kochendem Salzwasser 8–10 Minuten bissfest garen. Bohnen in einem Sieb abgießen, kalt abspülen und abtropfen lassen.
2. Die Tomaten waschen, halbieren oder vierteln. Salatkrönung mit Tomatensaft und 1 Prise Zucker verrühren.
3. Bohnen, Tomaten und die Geflügelwurstscheiben in einer Schüssel oder Frischhaltebox anrichten. Die Sauce darauf verteilen oder separat verpacken. Mit Petersilie garnieren.

Dazu passt italienisches Landbrot oder deftiges Weizenmischbrot.

TIPP: Seit es praktische, dicht schließende Plastikbehälter gibt, behalten leckere Salate auch unterwegs lange Zeit ihre appetitliche Frische und sind damit als kleine Mahlzeit im Büro oder in der Schule geeignet. Morgens ist die Zeit meist zu knapp, doch am Vorabend zubereitet und über Nacht kalt gestellt, ist der Proviant für die Mittagspause am nächsten Tag gesichert.

HANDKÄSE MIT RETTICH-VINAIGRETTE

1. Den Rettich schälen und in feine Würfel schneiden. Salatkrönung »Bärlauch-Schalotten-Kräuter« mit Rapsöl und 5 EL Wasser verrühren.
2. Für die Vinaigrette den Schnittlauch waschen, trockenschütteln, in Röllchen schneiden und zusammen mit dem Rettich unter das Bärlauch-Schalotten-Dressing geben.
3. Die Handkäse in einzelne Taler teilen. Die runden Käsestücke nebeneinander in eine flache Schale legen. Die Vinaigrette darübergießen und den Käse mindestens 30 Minuten ziehen lassen.

TIPP: Dieses Rezept ist eine Abwandlung des klassischen »Handkäs mit Musik«, den Frankfurter Apfelweinlokale als regionale Spezialität servieren. Nur wenige Tage gereift, wird der gesunde, aus Sauermilchquark hergestellte Käse in fast jedem Supermarkt in Rollen angeboten. Sein Fettgehalt liegt bei weniger als 1 Prozent.

PRO PORTION

825 kJ/197 kcal, 31 g Eiweiß, 5 g Fett, 3 g Kohlenhydrate

10 Minuten + Marinierzeit

ZUTATEN

FÜR 2 PORTIONEN

1 Stück weißer Rettich (ca. 50 g)
1 Beutel KNORR Salatkrönung »Bärlauch-Schalotten-Kräuter«
1 EL Rapsöl
1 Bund Schnittlauch
200 g Handkäse (Sauermilchkäse), z.B. Harzer Käse

AUF REISEN

Improvisieren lohnt sich, wenn man viel Gepäck scheut und deshalb keine Kühltasche mitnehmen möchte. Zum Kühlen den Proviant zusammen mit einer kleinen Eisbatterie in Noppenfolie packen oder in einen Wollpullover einwickeln, den man vielleicht ohnehin braucht. Geschnittenes Obst in dicht schließende Gefäße füllen und in ein feuchtes Geschirrhandtuch hüllen. Das Tuch kühlt den Inhalt und ist später ideal, um sich die Hände zu reinigen.

PRO PORTION

905 kJ/216 kcal, 5 g Eiweiß,
9 g Fett, 27 g Kohlenhydrate

ca. 30 Minuten

KÜRBIS-BRUSCHETTA MIT KÜRBISKERNEN

ZUTATEN

FÜR 3 PORTIONEN

3 Scheiben Mischbrot
400 g Kürbisfleisch
1 Zwiebel
2 TL Keimöl
4 EL Apfelsaft
1 EL Kürbiskernöl
1 Beutel KNORR Salatkrönung »Italienische Art«
2 Stiele Basilikum
20 g Kürbiskerne

GETRENNT PACKEN

Dieser vegetarische Brotbelag aus frischem Kürbis, Zwiebel und Apfelsaft strotzt nicht nur vor gesunden Inhaltsstoffen, er sieht auch dekorativ aus. Wer ihn unterwegs essen möchte, röstet das Brot und verpackt es separat. Zum Essen das Kürbispüree entweder aufdippen oder mit der Gabel zum Brot essen.

1. Die Brotscheiben auf einem Rost unter dem Backofengrill von beiden Seiten ca. 2 Minuten rösten.
2. Kürbis fein würfeln oder grob raspeln. Die Zwiebel schälen und in feine Streifen schneiden.
3. Keimöl in einer Pfanne erhitzen, Zwiebel und Kürbis darin dünsten. Beides in eine Schüssel geben, Apfelsaft, Kürbiskernöl und Salatkrönung zugeben und unterrühren.
4. Basilikum waschen und trockenschütteln. Basilikumblättchen abzupfen und in Streifen schneiden. Die Kürbiskerne grob hacken. Beides zugeben.
5. Die Kürbis-Zwiebel-Mischung entweder lauwarm auf die Brote verteilen oder abkühlen lassen.

TIPP: Der Belag lässt sich gut abwandeln. Zum Beispiel einen Teil des Kürbis durch andere Gemüse wie etwa Möhren, Kohlrabi oder Steckrübe ersetzen. Wer gern Zwiebeln mag, verdoppelt oder verdreifacht die Menge. Hübsch und lecker: Auf jedes Brot einen Klecks Hüttenkäse setzen.

REISPAPIER-RÖLLCHEN MIT PUTENBRUST

PRO STÜCK

265 kJ/63 kcal, 5 g Eiweiß, 0 g Fett, 10 g Kohlenhydrate

ca. 15 Minuten

ZUTATEN

FÜR 10 STÜCK

1 Packung Reispapier (50 g = 10 Blätter; in Asia-Läden oder der Feinkost-Abteilung im Supermarkt)
150 g geräucherte Putenbrust in hauchdünnen Scheiben
100 g Chinakohl
evtl. 1/2 Bund Koriander
1 Flasche (250 ml) KNORR Schlemmersauce »Asia süß-sauer«

1. Die Reispapierblätter einzeln unter fließendem Wasser anfeuchten und nebeneinander (eventuell in 2 Schritten) auf die Arbeitsfläche legen. Nach 1–2 Minuten sind die Blätter weich.
2. Die Putenbrustscheiben in die Mitte der Reisblätter legen. Chinakohl waschen, trockenschleudern, in dünne Streifen schneiden und darauf verteilen. Nach Belieben Korianderblättchen mit daraufgeben. Mit je 1–2 EL Schlemmersauce »Asia süß-sauer« beträufeln.
3. Die Seiten des Reispapiers über der Füllung einschlagen und dann fest aufrollen. Sofort servieren oder in Folie wickeln. Die restliche Schlemmersauce als Dip dazu servieren.

TIPP: Wirklich praktisch, das Papier aus Reismehl, das man als essbare »Verpackung« benutzen kann. Leicht angefeuchtet kleben die transparenten, hauchdünnen Blätter von selbst aneinander. Werden die Röllchen nicht sofort gegessen, am besten einzeln in Folie einwickeln, damit sie nicht austrocknen. Wer die Röllchen unterwegs essen möchte, legt je 2 Reispapierblätter übereinander. So geraten sie stabiler.

ERFRISCHEND

Wer lange im Auto oder in der Bahn unterwegs ist, braucht etwas zu trinken, vor allem, wenn es draußen warm ist. Besonders belebend: kalter grüner Tee aus der Thermoskanne. Beim Einfüllen ein paar hauchdünne Scheiben frische Ingwerwurzel und etwas Zitronensaft zugeben. Nach Belieben mit Honig, Zucker oder Süßstoff süßen.

PRO PORTION

610 kJ/146 kcal, 3 g Eiweiß, 8 g Fett, 12 g Kohlenhydrate

ca. 20 Minuten

GRIECHISCHER SALAT MIT MINZDRESSING

ZUTATEN

FÜR 4 PORTIONEN

1/2 Salatgurke
2 grüne Paprikaschoten
400 g Tomaten
2 rote Zwiebeln
1 Bund Minze
2 Beutel KNORR Salatkrönung »Griechische Art«
2 EL Knoblauchöl
5 EL Orangensaft
100 g grüne Oliven (ohne Stein)

1. Die Gurke gut waschen. Die Schale so abschälen, dass schmale grüne Streifen stehen bleiben. Gurke der Länge nach halbieren, die Kerne herausschaben und das Fruchtfleisch in Scheiben schneiden.
2. Paprikaschoten halbieren, entkernen, waschen und würfeln. Die Tomaten waschen und sechsteln.
3. Die Zwiebeln schälen und in Ringe schneiden. Die Minze waschen, trockenschütteln und die Blätter abzupfen; die Hälfte der Blätter fein hacken.
4. Salatkrönung »Griechische Art« mit Knoblauchöl, Orangensaft, 5 EL Wasser und der gehackten Minze verrühren.
5. Das Gemüse mit den Oliven in einer Schüssel mischen und das Dressing darübergießen. Restliche Minzblättchen darübergeben und erst direkt vor dem Servieren unterheben.

Dazu passt Fladenbrot.

TIPP: Wer eine unbehandelte Orange zur Hand hat, kann die Sauce mit abgeriebener Orangenschale abrunden.

HUHN UND EI

Gut zu transportieren und beliebt sind Hackfrikadellen, gebratene Hähnchenschenkel und gekochte Eier. Damit sie appetitlich frisch bleiben, diese leicht verderblichen Leckereien gründlich durchgaren, im Kühlschrank schnell abkühlen, gut verpacken und gekühlt transportieren.

ZUCCHINI-FRITTATA MIT CHILI-DIP

PRO PORTION

1044 kJ/249 kcal, 11 g Eiweiß, 12 g Fett, 21 g Kohlenhydrate

ca. 45 Minuten

ZUTATEN

FÜR 4 PORTIONEN

300 g Zucchini
1 Zwiebel, 1 Knoblauchzehe
1 Dose Mais
(Abtropfgewicht 140 g)
2 EL Keimöl, 4 Eier
5 EL Milch (1,5 % Fett)
Salz, Pfeffer
80 g Rucola (Rauke)
50 g Salatgurke
1 Flasche (250 ml) KNORR
Schlemmersauce »Chili«

1. Zucchini waschen und in Scheiben schneiden. Zwiebel und Knoblauch schälen, die Zwiebel in Streifen schneiden. Den Mais in einem Sieb abgießen und gut abtropfen lassen.
2. Keimöl in einer für den Backofen geeigneten Pfanne erhitzen und die Zucchinischeiben darin in etwa 8 Minuten braten. Nach 5 Minuten die Zwiebelstreifen zugeben und den Knoblauch direkt in die Pfanne pressen.
3. Eier mit Milch, Salz und Pfeffer würzen und gut verquirlen. Mais zu den Zucchinischeiben geben, einmal gut mischen und die Eiermilch darübergießen.
4. Im vorgeheizten Backofen bei 200 °C (Umluft: 175 °C) etwa 25 Minuten stocken lassen.
5. Rucola putzen und waschen, die Hälfte in feine Streifen schneiden. Die Gurke schälen, die Kerne entfernen und würfeln. Beides mit der Chilisauce verrühren und mit der Frittata servieren. Mit restlichem Rucola garnieren.

MITNEHMEN

Zum Mitnehmen den Chili-Dip separat verpacken. Rucola oder andere Kräuter wie etwa Kresse oder Koriander erst kurz vor dem Servieren mit einer Schere zerkleinern und zufügen.

COUSCOUS-MUFFINS MIT GEMÜSE-SCHINKEN-WÜRFELN

PRO STÜCK

426 kJ/102 kcal, 5 g Eiweiß, 3 g Fett, 12 g Kohlenhydrate

ca. 55 Minuten

1. Staudensellerie putzen und waschen, die Stangen zuerst der Länge nach vierteln, dann in feine Scheiben schneiden. Möhren und Zwiebel schälen und fein würfeln. Keimöl erhitzen und die Gemüsewürfelchen darin bei schwacher Hitze ca. 5 Minuten dünsten.
2. Den Couscous in eine Schüssel geben, die Bio Gemüse-Bouillon zugeben und gut untermischen. Couscous mit 1/2 l (500 ml) kochendem Wasser übergießen und etwa 5 Minuten quellen lassen.
3. Gemüsewürfel, Schinkenwürfel und aufgeschlagene Eier zum Couscous geben und gut untermischen.
4. Papierbackförmchen in die Mulden eines Muffinblechs mit 12 Vertiefungen setzen und die Couscousmischung einfüllen. Muffins im vorgeheizten Backofen bei 200 °C (Umluft: 175 °C) 25–30 Minuten backen.

TIPP: Couscous, eine nordafrikanische Getreidespezialität aus feinem Weizengrieß, ist die Grundlage dieses pikanten Gebäcks. Die Gelehrten streiten noch, ob es die West- oder die Nordafrikaner waren, die den Couscous erfunden haben. Heute wird er überall auf der Welt serviert, vor allem aber in Frankreich und in Marokko. Ebenso wie Nudeln oder Kartoffeln hat auch Couscous keinen intensiven Eigengeschmack, sondern erhält durch die verwendete Brühe oder durch Kräuter und Gewürze immer wieder ein neues Aroma. Bei uns kauft man Coucous in gut sortierten Supermärkten.

ZUTATEN

FÜR 12 STÜCK

150 g Staudensellerie
150 g Möhren
1 Zwiebel
1 EL Keimöl
200 g Couscous (Instant)
3 TL KNORR Bio Gemüse-Bouillon
100 g magere Kochschinkenwürfel
3 Eier
12 Papierbackförmchen

WÜRZIGES GEBÄCK

Couscous ist die Hauptzutat der pikanten Muffins, die in Papierförmchen gebacken werden. Für den Teig Gemüsewürfel, Schinken und aufgeschlagene Eier mit Couscous mischen. Das Rezept lässt sich durch Kräuter wie etwa Schnittlauch, Thymian oder Estragon und durch Gewürze wie Muskat, Curry, Kreuzkümmel oder Nelken immer wieder raffiniert abwandeln.

PAPRIKA-FRISCHKÄSE-CREME AUF PUMPERNICKEL

PRO PORTION

947 kJ/226 kcal, 15 g Eiweiß, 1 g Fett, 35 g Kohlenhydrate

ca. 15 Minuten

ZUTATEN

FÜR 3 PORTIONEN

200 g gegrillte Paprikaschoten (Glas)
2 Frühlingszwiebeln
1 Bund glatte Petersilie
200 g körniger Frischkäse (0,8 % Fett)
1 Beutel KNORR Salatkrönung »Küchenkräuter«
6 Scheiben Pumpernickel

FIXER SNACK

Kaum ein Snack ist schneller zur Hand und einfacher mitzunehmen als Nusskerne oder Mandeln. Sie sind zwar nicht gerade kalorienarm, aber dafür sättigen sie nachhaltig. In Nüssen steckt viel Eiweiß und hochwertiges Fett mit einer günstigen Fettsäurezusammensetzung.

1. Gegrillte Paprikaschoten abtropfen lassen, mit Küchenpapier abtupfen. 1 Hälfte der Schoten fein würfeln, die andere Hälfte in Streifen schneiden.

2. Frühlingszwiebeln waschen, putzen, längs halbieren oder vierteln. Petersilie waschen, trockenschütteln, Blättchen abzupfen, fein hacken und mit Frischkäse, Paprikawürfeln und Salatkrönung »Küchenkräuter« verrühren.

3. Die Käsemischung auf 3 Scheiben Pumpernickel streichen, mit Paprika- und Zwiebelstreifen belegen und die restlichen Brotscheiben darauflegen.

TIPP: Zum Mitnehmen die Pumpernickelbrote separat in Folie oder Backpapier einwickeln. Die würzige Frischkäsemischung schmeckt nicht nur auf Brot, sondern bietet sich, mit Milch oder Buttermilch leicht verdünnt, auch als Dip an, z.B. zu Gemüsesticks, zu Grissini (italienische Brotstangen) oder zu getoasteten Brotstreifen als Knabberei zum Aperitif oder als Vorspeise. Leichte Dipcremes wie diese passen ebenfalls gut zu Pellkartoffeln und ergeben dann mit einer Handvoll Walnüssen und einem Salat ein vollwertiges vegetarisches Essen.

GEMÜSESALAT MIT KERNSCHINKEN

1. Die Pilze putzen, eventuell waschen und klein schneiden. Lauchstange putzen, waschen, halbieren und in feine Ringe schneiden.
2. Staudensellerie waschen und putzen. Eventuell die Fäden von der runden Seite mit einem Sparschäler abziehen. 100 g Staudensellerie in feine Scheiben, die restlichen Stangen in 2–3 Stücke schneiden. Das Selleriegrün waschen, trockenschütteln und fein hacken.
3. Salatkrönung »Frühlingskräuter« mit 5 EL Wasser, Walnussöl und Selleriegrün verrühren. Gemüse und Champignons mit dem Dressing mischen. Schinkenscheiben aufrollen und auf den Salat legen.
4. Selleriestangen und Knäckebrote getrennt verpacken und zum Salat essen.

TIPP: Für ein besonders kräftiges Pilzaroma die kleingeschnittenen Champignons in einer beschichteten Pfanne mit wenig Öl hellbraun anbraten. Weil sie dabei etwas an Volumen verlieren, die Menge auf 150 g erhöhen. Der Salat schmeckt auch mit geräucherter Putenbrust oder Lachsschinken.

PRO PORTION

637 kJ/152 kcal, 9 g Eiweiß, 7 g Fett, 13 g Kohlenhydrate

ca. 20 Minuten

ZUTATEN

FÜR 2 PORTIONEN

100 g braune Champignons
150 g Lauch (Porree)
300 g Staudensellerie mit Grün
1 Beutel KNORR Salatkrönung »Frühlingskräuter«
1 EL Walnussöl
60 g Kernschinken in hauchdünnen Scheiben
2 Scheiben Knäckebrot

FRISCHHALTEDOSEN

Wer seinen Proviant in der Aktentasche zur Arbeit mitnimmt oder sich unterwegs stärken möchte, freut sich über auslaufsichere, stabile Dosen. Dabei kommt es auf das Verschluss-System und die Flexibilität des Deckels an: Je fester ein elastischer Deckel auf dem Dosenrand aufsitzt, umso dichter ist die Dose.

Produkt-Wegweiser

Praktisch, schnell, abwechslungsreich: Der Produkt-Wegweiser zeigt auf einen Blick, in welchem Rezept welches Knorr-Produkt verwendet wurde und wo Sie Rezepte mit Ihren Lieblingsprodukten finden.

Herzhaft und gut:
Egal ob als Würfel portioniert oder als Pulver frei dosierbar – Brühen und Bouillons sind ideal zum Würzen und Verfeinern von Gemüse und Fleisch. Für alle, die fettarm kochen möchten.

Knorr Brühen & Bouillons

Bio Gemüse-Bouillon

Delikatess-Brühe

Fleisch-Suppe

Gemüse-Bouillon

Hühner-Kraftbouillon

Rinds-Bouillon

Knorr Suppen

Ein Teller guter Laune: Ob klar oder cremig, herzhaft oder fein, ob klassisch oder kreativ – hier kommen alle Suppenliebhaber auf den leichten Geschmack. Garantiert!

Knorr Basissoßen

Beste Basis: Erst die Sauce macht ein gutes Essen perfekt. Und weil das auch für Kurzgebratenes, Geflügel, Fisch und Gemüse gilt, bieten die Saucen-Klassiker eine hervorragende Basis für ausgewogene eigene Kreationen.

Bulgur mit Spinat und Krabben 82
Karpfen blau mit zwei Saucen 157
Pannfisch mit scharfer Senfsauce 172
Nudeln mit Spitzkohl in Orangen-Muskat-Sauce 182

Rahmsoße

Spinatsemmelknödel mit Champignonsauce 15
Schupfnudelpfanne mit gebratenem Radicchio 112
Hähnchenragout mit Johannisbeeren 251

Soße zu Geflügel

Gemüserisotto mit Fünf-Gewürz-Sauce 184
Gefülltes Brathähnchen mit Clementinen 275

Soße nach Art Hollandaise

Pangasius in Pergament mit Limetten-Hollandaise 135
Nudeln mit Kohlrabi in Kerbelsauce 213

Tomaten Soße

Lengfisch mit Charmoula-Kruste 173
Hähnchen-Päckchen mit Bouquet garni 228

Vielfalt und Raffinesse: Mit den kreativen Saucenkompositionen von Knorr Feinschmecker kommt Abwechslung in leichte Geflügel-, Fisch- oder Gemüsegerichte. Spaghetteria Pastasaucen verleihen Nudelgerichten eine besondere Raffinesse.

Knorr Feine Saucen

Feinschmecker 3-Pfeffer-Sauce

Knödelpfanne mit Bohnen und Putenbrust 113
Lammrückenfilet mit Cranberry-Pfeffer-Sauce 260
Erbsenpuffer mit Möhren 96
Scholle im Zitronensud mit Estragonsauce 130
Reispfanne mit Hähnchen und Bärlauch 210

Feinschmecker Crème-fraîche-Sauce

Krosses Suppengemüse mit Putenröllchen 41
Rosenkohltarte mit Maronen und Schinken 66
Spaghetti à la crème mit Zucchinistreifen 74
Makrele aus dem Ofen mit Zuckerschoten 129

Feinschmecker Curry Sauce

Linsencurry mit Schweinefilet 100

Feinschmecker Edelpilz Sauce

Wirsingröllchen mit Kräutern der Provence 215

Feinschmecker Jäger Sauce

Schweinegeschnetzeltes mit Polenta-Haube 85

Feinschmecker Kräuter-Käse-Sauce

Gnocchi-Spinat-Gratin 194

Feinschmecker Pfifferling Sauce

Spaghetti-Nester mit Pilzsauce 202

Feinschmecker Rahmbraten Sauce

Beefsteakbuletten mit Apfelrahmsauce 257

Feinschmecker Zitronen-Butter-Sauce

Gedünsteter Fenchel mit Zitronencremesauce 57

Feinschmecker Sauce Hollandaise »fettarm«

Spargelcrêpes mit Hollandaise 19
Romanesco mit Parmesan-Hollandaise 49
Gratinierte Schwarzwurzeln 69
Seezungenröllchen mit Spinat-Hollandaise 141
Garnelen mit Möhren und Zucchini in Vanillesauce 169
Sandwich Spread mit Mixed Pickles 299

Spaghetteria Sauce Aglio Speziale

Würz-Schweinefleisch mit Piment 183

Spaghetteria Sauce Arrabbiata

Gefüllte Spitzpaprika mit Joghurtdip 37

Spaghetteria Sauce Carbonara

Tortellini in Carbonara-Kräuter-Sauce 72

Spaghetteria Sauce Mozzarella

Gnocchi mit Pilzragout und Rucola 111

Spaghetteria Sauce Quattro Formaggi

Mangold in Käsesauce mit Rinderfilet 25
Gnocchi-Gratin mit Thunfisch 110

Sauce Hollandaise light

Kürbisnudeln mit Joghurt-Hollandaise 52

Knorr Tomato al Gusto

Knorr Fix-Produkte

Ausprobieren lohnt:
Ob in Stückchen geschnitten oder passiert – erntefrische Tomaten liefern die fettarme Basis für fruchtige Saucen, köstliche Suppen und Ragouts. Super auch zum Schmoren von Gemüse.

Was koche ich heute?
Ganz gleich ob Fisch-, Fleisch- oder Gemüsegerichte – mit Knorr Fix und frischen Zutaten lassen sich vitale Rezeptideen schnell und einfach umsetzen.

Knorr Salatkrönung

Leichte Dressings:
Ob klar mit Kräutern oder zart cremig – mit Knorr Salatkrönung lassen sich blitzschnell köstlich Saucen für kreative Salatideen zubereiten. Dafür lässt man schnell alles andere stehen.

Nicht nur zum Grillen: Knorr Schlemmersaucen, Salat-Mayonnaise und Ketchup verfeinern Salate, leichte Dips, belegte Brote und ausgewogene Snacks. Kein Wunder, dass sie überall so beliebt sind.

Knorr Schlemmersaucen & Co.

Rezeptregister

H

I

K

L

M

N

O

P

R

S

T

W

Z